Vienne et ses environs

Cofondateurs : Philippe GLOAGUEN et Michel DUVAL

Directeur de collection et auteur
Philippe GLOAGUEN

Secrétaire général
Gavin's CLEMENTE-RUIZ

Rédacteurs en chef
Amanda KERAVEL (France)
Benoît LUCCHINI (Étranger)

Directrice administrative
Bénédicte GLOAGUEN

Conseiller à la rédaction
Pierre JOSSE

Responsable voyages
Carole BORDES

Direction éditoriale
Élise ERNEST

Rédaction
Isabelle AL SUBAIHI
Emmanuelle BAUQUIS
Mathilde de BOISGROLLIER
Thierry BROUARD
Marie BURIN des ROZIERS
Diane CAPRON
Véronique de CHARDON
Laura CHARLIER
Florence CHARMETANT
Fiona DEBRABANDER
Anne-Caroline DUMAS
Éléonore FRIESS
Géraldine LEMAUF-BEAUVOIS
Olivier PAGE
Alain PALLIER
Anne POINSOT
André PONCELET

2020/21

hachette

TABLE DES MATIÈRES

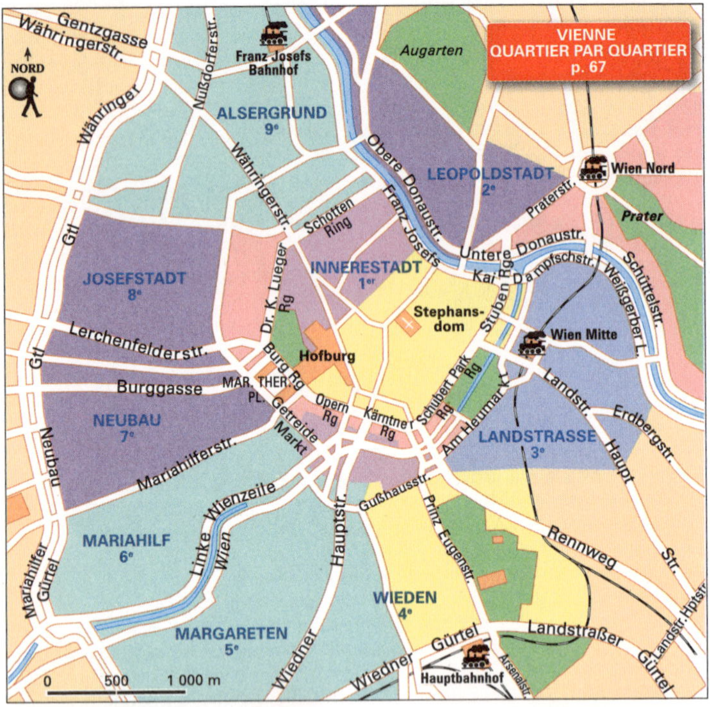

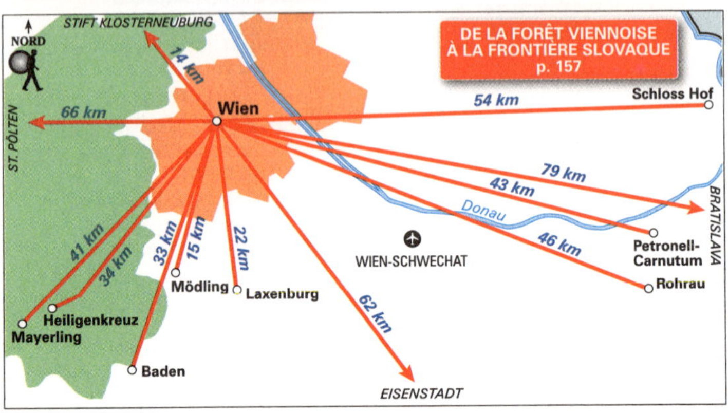

PRÉAMBULE

☎ **112 :** c'est le numéro d'urgence commun à la France et à tous les pays de l'UE, à composer en cas d'accident, agression ou détresse. Il permet de se faire localiser et aider en français, tout en améliorant les délais d'intervention des services de secours.

Important : dernière minute

Sauf rares exceptions, le *Routard* bénéficie d'une parution annuelle à date fixe. Entre 2 dates, des événements fortuits (formalités, taux de change, catastrophes naturelles, conditions d'accès aux sites, fermetures inopinées, etc.) peuvent modifier vos projets de voyage. Pour éviter les déconvenues, nous vous recommandons de consulter la rubrique « Guide » par pays de notre site • *routard.com* • et plus particulièrement les dernières ***Actus voyageurs.***

Un vitrail de l'église am Steinhof, réalisé par Koloman Moser

LA RÉDACTION DU ROUTARD

(sans oublier nos 50 enquêteurs, aussi sur le terrain)

Jean-Sébastien, Olivier, Mathilde, Thierry, Alain, Gavin's, Éléonore, Anne-Caroline, André, Laura, Florence, Véronique, Isabelle, Géraldine, Fiona, Amanda, Benoît, Emmanuelle, Bénédicte, Philippe, Carole, Diane, Anne, Marie.

La saga du *Routard* : en 1971, 2 étudiants, Philippe et Michel, avaient une furieuse envie de découvrir le monde. De retour du Népal germe l'idée d'un guide différent qui regrouperait tuyaux malins et itinéraires sympas, destiné aux jeunes fauchés en quête de liberté. 1973. Après 19 refus d'éditeurs et la faillite de leur 1re maison d'édition, l'aventure commence vraiment avec Hachette. Aujourd'hui, le *Routard*, c'est plus d'une cinquantaine d'enquêteurs impliqués et sincères. Ils parcourent le monde toute l'année dans l'anonymat et s'acharnent à restituer leurs coups de cœur avec passion.

Merci à tous les routards qui sont solidaires de nos convictions : liberté et indépendance d'esprit ; découverte et partage ; sincérité, tolérance et respect des autres.

NOS SPÉCIALISTES VIENNE

André Poncelet : Bruxellois biberonné aux aventures de *Tintin* et de *Bob Morane*, il trace la route dès ses 17 ans. Après une carrière dans le livre, il participe au 1er *Routard* consacré à son pays. Ciseleur de mots et arpenteur de méridiens, il n'a de cesse de communiquer ses coups de cœur tant pour les cités au riche patrimoine que pour les grands espaces.

Jean Tiffon : passionné par les cartes depuis l'enfance, il a commencé à voyager dans les livres. Longtemps éditeur de guides de voyage, il aime parcourir le monde avec ses obsessions pour bagages : manger local et penser global. Ce qui lui donne envie de repartir ? Une grande ville méconnue, un jardin qu'il n'a pas arpenté ou la promesse d'une nuit de fête.

UN GRAND MERCI À NOS AMI(E)S SUR PLACE ET EN FRANCE

Pour cette nouvelle édition, nous remercions particulièrement :

- **Jean-Paul Héron** et **Ingeborg Millet,** de l'office national autrichien de tourisme à Paris ;
- **Florian Wiesinger,** de l'office de tourisme de Vienne, pour son aide précieuse et sa disponibilité.

Pictogrammes du Routard

Établissements

- Hôtel, auberge, chambre d'hôtes
- Camping
- Restaurant
- Terrasse
- Pizzeria
- Boulangerie, sandwicherie
- Pâtisserie
- Glacier
- Café, salon de thé
- Café, bar
- Bar musical
- Club, boîte de nuit
- Salle de spectacle
- Boutique, magasin, marché

Infos pratiques

- Office de tourisme
- Poste
- Accès Internet
- Hôpital, urgences
- Adapté aux personnes handicapées

Sites

- Présente un intérêt touristique
- Point de vue
- Plage
- Spot de surf
- Site de plongée
- Recommandé pour les enfants
- Inscrit au Patrimoine mondial de l'Unesco

Transports

- Aéroport
- Gare ferroviaire
- Gare routière, arrêt de bus
- Station de métro
- Station de tramway
- Parking
- Taxi
- Taxi collectif
- Bateau
- Bateau fluvial
- Piste cyclable, parcours à vélo

Le *Routard* est imprimé sur un papier issu de forêts gérées.

I.S.B.N. 978-2-01-710097-3

NORD
Votivkirche
Sigm. Freud Park
Universitätsstr.
Schottentor
Schottenring
Wipplingerstr.
BÖRSEPL.
RUDOLFSPL.
Josefs Kai
CONCORDIAPL.
Maria am Gestade
Universität
Schotteng.
Schottenstift
Schottenkirche
PASSAUER PL.
Wipplingerstr.
Ruprechtskirche
MUSA
D. Karl Lueger Ring
FREYUNG
Palais Batthyàny
Museum Judenpl.
Salvator-kapelle
FR. SCHMIDTPL.
Rathaus
Palais Kinsky
Palais Harrach
AM HOF
Collalto
Römermuseum
RATHAUS PLATZ
Kunstforum
Uhrenmuseum
Rathaus
Rathaus
Palais Ferstel
Kirche am Hof
Burgtheater
Park
Herrengasse
Peterskirche
Rotenturmstr.
INNERESTADT
AM HOF
GRABEN
Dom Museum
1er
Schullin
Stephansdom
Haas-Haus
STEPHANSPL.
Parlament
D. K. Renner Ring
Volksgarten
BALLHAUSPL.
MICHAELERPL.
Michaeler-kirche
STOCK IM EISEN PL.
Stephanspl.
Jüdisches Museum
Centre historique
Kaiserappartements in der Burg
SCHMERLINGPL.
LE LONG DU RING
Spanische Hofreitschule
HOFBURG
HELDEN PLATZ
Hofburg
JOSEFSPL.
Dorotheum
NEUER MARKT
Nationalbibliothek
Augustinerkirche
Kaisergruft
Neue Burg
Burgring
Schmetterlinghaus
Öst. Theater-museum
Naturhistorisches Museum
MARIA THERESIEN PLATZ
Albertina
Volkstheater
Welt-museum
Burggarten
ALBERTINAPL.
Haus der Musik
Kunsthalle
MUMOK
Kunsthistorisches Museum
Staatsoper
Schwarzenbergstr.
SPITTELBERG
Museums-Quartier
MuseumsQuartier
Opernring
Operngasse
Kärntner Str.
Leopold Museum
SCHILLERPL.
Kärntner Ring
NEUBAU
7e
Akademie der Bildenden Künste
Mariahilfer Strasse
Fried rich str.
Künstlerhaus
Karlsplatz
Musikverein
Secession
Strasse
Otto Wagner Stadtbahn Pavillon
MARIAHILF
6e
Theater an der Wien
Wien zeile
KARLSPLATZ
Wien Museum
Schönbrunn
Gumpendorfer
KARLSPLATZ
Hauptstrasse
Operngasse
Karlskirche
Majolikahaus
NASCHMARKT
KÜHNPL.
Gusshausstrasse
Linke
Kettenbrückeng.
Dritte-Mann-Museum
WIEDEN
4e
Margaretenstrasse
Favoritenstr.
Wiedner
MOZART PL.
Taubstummeng.
Schubert Sterbewohnung
BRAHMSPL.

Nestroypl.
NESTROYPL.
SALZTORBR.
Taborstrasse
Praterstrasse
Donaustr.
Uniqa Tower
Untere
Donaukanal
Dampfschiffstr.
FRANZENSBR.
MORZIN PLATZ
MARIENBR.
Schwedenpl.
SCHWEDENBR.
Bades
ASPERNBR.
Obere Weissgerber
Franz Josefs Kai
SCHWEDEN PLATZ
JULIUS RAAB PLATZ
RADETZKYBR.
Radetzkystr.
RADETZKYPL.
Kunst Haus Wien
Stadttempel
Griechische Kirche
Wien
Postsparkassenamt
G. COCH PL.
LUGECK
STEPHANSDOM
Zollamtsstr.
Hint
Löwengasse
KOLONPL.
Hundertwasserhaus
Jesuitenkirche
Stubenring
OSKAR KOKOSCHKA PLATZ
K. MARXERBR.
Dominikanerkirche
Wollzeile
Mozarthaus
DR. KARL LUEGER PLATZ
MAK
Marxergasse
Palais Fürstenberg
Stubentor
Wien-Mitte
Weiskirchnerstr.
STUBENBR.
À L'EST DU RING
Franziskanerkirche
Stadt park
Parkring
ESTEPL.
STADTPARK
Am Heumarkt
Landstrasser
LANDSTRASSE 3e
Stadtpark
Rochusgasse
Schubertring
BEETHOVENPL.
Hauptstrasse
Linke Bahng.
Recht Bahng.
RUDOLF SALLINGER PL.
KARL-BORROMÄUS-PL.
Loth ringerstr.
Ungargasse
Salesianergasse
SEBASTIANPL.
ZIEHRERPL.
SCHWARZENBERGPL.
Modenapark
Neulinggasse
Zaunerg.
DANNEBERGPL.
Prinz Eugen
Palais Schwarzenberg
Unteres Belvedere
Rennweg
Schwarzenberg-garten
Belvedere-garten
Oberes Belvedere
Site inscrit au Patrimoine mondial de l'Unesco

VIENNE

Le Baiser, *Gustav Klimt*

« Et au milieu du Graben se trouve une colonne monumentale ressemblant à un bilboquet. »
Gérard de Nerval

Capitale des Habsbourg pendant 7 siècles, puis de la république d'Autriche depuis 1918, Vienne est LA ville historique par essence, profondément marquée par son rôle éminent au fil des siècles. Ici, vous regretterez toujours de ne pas avoir assez potassé autrefois vos manuels d'histoire-géo. Ne serait-ce que pour tenter d'expliquer comment une **capitale** peut être aussi bizarrement **excentrée** dans son propre pays.

Profondément meurtrie par les sièges, les guerres napoléoniennes, les bombardements et les occupations, Vienne se releva à chaque fois. Cette volonté de **maintenir son rang** fascine les visiteurs du monde entier. Et toutes générations confondues, c'est de ce riche et long passé qu'on vient s'imprégner. Le charme de Vienne, c'est aussi cet étonnant télescopage entre **tradition et modernité.** L'atmosphère romantique, parfois désuète, cohabite avec la créativité audacieuse. L'architecture pompeuse du **Ring** est contrebalancée par celle des cités ouvrières de la « Vienne rouge » conçues par des architectes fatigués de supporter les dorures de la Vienne impériale. Le talent de Vienne, c'est de faire aimer les coulisses de tous ces décors de façade. Duelle, contradictoire, fascinante et si fertile en courants de pensée et mouvements artistiques innovateurs, Vienne échappe aux définitions. La beauté paisible du **Belvédère** n'est qu'un emballage pour les figures torturées d'**Egon Schiele** et les allégories de **Gustav Klimt.** Aux flonflons du Prater et aux valses de Strauss répondent aujourd'hui les décibels des clubs underground. Avec un art de vivre intelligent, des espaces verts et d'authentiques bouts de campagne, ce n'est évidemment pas par hasard si, depuis quelques années, Vienne caracole en tête du classement mondial des villes distinguées pour leur **qualité de vie** ! Un Freud d'aujourd'hui pourrait s'en donner à cœur joie sur son blog…

La **Pestsaüle,** *sur le Graben*

NOS COUPS DE CŒUR

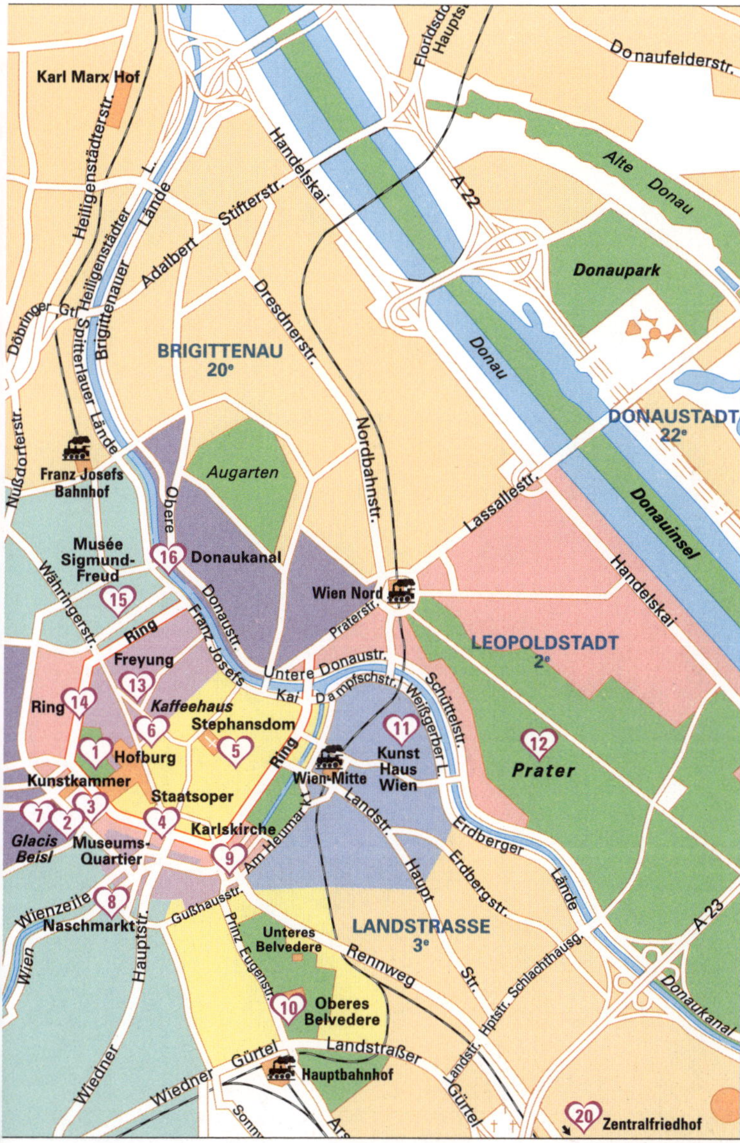

Karl Marx Hof
Heiligenstädterstr.
Heiligenstädter Lände
Brigittenauer Lände
Spittelauer Lände
Döblinger Gtl.
Adalbert Stifterstr.
Handelskai
Dresdnerstr.
Nordbahnstr.
Floridsdorfer Hauptstr.
Donaufelderstr.
Alte Donau
A 22
Donaupark
Donau
BRIGITTENAU
20e
DONAUSTADT
22e
Donauinsel
Nußdorferstr.
Franz Josefs Bahnhof
Augarten
Obere Donaustr.
Lassallestr.
Musée Sigmund-Freud
15
16
Donaukanal
Wien Nord
Währingerstr.
Ring
Praterstr.
Franz Josefs Kai
LEOPOLDSTADT
2e
Freyung
13
Untere Donaustr.
Dampfschstr.
Weißgerber L.
Schüttelstr.
Ring
14
Kaffeehaus
6
Stephansdom
5
11
12
1
Hofburg
Kunst Haus Wien
Prater
Wien-Mitte
Kunstkammer
3
Staatsoper
Landstr. Haupt Str.
7
2
4
Karlskirche
Erdberger Lände
Glacis Beisl
Museums-Quartier
9
Am Heumarkt
Erdbergstr.
Wienzeile
8
Gußhausstr.
Naschmarkt
Prinz Eugenstr.
Unteres Belvedere
LANDSTRASSE
3e
A 23
Wien
Hauptstr.
Rennweg
Schlachthausg.
10
Oberes Belvedere
Landstr. Hptstr.
Donaukanal
Wiedner
Landstraßer Gürtel
Wiedner Gürtel
Hauptbahnhof
20
Zentralfriedhof

1 **Se perdre dans la Hofburg, véritable ville dans la ville, et rester pantois devant l'accumulation de richesses dans l'ancien palais impérial des Habsbourg.**

Une longue théorie d'appartements, de salles d'apparat, sans compter la chapelle gothique où se produit la chorale des « Petits Chanteurs de Vienne » lors de la messe dominicale. S'émerveiller devant le **Trésor impérial** des Habsbourg amassé pendant 6 siècles, plongé dans la pénombre, protégé par d'épaisses portes blindées. Sans oublier le musée consacré à **Sissi,** la star de la monarchie austro-hongroise. *p. 101*

***Bon à savoir :** se requinquer dans la cour après la visite, en savourant une part d'*Apfelstrudel *au* Café Hofburg *(tlj 10h-18h).*

© Gardel Bertrand/hemis.fr

2 **Traverser le Ring et rejoindre l'extraordinaire MuseumsQuartier, un des ensembles culturels les plus vastes au monde.**

Il réussit le mariage du baroque et de l'architecture contemporaine en donnant une nouvelle vie aux anciennes écuries impériales. Entre les 50 institutions culturelles sur 60 000 m², il faudra choisir, mais le **Leopold Museum** (avec les œuvres de Klimt, Kokoschka et Egon Schiele) et le **MUMOK** (œuvres de Kandinsky, Giacometti, Magritte et Klee) rassemblent tous les suffrages. p. 135

Bon à savoir : dans le musée Leopold, une fenêtre panoramique offre une vue unique sur le Ring et la vieille ville, englobant la place Marie-Thérèse et la Hofburg.

© Painting/Alamy/Hemis

3 **Être frappé d'admiration devant la prolifération des collections rassemblées par les Habsbourg, dont celles présentées dans la *Kunstkammer* (le cabinet d'art) du Kunsthistorisches Museum.**

Une des 10 plus importantes collections d'art au monde dans un écrin pompeux datant de la fin du XIXe s. Outre les salles de peinture, allemande, flamande (15 toiles de Bruegel l'Ancien !), hollandaise et italienne, ne pas manquer la ***Kunstkammer,*** avec plus de 2 000 objets exposés dans une muséographie moderne et intelligente. Coup de cœur supplémentaire pour celle des automates. p. 118

Bon à savoir : pause salée-sucrée sous la coupole du dôme au 1er étage (tlj sauf lun 10h-17h30).

4 Assister à un opéra ou à un concert de musique classique dans l'une des prestigieuses salles de la ville.

Vienne est la seule ville au monde qui propose des opéras, opérettes et ballets, tous les jours de septembre à juin. Alors pourquoi s'en priver ? Les places ne sont pas réservées à un public restreint d'initiés. Leur prix varie selon la notoriété de l'orchestre. Aucun snobisme particulier, il suffit d'être correctement habillé, sans revêtir obligatoirement une robe longue ou porter une cravate, mais mieux vaut éviter les tenues trop débraillées. *p. 117*

Bon à savoir : *pour se mettre en appétit, assister à 19h à une retransmission sur grand écran en direct sur la place devant le* Staatsoper *(avr-juin et sept). Malgré la circulation, on a déjà une idée de la mise en scène et de la qualité des programmes.*

5 **Découvrir *Stephansdom*, la cathédrale gothique au toit de tuiles vernissées qui pointe sa haute flèche au milieu d'un océan de baroque et dont le portail se reflète dans les courbes de verre de la Haas-Haus postmoderne.**

La construction fut entamée au XIVe s et la cathédrale vécut toutes les vicissitudes de l'histoire de la ville : sièges des Turcs, bombardement napoléonien, incendie en 1945. Depuis l'entrée dans le transept gauche, on accède aux catacombes où se trouvent les urnes contenant les entrailles des Habsbourg. *p. 94*

Bon à savoir : *sous la place, un gigantesque ossuaire contient les restes de 16 000 Viennois victimes des épidémies de peste.*

6 **À l'heure du goûter, faire une halte dans l'un des mythiques *Kaffeehaus* viennois à l'atmosphère incomparable.**

Ils perpétuent la tradition du double K *(Kaffee-Kuchen)* : la légendaire **pause sucrée** autour d'un café et d'une part de tarte ou de gâteau. Les plus célèbres sont le *Demel* et le *Sacher,* qui ont conclu un compromis historique à propos de la paternité du gâteau le plus célèbre de la ville : la ***Sachertorte.*** *p. 86*

Bon à savoir : *le plus simple est de se rendre directement au comptoir, où sont présentées les merveilles pâtissières aux noms impossibles, et d'indiquer du doigt votre choix.*

7 **Déguster des plats traditionnels dans un *Beisl,* resto de quartier chaleureux et convivial, avec une petite carte et un plat du jour, pour déjeuner léger.**

Pour un casse-croûte plus ou moins élaboré, simple et bon marché. C'est un lieu de sortie et de rencontre avec parfois une ambiance musicale au menu. Notre favori : *Glacis Beisl* (Breite Gasse 4). Un resto noyé dans la verdure, caché derrière le MuseumsQuartier. *p. 85*

Bon à savoir : repas jusqu'à 23h mais, pour avoir une chance de dîner, mieux vaut se chercher une table avant 21h30.

8 **S'offrir un brunch au Naschmarkt, en terrasse ou sur un des marchés ethniques où les Viennois adorent se retrouver ; notamment pour le marché aux puces du samedi.**

Le plus célèbre marché de Vienne, délicieusement cosmopolite. Petite porte de l'Orient, il propose un large éventail de produits exotiques depuis les Balkans jusqu'à l'Extrême-Orient. Nombreuses spécialités à déguster sur le pouce. Arpenter ensuite les **Linke** et **Rechte Wienzeile,** 2 boulevards bordés de fascinants immeubles *Jugendstil* ou historicistes aux façades en majoliques. Une balade incontournable pour les amoureux d'architecture et d'insolite. *p. 133*

© Catherine Leblanc/Photononstop

9 **Prendre l'ascenseur aménagé dans la Karlskirche pour contempler de près, sous la coupole, les fresques baroques de Rottmayr.**
Cette énorme pâtisserie, très kitsch pour les uns, chef-d'œuvre absolu pour les autres, fut construite pour célébrer la fin de l'épidémie de peste de 1713. À l'édifice baroque de base se superposèrent un temple antique et 2 colonnes aux fresques en spirale s'inspirant de celles de Trajan à Rome, tout en évoquant des minarets. Les pavillons latéraux rappellent quant à eux les pagodes chinoises. Tout cela pourrait paraître indigeste, mais ce n'est pas le cas. *p. 128*

10 **Se prendre pour le prince Eugène de Savoie dans le château du Belvédère supérieur et en profiter pour admirer le fameux *Baiser* de Klimt.**

Depuis 1714, un des ensembles architecturaux baroques les plus séduisants d'Europe, composé de 2 palais, avec entre eux un splendide jardin à la française. Superbe collection de peintures médiévales et des stars de la Sécession viennoise : **Klimt, Schiele, Kokoschka,** entre autres. *p. 129*

Bon à savoir : *l'ensemble a été conçu sur le modèle de Versailles pour Eugène de Savoie qui se vengea de la sorte de Louis XIV (ancien amant de sa mère, Olympe Mancini), qui lui avait refusé une charge militaire.*

© Franz Waldhäusl / imageBROKER/Age fotostock

11 **Découvrir le monde étrange et poétique de Friedensreich Hundertwasser.**

Le musée *(Kunst Haus Wien)* consacré à ce magicien de la couleur se trouve un peu au nord de l'ensemble urbain qu'il a fait construire. Un lieu vraiment surprenant, avec un sol qui ondule et une végétation omniprésente aux étages et sur le toit. On ne se lasse pas de découvrir toutes les facettes de ce Merlin l'Enchanteur de l'architecture contemporaine, écolo avant la lettre, capable de transformer un incinérateur, une vieille église ou une HLM en feu d'artifice de formes et de couleurs. *p. 126*

Bon à savoir : *pour aller de l'un à l'autre, repérer les panneaux indiquant le chemin entre les 2.*

KunstHausWien – Museum Hundertwasser
© Opachevsky Irina/Shutterstock

12 **Revivre une séquence du *Troisième Homme* au milieu des flonflons de la fête foraine du célèbre parc centenaire du Prater et prendre place à bord d'une cabine de la grande roue qui culmine à 65 m de haut.**

Carol Reed utilisa la beauté inquiétante de la *Riesenrad* pour une des plus fameuses séquences du film, le noir et blanc lui donnant une touche de mystère. *p. 124*

Bon à savoir : les cinéphiles compléteront leur quête en visitant le Dritte-Mann-Museum *(Pressgasse 25). Documents divers sur le tournage du* Troisième Homme *et explications sur le succès du film. On peut y voir la fameuse cithare d'Anton Karas.*

13 En hiver, à la période de l'Avent, sillonner les allées des stands de Noël de l'*Altwiener Christkindlmarkt*.

Chaque année, les marchés de Noël prennent de plus en plus d'importance. Pour bien s'imprégner de la magie des fêtes, outre le traditionnel marché du Père Noël devant l'hôtel de ville, il y a celui à l'ancienne, sur la place de la **Freyung.** Saint Nicolas y débarque le 5 décembre, on peut y acheter les décorations pour le sapin, confectionner sa couronne de Noël personnelle, admirer la plus grande crèche d'Autriche, tout en se réchauffant avec un verre de *Glühwein*. *p. 109*

***Bon à savoir :** on peut profiter du marché de mi-nov jusqu'au 24 déc.*

14 **Découvrir le Ring, l'artère la plus célèbre de Vienne à bord d'un tramway de 1929, pour un monumental voyage dans le temps.**

Cette balade de 25 mn est accompagnée d'explications en français, distillées au fil du parcours. On voit défiler, en 13 étapes, l'Opéra national, la Hofburg, le Parlement, l'hôtel de ville, le musée des Beaux-Arts et bien d'autres. *p. 113*

Bon à savoir : *le Vienna Ring Tram part ttes les 30 mn de la Schwedenplatz (10h-17h30, tte l'année). Achat du billet en ligne ou au départ (10 €). • wienerlinien.at •*

15 **Rendre une visite émouvante au musée Sigmund-Freud, dans la maison où le célèbre psychanalyste résida jusqu'à son exil vers Londres en 1938.**

Berggasse 19 : une adresse devenue mythique. Freud habita cet immeuble bourgeois durant 47 ans. À l'intérieur, l'atmosphère n'a guère changé. Très belle cage d'escalier pour monter jusqu'à l'appartement affecté aux consultations, avec sa célèbre salle d'attente. On découvre en plus 2 pièces qui présentent encore les petites antiquités de sa collection personnelle, ainsi que des documents et photographies, dont un certain nombre inédits. *p.140*

Bon à savoir : *• freud-museum.at •*

16 La nuit venue, se laisser happer par l'atmosphère survoltée de l'une des boîtes d'électro (comme le *Flex*), installées au bord du Donaukanal.

Si vous pensez que Vienne est une ville quelque peu morose… c'est que vous n'y êtes pas revenu depuis le siècle dernier ! La Vienne actuelle surprend par la diversité et la multitude de lieux où sortir. Étonnant de voir les Viennois jeter la tradition aux orties et envahir les *dancefloors* ! Les week-ends et certains soirs d'été, réussir à pénétrer dans les bars et boîtes relève de l'exploit. *p. 93*

Bon à savoir : *pour une liste exhaustive des clubs et discothèques, consulter le* Falter, *l'hebdo le plus complet sur les questions culturelles.* • *falter.at* •

© Yadid Levy/Alamy/Hemis

17 Boire un petit blanc sous la tonnelle, dans un *Heuriger* au cœur des villages vignerons, bercé d'une musique typique, tout en avalant des plats paysans.

Véritables lieux de culture populaire où, dès la fin de l'après-midi, on vient s'attabler en famille ou entre amis. En fin de soirée, quand les touristes sont partis, les Viennois, accompagnés d'un quatuor de cordes et d'un accordéon, se mettent à entonner *a cappella* de vieux airs nostalgiques où il est question de la douceur de vivre et des plaisirs du vin. *p. 151*

Bon à savoir : *quand on choisit la formule buffet, on paie les plats à la caisse, après les avoir désignés au comptoir. Les vins sont réglés à la serveuse en fin de soirée. Il est rare que les* Heurigen *acceptent le paiement par carte.*

© Massimo Ripani/SIME/Photononstop

© Lucas Vallecillos/Age fotostock

(18) **Faire une virée au château de Schönbrunn, avec balade dans le zoo pour aller saluer les pandas, après la visite du château, du parc, du musée des Carrosses et de celui des Enfants !**

Le site le plus visité d'Autriche ! La résidence d'été de Marie-Thérèse attire chaque année 2,6 millions de visiteurs se pressant dès le matin devant ses grilles. Un palais gigantesque de style rococo avec 1 441 pièces ! p. 144

Bon à savoir : prévoir d'y passer une bonne ½ journée. Inutile de venir trop tôt, le système de réservation • schoenbrunn.at • permet d'éviter les files. Il ne faut pas trop espérer l'absence de groupes ni une visite tranquille, mais le mieux est de se glisser entre 2, avec un audioguide.

© Jon Arnold Images/hemis.fr

19 **Pour terminer en beauté le parcours de la Sécession viennoise, se rendre à l'ouest dans le quartier de Ottakring (Wien 14) pour tomber en pâmoison devant la splendeur de la *Kirche am Steinhof* édifiée par Otto Wagner.**

Bâtie en 1905 en forme de croix latine surmontée d'un dôme, ce fut au départ l'église d'un asile d'aliénés. Le décor intérieur a des réminiscences byzantines. C'est *Koloman Moser* qui fut chargé des vitraux et des mosaïques derrière le magnifique maître-autel en cuivre doré. *p. 146*

Bon à savoir : *les lieux ne se visitent que sam 16h-17h et dim 12h-16h.*

20 S'offrir une marche funèbre en découvrant la pompe funéraire viennoise.

Après un parcours dans les allées du **Zentralfriedhof** (le Père-Lachaise viennois), où reposent quasiment tous les personnages célèbres dont les plus grands musiciens, pénétrez dans l'univers étrange du **Bestattungsmuseum.** Au sous-sol d'une chapelle ardente, on est accueilli par 2 mannequins habillés en croque-morts et éclairés par une lumière bleue… Une bande-son diffuse les musiques utilisées lors des cérémonies funéraires, l'*Ave Maria* de Schubert étant un must du genre ! Le ton est donné, la visite peut commencer, frissons assurés… *p. 149*

***Bon à savoir :** pour visiter le cimetière, un guide multimédia se loue auprès du portier à l'entrée principale.*

ITINÉRAIRES CONSEILLÉS

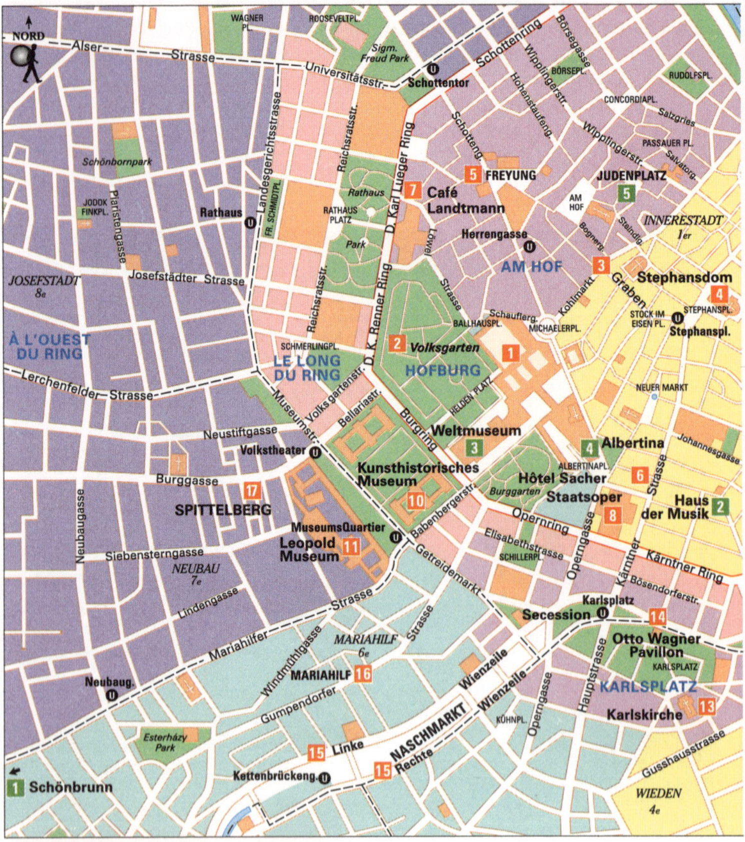

En 2 jours, pour les pressés

Allez à l'essentiel ! La 1re journée, commencez par la **Hofburg (1),** qui occupera bien la matinée avec le **manège espagnol,** le **musée Sissi** et les **appartements de l'empereur.** Après une pause verdure de rigueur dans le **Volksgarten (2),** profitez de l'après-midi pour découvrir les merveilles architecturales du centre de Vienne : le **Graben et sa colonne de peste (3), Stephansdom (4)** et le quartier du **Freyung (5).** N'oubliez pas de faire une pause *Sachertorte* ou *Apfelstrudel* bien méritée à l'**hôtel Sacher (6)** ou au **Café Landtmann (7).** Le soir, à condition d'avoir réservé, astiquez vos chaussures et courez à l'**Opéra** (*Staatsoper* ; **8**). Si vous préférez l'électro à la musique classique, filez vers les **quais du Donaukanal (9)** où bars, boîtes et péniches rivalisent d'inventivité.

Le lendemain, de bonne heure, organisez une promenade le long du Ring en empruntant le parcours du **Ring Tram** : au choix, chefs-d'œuvre classiques au **Kunsthistorisches Museum (10),** emblèmes de la Vienne 1900 au **Leopold**

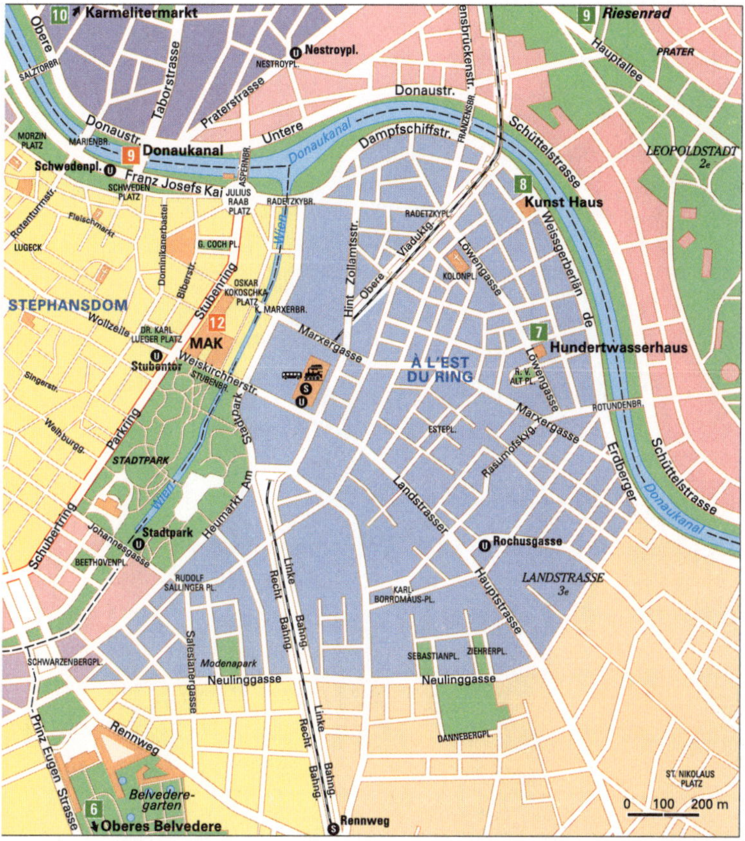

Museum (11) ou icônes du design au **MAK (12).** Pour déjeuner, pause autour de la Karlsplatz, avant de visiter les splendeurs de la **Karlskirche (13),** du **pavillon du métro d'Otto Wagner** juste en face et du **pavillon de la Sécession** tout proche **(14).** Après avoir admiré les immeubles Sécession autour du Naschmarkt et le long des **Linke** et **Rechte Wienzeile (15),** shopping et apéro dans le quartier de **Mariahilf (16),** où les adresses branchées se multiplient. Enfin, dîner et soirée dans le pittoresque quartier de **Spittelberg (17),** qui a le vent en poupe.

En 4 jours

Programme identique au précédent pour les 2 premiers jours. Le matin du 3e, direction **Schönbrunn (1)** et son gigantesque domaine. Avec des enfants, détour par le **zoo** ou le **musée des Carrosses.** L'après-midi, en fonction de vos intérêts, airs classiques à la **Haus der Musik (2),** ethnologie au **Weltmuseum (3),** ou expo d'art à l'**Albertina (4).** Soirée dans les rues mystérieuses du quartier juif,

La taverne (Heuriger) Reinprecht, *à Grinzing*

© Pompe Ingolf/hemis.fr

autour de la **Judenplatz (5).** Le 4e jour, accordez-vous une matinée pour visiter le **belvédère supérieur** (*Oberes Belvedere* ; **6**) avec **Klimt** en vedette. Balade dans le jardin pour se dégourdir les jambes et déjeuner chez **Salm Bräu,** brasserie viennoise typique. L'après-midi, filez vers la **Hundertwasserhaus (7)** et, non loin de là, visitez la fantastique **Kunst Haus (8)** dédiée à l'artiste écologiste. En fin de journée, passez le Donaukanal pour rejoindre le **parc du Prater** et y admirer la **grande roue** (*Riesenrad* ; **9**). Soirée animée autour du **Karmelitermarkt (10),** où les excellents bars et restos poussent comme des champignons.

En 1 semaine

Même programme mais en prenant davantage son temps. C'est l'idéal pour découvrir Vienne et s'imprégner de son atmosphère unique. Les 3 jours restants, aventurez-vous vers le nord (avec le tram n° 38), visitez le **Sigmund Freud**

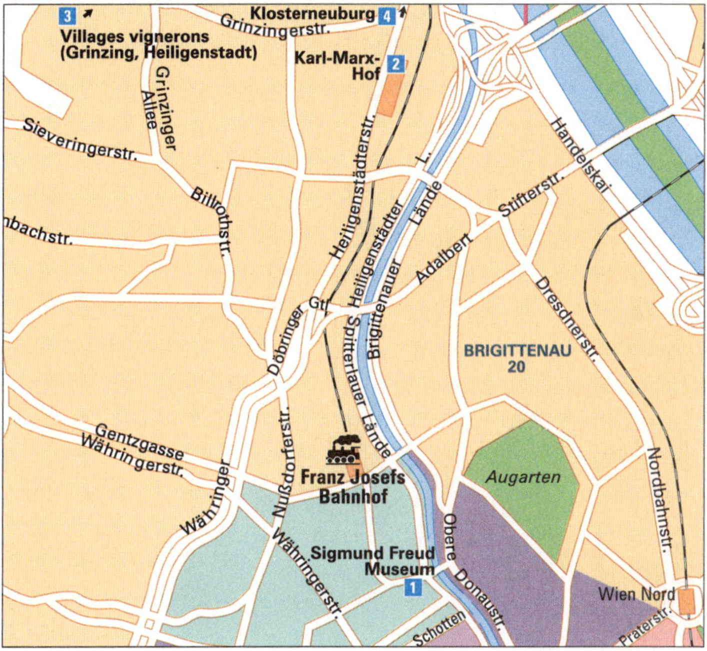

Museum (1) et les cités ouvrières de **Karl-Marx-Hof (2),** puis poussez jusque dans les **villages vignerons** (**3** ; Grinzing, Heiligenstadt) pour passer une soirée dans un ***Heuriger.*** Autres options plus lointaines : à 15 km au nord, l'abbaye de **Klosterneuburg (4).** Ou encore, si vous louez une voiture, Mayerling, Baden et Laxenburg, les hauts lieux de la **forêt viennoise.**

SI VOUS AIMEZ...

L'art : vous serez à la fête avec l'incontournable *Kunsthistorisches Museum*, sa collection de Bruegel et sa *Kunstkammer*, mais aussi l'*Albertina*, le *Leopold Museum*, le *MUMOK*, le *Belvédère* et ses Klimt, Schiele et Kokoschka.

La musique : un opéra et/ou un concert de musique classique au *Musikverein,* une visite du *Staatsoper* et de la *Haus der Musik,* en marchant sur les traces de Mozart, de Schubert et de Mahler.

L'architecture : un programme de visites incontournables ; la *Haas-Haus*, le *pavillon de la Sécession*, la *Kunst Haus Wien*, le musée *Hundertwasser*, plus une balade le long des *Linke* et *Rechte Wienzeile*.

L'histoire : de longues heures dans la *Hofburg*, un moment de recueillement dans la *Kaisergruft*, le *Musée militaire* et le *musée de la Ville*.

La gastronomie : une pause café-gâteau dans l'un des nombreux cafés viennois, une balade culinaire sur le *Naschmarkt* ou dans le quartier de *Spittelberg*, une escapade dans un *Heuriger* des villages vignerons...

La Karlskirche sur la Karlsplatz

© Getty Images/Herbert Kratky

Interview #experienceroutard

Par la rédaction du *Routard*

Un lieu étonnant à découvrir ?

Au détour d'une balade, vous risquez de voir surgir du décor urbain des constructions monumentales de 70 m de haut aussi moches que massives, datant de la 2de Guerre mondiale et constituées de béton armé avec des murs de 3,5 m d'épaisseur. Les *Flaktürme* étaient des tours de DCA, destinées à défendre la ville contre les bombardements alliés. Impossibles à détruire, sinon en faisant sauter la moitié de la ville, elles ont été réaménagées l'une en aquarium géant *(Haus der Meere)* et les autres en relais d'antennes téléphoniques, en perchoir à pigeons ou en dépôt de musée.

Un musée à ne pas manquer

Le MAK (musée des Arts décoratifs) est installé le long du Ring dans un pompeux édifice néo-renaissance. Si sa façade inspire l'ennui de l'éclectisme en vogue à la fin du XIXe s, son intérieur est aménagé de façon innovante, mettant magistralement en valeur les objets exposés. Ne pas rater à l'étage, les collections de la *Wiener Werkstätte* (reconnaissable au logo WW), cette association d'artistes et d'artisans dont le but fut de produire en série des objets décoratifs, du textile et des objets usuels issus de la Sécession viennoise. Cet atelier conciliant l'artisanat et les arts majeurs avait pour but de mettre l'esthétique de la modernité à la portée de chacun.

Un endroit populaire pour manger sur le pouce ?

Le kiosque à saucisses *Bitzinger,* sur l'Albertinaplatz, est le lieu idéal pour manger, boire et bavarder. Outre les traditionnelles *Wiener Würstchen,* de nombreux autres mets sont à découvrir. Un petit frère se trouve à l'entrée du Prater.

Un lieu vraiment original ?

Les Viennois ont de tout temps été fascinés par la mort. En témoigne un sous-sol à côté de la cathédrale, constitué d'un ossuaire de 16 000 victimes de la peste, ou un rituel funéraire d'un autre temps toujours pratiqué par les Habsbourg dans la crypte des Capucins. Ne manquez pas de vous rendre au cimetière central où reposent tous les personnages célèbres de la société viennoise. À proximité, le musée des Pompes funèbres achèvera de vous plonger dans cet univers macabre et fascinant.

Une lecture à conseiller ?

La série des *carnets de Max Lieberman,* de Frank Tallis (éd. 10-18) qui racontent les enquêtes, au début du XXe s, d'un policier et d'un psychiatre-détective, tous 2 mélomanes de surcroît. On y croise Freud, Klimt et Schönberg. Étincelante reconstitution de la Vienne de la Belle Époque décrite avec beaucoup d'érudition mais sans pédanterie.

LES QUESTIONS QU'ON SE POSE AVANT LE DÉPART

Pensez à scanner passeport, visa, carte de paiement, billet d'avion et *vouchers* d'hôtel. Ensuite, adressez-les-vous par e-mail, en pièce jointe, ou glissez-les dans une clé USB. En cas de perte ou de vol, rien de plus facile pour les récupérer. Les démarches administratives en seront bien plus rapides. Merci tonton Routard !

➢ Quels sont les documents nécessaires pour aller à Vienne ?

Pour les ressortissants de l'Union européenne et de la Suisse, la ***carte d'identité*** ou le ***passeport*** en cours de validité suffisent. Chaque enfant doit impérativement être en possession d'une carte d'identité ou d'un passeport en cours de validité à son nom. Pour les Canadiens : passeport en cours de validité pour les séjours touristiques de moins de 90 jours.

Les ***mineurs*** doivent être munis de leur propre pièce d'identité (carte d'identité ou passeport). Pour l'autorisation de sortie de territoire lorsque les enfants ne sont pas accompagnés par un de leurs parents, chaque pays a mis en place sa propre régulation. Ainsi, pour ***les mineurs français,*** une loi de 2017 a ***rétabli l'autorisation de sortie du territoire.*** Pour voyager à l'étranger, ils doivent être munis d'une pièce d'identité (carte d'identité ou passeport), d'un formulaire signé par l'un des parents titulaires de l'autorité parentale et de la photocopie de la pièce d'identité du parent signataire. Renseignements auprès des services de votre commune et sur • *service-public.fr* •

➢ Quelle est la meilleure période pour aller à Vienne ?

Vienne est une ville soumise au climat continental avec un printemps court et un automne sec et ensoleillé, les 2 meilleures périodes pour découvrir la ville. On évitera ainsi les pluies des orages estivaux. Mai et juin sont les mois les plus agréables. En été, la température peut dépasser les 35 °C. En hiver, il fait très froid, mais c'est sans doute le prix à payer pour profiter de la neige et de la magie de Noël.

➢ Quel budget prévoir ?

Le coût de la vie y est semblable à celui des grandes capitales européennes. Les routards à petit budget privilégieront auberges de jeunesse et pensions pour se loger ou choisiront les meilleures offres des hôtels, hors périodes de congrès. Les entrées des musées et des attractions multiples, rarement données, sont évidemment à prendre en compte. En dehors du centre, on trouve de nombreux cafés et lieux insolites, notamment autour des marchés, pour se restaurer à prix correct. Et on peut se rendre au concert ou à l'opéra pour pas trop cher.

➢ Comment se déplacer ?

Le centre-ville se parcourt facilement à pied. Le réseau de transports en commun est propre, abordable et très efficace. Avec 5 lignes de métro, 28 lignes de tramway et 90 lignes de bus qui circulent tous les jours, c'est de loin le moyen le plus simple et le moins cher pour se déplacer. Le vélo y est aussi très populaire avec plus de 1 200 km de pistes cyclables. On trouve de nombreux stands de location de bicyclettes, surtout au Prater et le long du Danube. De plus, le centre-ville s'est doté d'un système de location, les *Citybikes.*

➢ Y a-t-il des problèmes de sécurité ?

Aucune inquiétude à ce sujet, Vienne est une ville absolument sûre.

➢ Y a-t-il un décalage horaire ?

Vienne vit à l'heure européenne, donc aucun décalage avec nos contrées. Cela dit, à 1 250 km de Paris, le soleil aura tendance (à heure égale) à se lever et à se coucher un peu plus tôt.

➢ Quelle est la durée de vol ?

Comptez en moyenne 2h15 depuis Paris, par exemple.

➢ Peut-on y aller avec des enfants ?

Plutôt 2 fois qu'une ! Entre le parc du Prater, le zoo et le labyrinthe de Schönbrunn, la Maison de la musique et le marché de Noël, ils seront à la fête. Repérez les meilleurs sites grâce au symbole 🚸.

➢ Quel est le taux de change ?

Pour les Français et les Belges, on reste en zone euro. Pour nos amis suisses et canadiens, à titre informatif 1 € = 1,10 Fs = 1,45 $Ca (fin 2019).

➢ Comment payer sur place ?

On peut retirer facilement de l'argent sans frais dans les ***distributeurs automatiques*** avec les cartes *MasterCard, Visa* et *Maestro.* De même, la plupart des hébergements, restos et commerçants les acceptent. Exceptions à la règle : les petites pensions, les *Heurigen* ou les petits bars et restaurants.

➢ Quelle langue parle-t-on ?

L'allemand, bien sûr, mais mâtiné de l'accent autrichien typique. Pour les non-germanophones, l'anglais peut aider. Quant à parler le français, en dehors de l'office de tourisme, il est inutile d'y songer. Et pour vous aider à communiquer, n'oubliez pas notre ***Guide de conversation du routard en allemand.***

➢ Que mange-t-on ?

Les gourmets savent que la cuisine viennoise s'est élaborée au fil des siècles, profitant de toutes les influences en provenance des régions de l'Empire austro-hongrois, ce qui lui confère une très grande variété de plats et surtout une ribambelle de pâtisseries absolument irrésistibles !

➢ Faut-il un smoking ou une robe longue pour assister à un concert ?

La grande musique est accessible à tous. Le code vestimentaire n'est absolument pas rigide. Les tenues débraillées sont à éviter, simple question de respect à l'égard des Viennois, qui apprécient une certaine élégance.

COMMENT Y ALLER ?

EN AVION

Les compagnies régulières

▲ **AIR FRANCE**

Rens et résas au ☎ 36-54 (coût d'un appel local – tlj 6h30-22h), sur ● air france.fr ●, dans les agences Air France et dans ttes les agences de voyages.

➢ Air France assure au départ de Paris-CDG 5 à 6 vols/j. pour Vienne-Schwechat, dont plusieurs en partage de code avec *Austrian Airlines.* Également 2 vols/sem directs au départ de Lyon (toujours en partenariat avec *Austrian Airlines*).

Air France propose à tous des tarifs attractifs toute l'année. Pour consulter les meilleures offres du moment, allez directement sur la page « Nos meilleurs tarifs » sur ● *airfrance.fr* ● *Flying Blue,* le programme de fidélité gratuit d'Air France-KLM, permet de gagner des *miles* en voyageant sur les vols Air France, KLM, Transavia et les compagnies membres de *Skyteam,* mais aussi auprès des nombreux partenaires non aériens *Flying Blue...* Les *miles* peuvent ensuite être échangés contre des billets d'avion ou des services (surclassement, bagage supplémentaire, accès salon...) ainsi qu'auprès des partenaires. Pour en savoir plus, rendez-vous sur ● *flyingblue.com* ●

▲ **AUSTRIAN AIRLINES**

● *austrian.fr* ●

➢ En partage de code avec Air France, Austrian Airlines dessert Vienne 5 à 6 fois/j. selon saison en vol direct au départ de Paris-CDG, Lyon (2 vols/j.) et Nice (jusqu'à 5 vols/sem).

En partage de code avec *Swiss* ou *SN Brussels Airlines* : Bâle-Mulhouse (1-2 vols/j.), Genève (4 vols/j.), Zurich (9-11 vols/j.), et Bruxelles (4 vols/j.).

▲ **BRUSSELS AIRLINES**

● *brusselsairlines.com* ● *Membre du groupe Star Alliance.*

➢ Depuis Brussels Airport, Brussels Airlines assure 6-7 vols/j. pour Vienne en partage de code avec *Austrian Airlines.*

▲ **SWISS**

● *swiss.com* ●

➢ Vols vers Vienne depuis Bâle-Mulhouse, Genève et Zurich.

Les compagnies *low-cost*

Peu de compagnies *low-cost* desservent Vienne. Notons tout de même que Bratislava, en Slovaquie, à 60 km de Vienne, est desservie par *Ryanair* depuis Beauvais et Charleroi (Bruxelles-sud).

> Conservez dans votre bagage de cabine vos médicaments, vos divers chargeurs et appareils, ainsi que vos objets de valeur (clés et bijoux). Et on ne sait jamais, ajoutez-y de quoi vous changer si vos bagages n'arrivaient pas à bon port avec vous.

▲ **EASYJET**

● *easyjet.com* ●

➢ Vols vers Vienne depuis Lyon et Genève.

LES ORGANISMES DE VOYAGES

En France

▲ **AMSLAV TOURISME**

– Paris : 60, rue de Richelieu, 75002. ☎ 01-44-88-20-40. ● amslav.com ● Ⓜ Bourse ou Pyramides. Lun-ven 9h-18h ; sam 10h-12h, 14h-17h.

Tour-opérateur et créateur de voyages,

AMSLAV
TOURISME
Spécialiste de l'Europe de l'Est et de la Russie
Circuits
Croisières fluviales
Week-ends
Voyages à la carte
Appartements
Chez l'habitant
Vols
Autotours
Billets spectacles...
ROUMANIE - BULGARIE - CROATIE - MONTÉNÉGRO - ALBANIE
RUSSIE - PAYS BALTES - BIELORUSSIE - SLOVÉNIE - ALLEMAGNE
AUTRICHE - RÉP.TCHÈQUE - HONGRIE - POLOGNE - SLOVAQUIE
ARMÉNIE - GÉORGIE - OUZBÉKISTAN - MONGOLIE - IRAN
AMSLAV TOURISME - 60 RUE DE RICHELIEU - 75002 PARIS
TEL. 01 44 88 20 40 - FAX 01 40 59 48 06 - info@amslav.com www.amslav.com

Embarquez
POUR DES VOYAGES
De Rêve !
TOUT EN PHOTOS ET EN DESSINS
40 itinéraires sur les plus belles routes du monde
Le Routard
ROAD TRIPS
Le Routard
VOYAGES
La bible des voyageurs : un véritable tour du monde

Amslav Tourisme est spécialiste de l'Europe centrale et orientale, dont l'Autriche. L'équipe, composée de personnes expérimentées connaissant parfaitement le terrain pour y avoir vécu ou pour y être nées, réunit son expérience et son savoir-faire pour proposer une gamme variée de produits : week-ends, voyages à la carte, séjours libres ou organisés, autotours, circuits culturels, circuits combinés dans plusieurs pays d'Europe centrale et orientale.

▲ COMPTOIR DES VOYAGES

• comptoir.fr • Lun-sam 9h30-18h30.
– Paris : 2-18, rue Saint-Victor, 75005. Ⓜ Maubert-Mutualité. ☎ 01-53-10-30-15.
– Bordeaux : 26, cours du Chapeau-Rouge, 33800. ☎ 05-35-54-31-40.
– Lille : 76, rue Nationale, 59160. Ⓜ Rihour. ☎ 03-28-04-68-20.
– Lyon : 10, quai Tilsitt, 69002. Ⓜ Bellecour. ☎ 04-72-44-13-40.
– Marseille : 12, rue Breteuil, 13001. Ⓜ Estrangin. ☎ 04-84-25-21-80.
– Nice : 62, rue Giofreddo, 06000. Ouverture courant 2020.
– Toulouse : 43, rue Peyrolières, 31000. Ⓜ Esquirol. ☎ 05-62-30-15-00.

En plus de 30 ans, Comptoir des Voyages s'est imposé comme la référence incontournable du voyage sur mesure en immersion, avec plus de 90 destinations sur les 5 continents. Ses conseillers-spécialistes construisent des voyages uniques en s'adaptant à votre budget, vos goûts et vos envies. Pour favoriser les rencontres et l'immersion dans la vie locale, ils privilégient des hébergements typiques et des expériences authentiques. Sur place, des *greeters* francophones partagent avec vous conseils et bonnes adresses le temps d'un café. Sur votre Smartphone, l'application mobile Luciole vous informe sur le déroulé de votre voyage et vous guide grâce à un GPS hors connexion. Comptoir des Voyages est membre d'Agir pour un Tourisme Responsable depuis 2009, labellisation ATR renouvelée par Ecocert Environnement en 2019.

▲ VOYAGEURS DU MONDE, VOYAGEURS EN EUROPE CENTRALE

Le spécialiste du voyage sur mesure.

– Voyageurs en Allemagne, Autriche, Belgique, Hongrie, pays Baltes, Pays-Bas, Pologne, République tchèque, Russie, Slovénie, Ukraine : ☎ 01-42-86-17-60. • voyageursdumonde.fr •
– Paris : La Cité des Voyageurs, 55, rue Sainte-Anne, 75002. ☎ 01-42-86-16-00. Ⓜ Opéra ou Pyramides. Lun-sam 9h30-19h. Avec une librairie spécialisée sur les voyages.
– Agences à Bordeaux, Grenoble, Lille, Lyon, Marseille, Montpellier, Nantes, Nice, Rennes, Rouen, Strasbourg et Toulouse. Également à Bruxelles et Genève.

Parce que chaque voyageur est différent, que chacun a ses rêves et ses idées pour les réaliser, Voyageurs du Monde conçoit, depuis plus de 30 ans, des projets sur mesure. Les séjours proposés sur 120 destinations sont élaborés par leurs 180 conseillers voyageurs. Spécialistes par pays et même par régions, ils vous aideront à personnaliser les voyages présentés à travers une trentaine de brochures d'un nouveau type, et sur le site internet où vous pourrez également découvrir les hébergements exclusifs et consulter votre espace personnalisé. Au cours de votre séjour, vous bénéficiez des services personnalisés Voyageurs du Monde, dont la possibilité de modifier à tout moment votre voyage, l'assistance d'un concierge local, la mise en place de rencontres et de visites privées, et l'accès à votre carnet de voyage via une application iPhone et Android.

Voir aussi au sein du guide les agences locales que nous avons sélectionnées.

Comment aller à Roissy et à Orly ?

Toutes les infos sur notre site *• routard.com •* à la rubrique suivante : *• bit.ly/aeroports-routard •*

En Belgique

▲ CONNECTIONS

Rens et résas : ☎ 070-233-313 (lun-ven 9h-19h, sam 10h-17h). • connections.be •

Fort d'une expérience de plus de 20 ans dans le domaine du voyage, Connections dispose d'un réseau de 32 *travel shops,* dont une à Brussels Airport. Connections propose des vols dans le monde entier à des tarifs avantageux et des voyages destinés à des personnes désireuses de découvrir la planète de façon autonome et de vivre des expériences uniques. Connections propose une gamme complète de produits : vols, hébergements, locations de voitures, autotours, vacances sportives, excursions...

▲ TAXISTOP

Pour ttes les adresses Taxistop : ☎ 070-222-292. • taxistop.be •

– Bruxelles : rue Thérésienne, 7a, 1000.

– Gent : Maria-Hendrikaplein, 65, 9000.

– Gembloux : rue Buisson Saint Guibert, 1b 5090.

Taxistop propose un système de covoiturage, ainsi que d'autres services comme l'échange de maisons ou le gardiennage.

▲ VOYAGEURS DU MONDE

– Bruxelles : chaussée de Charleroi, 23, 1060. ☎ 02-543-95-50. • voyageurs dumonde.fr •

Voir texte « En France ».

En Suisse

▲ STA TRAVEL

☎ 058-450-49-49. • statravel.ch •

– Fribourg : rue de Lausanne, 24, 1701. ☎ 058-450-49-80.

– Genève : rue Pierre-Fatio, 19, 1204. ☎ 058-450-48-00.

– Genève : rue Vignier, 3, 1205. ☎ 058-450-48-30.

– Lausanne : bd de Grancy, 20, 1006. ☎ 058-450-48-50.

– Lausanne : à l'université, Anthropole, 1015. ☎ 058-450-49-20.

Agences spécialisées notamment dans les voyages pour jeunes et étudiants. 150 bureaux STA et plus de 700 agents du même groupe répartis dans le monde entier sont là pour donner un coup de main *(Travel Help).*

STA propose des tarifs très avantageux : vols secs *(Blue Ticket),* hôtels, écoles de langues, *work & travel,* circuits d'aventure, voitures de location, etc. Délivre la carte internationale d'étudiant et la carte Jeune.

▲ VOYAGEURS DU MONDE

• voyageursdumonde.fr •

– Genève : rue de la Rôtisserie, 19, 1204. ☎ 02-543-95-50. Lun-ven 9h30-19h, sam 9h30-18h30 ; fermé dim.

– Lausanne : rue du Bourg, 6 (2e étage), 1003. Ouverture courant 2020. Lun-ven 9h-18h30, sam sur rdv.

Le spécialiste du voyage en individuel sur mesure.

Voir le texte dans la partie « En France ».

Au Québec

▲ TOURS CHANTECLERC

• tourschanteclerc.com •

Tours Chanteclerc est un tour-opérateur qui publie différentes brochures de voyages : Europe, Amérique du Nord, Amérique du Sud, Asie et Pacifique sud, Afrique et le Bassin méditerranéen en circuits ou en séjours. Il s'adresse aux voyageurs indépendants qui réservent un billet d'avion, un hébergement (dans toute l'Europe), des excursions ou une location de voiture. Également spécialiste de Paris, le tour-opérateur offre une vaste sélection d'hôtels et d'appartements dans la capitale française.

EN TRAIN

▲ ÖBB (Chemins de fer autrichiens)

• oebb.at •

Tarifs promotionnels avantageux. Achat des billets en ligne (en français). À noter que depuis le début de l'année 2020, les chemins de fer autrichiens ont remis en service un train de nuit entre Bruxelles et Vienne.

Au départ de Paris ou de Bruxelles

Pour rejoindre Vienne en train, plusieurs formules.

Depuis 2019, il est possible d'aller de France en Autriche en train en 1 seul changement, via Zurich (Suisse) ou

via Francfort (Allemagne). Le trajet via Francfort prend 1 journée, alors que celui par Zurich prend soit 1 journée, soit 1 après-midi plus 1 nuit à bord des nouveaux trains de nuit des chemins de fer autrichiens. Trains constitués de voitures-lits, voitures-couchettes, voitures places assises et transport de véhicules (autos, motos, vélos).
Voici les plus intéressantes avec 1 seul changement :
– Paris-Francfort-Vienne, 100 % grande vitesse en 1 journée, en 11h env.
– Paris-Zurich (en TGV Lyria), puis un train régional express international, en 13h env.
– Paris-Zurich (en TGV Lyria), puis un train de nuit autrichien en 14h env, avec l'avantage de faire l'économie d'une nuit d'hôtel.
– Au départ de Bruxelles : Thalys vers Cologne, puis ICE vers Munich, où l'on rejoint Vienne avec le nouveau train *Nightjet* via Salzbourg.
Infos : ● *bahn.com* ●

Renseignements et réservations

– ***Internet :*** ● *oui.sncf* ●
– ***Téléphone :*** ☎ *36-35 (0,40 € TTC/mn).*
– Également dans les gares, les boutiques SNCF et les agences de voyages agréées.

Interrail

Avec les ***passes Interrail,*** les résidents européens peuvent voyager dans 30 pays d'Europe, dont l'Autriche. Plusieurs formules et autant de tarifs, en fonction de la destination et de l'âge.
À noter que le *pass Interrail* n'est pas valable dans votre pays de résidence. Cependant, l'*Interrail Global Pass* offre une réduction de 50 % de votre point de départ jusqu'au point frontière en France. ● *interrailnet.eu* ●
– Pour les grands voyageurs, l'***Interrail Global Pass*** est valable dans l'ensemble des 30 pays européens concernés : intéressant si vous comptez parcourir plusieurs pays au cours du même périple. Il se présente sous 7 formes au choix. Tarifs 2019.
5 formules flexibles utilisables 3, 5 ou 7 j. sur une période de validité de 1 mois (218-335 € selon formule en version adulte), ou utilisables 10 ou 15 j. sur une période de validité de 2 mois (401-493 € selon formule en version adulte) ;
5 formules « continues » : *pass* 15 j., 22 j., 1 mois, 2 mois ou 3 mois (443-902 € selon formule en version adulte).
– Si vous ne parcourez que l'Autriche, le ***One Country Pass*** vous suffira. D'une période de validité de 1 mois et utilisable, selon les formules, 3, 4, 5, 6 ou 8 j. en discontinu : tarif selon pays et formule. Là encore, ces formules se déclinent en version 1re classe (mais ce n'est pas le même prix, bien sûr).
Pour voyager dans 2 pays, vous pouvez combiner 2 *One Country Pass.* Au-delà, il est préférable de prendre l'*Inter Global Pass.*
Interrail offre également la possibilité d'obtenir des réductions ou avantages à travers toute l'Europe avec ses partenaires bonus (musées, chemins de fer privés, hôtels, etc.).
Tous ces prix ne sont qu'indicatifs. Pour plus de renseignements, adressez-vous à la gare ou boutique SNCF la plus proche de chez vous.

EN VOITURE

Plusieurs itinéraires possibles pour rejoindre Vienne ; selon que vous habitez le Nord ou le Midi, bien sûr, vous contournerez les Alpes par le nord ou par le sud.

Au départ de Paris vers Vienne (environ 1 250 km)

➢ Prendre l'A4 direction Metz, puis, au niveau de Metz, l'A320 direction Merlebach/Forbach. À la hauteur de Forbach, continuer sur l'E50 direction Saarbrücken (on entre en Allemagne, où les autoroutes sont gratuites. De là, prendre l'E31 direction Karlsruhe. Continuer sur l'E50. À la hauteur de Nürnberg, prendre l'E56 en direction de Passau-Regensburg. Une fois sur le territoire autrichien ***(vignette obligatoire également),*** continuer sur l'E552.

Basculer sur l'E60 en direction de Wien (Vienne). À la hauteur de Linz, continuer sur l'A1 en direction de Wien.

Depuis Marseille vers Vienne (environ 1 350 km)

➢ Prendre l'autoroute du Soleil, puis la Provençale jusqu'à la frontière italienne à Vintimille. Rejoindre l'A10 (autoroute des Fleurs ; les autoroutes italiennes sont à péage). Puis l'E25, l'A7 et l'E62 (autoroute Milan-Gênes). Rejoindre l'E70 (Turin-Piacenza, puis Brescia-Padova) direction Venezia. Rejoindre l'autoroute E55 Alpe-Adria, franchir la frontière autrichienne ***(vignette obligatoire),*** puis l'A2 *(Süd Autobahn),* continuer sur la S37 *(Klagenfurter Schnellstrasse),* puis vers Graz et Wien (Vienne).

EN BUS

Les compagnies en France

Le réseau de bus longue distance s'étant intensifié ces dernières années, le plus pratique est de consulter le comparateur de billets d'autocars *• comparabus.com • qui regroupe les compagnies présentes en France : Ouibus, Eurolines/Isilines, Flixbus.* À vous de voir en temps réel les liaisons existantes. Un lien vers les compagnies permet d'acheter ses billets en direct.

▲ **CLUB ALLIANCE**

– Paris : 33, rue de Fleurus, 75006. ☎ 01-45-48-89-53. • cluballiance voyages.fr • Ⓜ Notre-Dame-des-Champs ou Saint-Placide. Lun-ven 11h-19h, sam 14h-19h.

Spécialiste des week-ends et des ponts de 4 jours, Club Alliance organise également un circuit de 1 semaine en Autriche. Brochure gratuite sur demande.

▲ **EUROLINES**

Rens : ☎ 0892-89-90-91 (0,35 €/mn + prix d'appel ; lun-sam 8h-21h, dim 10h-18h). • eurolines.fr • Numéro d'urgence : ☎ 01-49-72-51-57.

Vous trouverez également les services d'Eurolines sur • routard.com • Eurolines propose 10 % de réduc pour les jeunes (12-25 ans) et les seniors. 2 bagages gratuits/pers en Europe.

– Gare routière internationale à Paris : 28, av. du Général-de-Gaulle, 93541 Bagnolet Cedex. Ⓜ Gallieni.

– Agences à Paris et dans toute la France. 1re *low-cost* par bus en Europe, Eurolines permet de voyager vers plus de 500 destinations en Europe avec des départs quotidiens depuis 90 villes françaises. Eurolines propose également des hébergements à petits prix sur les destinations desservies.

– *Pass Eurolines :* pour un prix fixe valable 15 ou 30 jours, vous voyagez autant que vous le désirez sur le réseau entre 51 villes européennes. Également un mini-*pass* pour visiter 2 capitales européennes (7 combinés possibles).

▲ **FLIXBUS**

Billets en vente sur • flixbus.fr • ☎ 01-76-36-04-12.

Liaisons directes vers Vienne au départ de Paris (connectées à une quarantaine de villes de France), Bruxelles et Zurich.

En Belgique

▲ **EUROLINES-EUROPABUS**

– Bruxelles : Coach Station CCN, gare du Nord, 1000. ☎ 02-274-13-50. • eurolines.be •

➢ Départs tlj depuis 8 villes en Belgique.

VIENNE UTILE

ABC de Vienne

- **_Statut :_** Land fédéral _(Bundesland)_ et capitale de l'Autriche.
- **_Maire :_** Michael Ludwig depuis 2018, parti social-démocrate (SPÖ).
- **_Population :_** 1,900 million d'hab. (2019).
- **_Superficie :_** 414 km².
- **_Densité de population :_** 4 473 hab./km².
- **_Langue officielle :_** l'allemand.

AVANT LE DÉPART

Adresses utiles

En France

Office national autrichien de tourisme : • _austria.info/fr_ • _Bureaux fermés au public. Rens par message électronique ou au Service Infos Vacances :_ • _vacances@austria.info_ • _BP 40, A-1030 Vienne,_ ☎ _0800-941-921 (n° d'appel gratuit depuis la France, lun-ven 9h-13h)._ Le service répond à toutes les questions et envoie gratuitement des brochures et des dépliants.

• **_wien.info/fr_** • Un site très complet et particulièrement bien fait sur tout ce qui est à voir et à faire à Vienne. Infos pratiques (listes d'hôtels, restos, bars), nombreux dossiers thématiques : Vienne tendance, Vienne musicienne, Cuisine viennoise, Gay & lesbienne, Vienne juive, etc. Également un calendrier des animations, expos et festivals, ainsi que la possibilité de réserver un hébergement.

Sans oublier bien sûr tous les sites touristiques indiqués au fil des pages...

Ambassade d'Autriche : _6, rue Fabert, 75007 Paris._ Ⓜ _Invalides._ ☎ _01-40-63-30-63._ • _bmeia.gv.at/oeb-paris_ •

En Belgique

Office national autrichien de tourisme : • _austria.info/be_ • _Bureaux fermés au public (voir « En France »)._ ☎ _00800-400-200-00, n° d'appel gratuit (en anglais) lun-ven 8h-12h._

Ambassade d'Autriche : _av. de Cortenbergh, 52, 1000 Bruxelles._ Ⓜ _Schumann._ ☎ _(02) 289-07-00._ • _bmeia.gv.at/oeb-bern_ • _Lun-ven 9h-12h et mer 13h-15h30._

En Suisse

Office national autrichien de tourisme : _bureaux fermés au public (voir « En France » ou « En Belgique »)._ Pour les demandes de brochures par courrier, écrire au Service Infos Vacances _(Vordere Zollamtsstraße 13, 1030 Vienne)._

Ambassade d'Autriche : _Kirchenfeldstr, 77-79, 3000 Berne._ ☎ _031-356-52-52._ • _bmeia.gv.at/oeb-bern_ • _Lun-ven 9h-12h, plus mer 14h-16h._

Au Canada

Consulat d'Autriche (Generalkonsulat) : _630, bd René-Lévesque-Ouest, suite 2800, Montréal, QC H3B-1S6._ ☎ _(514) 845-86-61._ • _consulat.montreal@advantageaustria.org_ •

Formalités

Pour les ressortissants de l'UE et de la Suisse, la ***carte d'identité*** ou le ***passeport*** en cours de validité suffisent. Pour les Canadiens : passeport en cours de validité pour les séjours touristiques de moins de 90 jours.

Carte internationale d'étudiant (carte ISIC)

Elle prouve le statut d'étudiant dans le monde entier et permet de bénéficier de tous les avantages, services et réductions dans les domaines du transport, de l'hébergement, de la culture, des loisirs, du shopping...
La carte ISIC permet aussi d'accéder à des avantages exclusifs (billets d'avion spécial étudiants, hôtels et auberges de jeunesse, assurances, cartes SIM internationales, location de voiture...).

Renseignements et inscriptions

- ***En France :*** ● *isic.fr* ● *13 € pour 1 année scolaire.*
- ***En Belgique :*** ● *isic.be* ●
- ***En Suisse :*** ● *isic.ch* ●
- ***Au Canada :*** ● *isiccanada.com* ●

Carte d'adhésion internationale aux auberges de jeunesse (carte FUAJ)

Cette carte vous ouvre les portes des 4 000 auberges de jeunesse du réseau *HI-Hostelling International* en France et dans le monde. Vous pouvez ainsi loger dans 81 pays à des prix avantageux et bénéficier de tarifs préférentiels avec les partenaires des auberges de jeunesse *HI*. Enfin, vous intégrez une communauté mondiale de voyageurs partageant les mêmes valeurs : plaisir de la rencontre, respect des différences et échange dans un esprit convivial. Il n'y a pas de limite d'âge pour séjourner en auberge de jeunesse. Il faut simplement être adhérent.

Renseignements et inscriptions

- ***En France :*** ● *hifrance.org* ●
- ***En Belgique :*** ● *lesaubergesdejeunesse.be* ●
- ***En Suisse :*** ● *youthhostel.ch* ●
- ***Au Canada :*** ● *hihostels.ca* ●

Si vous prévoyez un séjour itinérant, vous pouvez réserver plusieurs auberges en une seule fois en France et dans le monde : ● *hihostels.com* ●

Assurances voyage

■ ***Routard Assurance par AVI International :*** *40, rue Washington, 75008 Paris.* ☎ *01-44-63-51-00.* ● *avi-international.com* ● Ⓜ *George-V.* Enrichie au fil des années par les retours des lecteurs, *Routard Assurance* est devenue une assurance voyage référence des globe-trotters. Tout est inclus : frais médicaux, assistance rapatriement, bagages, responsabilité civile... Avant votre départ, appelez *AVI* pour un conseil personnalisé. Besoin d'un médecin, d'un avis médical, d'une prise en charge dans un hôpital ? Téléchargez l'appli mobile AVI international pour garder le contact avec *AVI Assistance* et disposez de l'un des meilleurs réseaux médicaux à travers le monde. *AVI Assistance* est disponible 24h/24 pour une réponse en temps réel. De simples frais de santé en voyage ? Envoyez les factures à votre retour, *AVI* vous rembourse sous une semaine.

■ **AVA :** *25, rue de Maubeuge, 75009 Paris. ☎ 01-53-20-44-20. ● ava.fr ● Ⓜ Cadet.* Un autre courtier fiable pour ceux qui souhaitent s'assurer en cas de décès-invalidité-accident lors d'un voyage à l'étranger, mais surtout pour bénéficier d'une assistance rapatriement, perte de bagages et annulation.

■ **Assur :** *18, rue des Plantes, BP 35, 78600 Maisons-Laffitte. ☎ 01-39-62-28-63. ● pixel-assur.com ● RER A : Maisons-Laffitte.* Assurance de matériel photo et vidéo tous risques (casse, vol, immersion) dans le monde entier. Devis en ligne basé sur le prix d'achat de votre matériel. Avantage : garantie à l'année.

ARGENT, BANQUES, CHANGE

Quand vous partez à l'étranger, pensez à téléphoner à votre banque pour relever le plafond de retrait aux distributeurs et pour les paiements par carte, quitte à le faire rebaisser à votre retour.

Monnaie

Comme ses partenaires européens, l'Autriche tourne à l'euro.

En zone euro, pas de frais bancaires sur les paiements par carte. Les retraits sont soumis aux mêmes conditions tarifaires que ceux effectués en France (gratuits pour la plupart des cartes). Une carte perdue ou volée peut être rapidement remplacée. En appelant sa banque, un système d'opposition, d'avance d'argent et de remplacement de carte pourra être mis en place afin de poursuivre son séjour en toute quiétude.

Banques, change

– **Horaires des banques :** *lun-ven 8h (ou 8h30)-15h (17h30 jeu). Succursales fermées 12h30-13h30. Pour ceux qui seraient concernés, bureaux de change ouv en général 9h-20h.*
– La meilleure solution consiste à retirer du liquide aux distributeurs de billets avec une carte de paiement internationale au fur et à mesure de ses besoins. On trouve des distributeurs un peu partout, nous n'avons pas jugé utile de vous les indiquer.

Petite mesure de précaution : si vous retirez de l'argent dans un distributeur, utilisez de préférence les distributeurs attenants à une agence bancaire. En cas de pépin avec votre carte (carte avalée, erreurs de code secret...), vous aurez un interlocuteur dans l'agence, pendant les heures ouvrables du moins.

Cartes de paiement

Quelle que soit la carte que vous possédez, chaque banque gère elle-même le processus d'opposition et le numéro de téléphone correspondant !

– **Carte Visa :** *☎ (0-33) 1-41-85-85-85 (Europ Assistance, n° d'urgence ; 24h/24). ● visa.fr ●*
– **Carte MasterCard :** *☎ (00-33) 1-45-16-65-65 (n° d'urgence). ● mastercardfrance.com ●*
– **Carte American Express :** *☎ (00-33) 1-47-77-72-00 (n° d'urgence). ● americanexpress.com ●*
En cas de perte ou de vol, il existe un serveur interbancaire d'opposition qui vous met en contact avec le centre

d'opposition de votre banque : *en France : ☎ 0892-705-705 (prix d'un appel + 0,35 €/mn) ; depuis l'étranger : ☎ (00-33) 442-605-303.*

Avant de partir, notez bien le numéro d'opposition propre à votre banque (il figure souvent au dos des tickets de retrait, sur votre contrat ou à côté des distributeurs de billets), ainsi que le numéro à 16 chiffres de votre carte. Bien entendu, conservez ces informations en lieu sûr et séparément de votre carte.

Par ailleurs, l'assistance médicale se limite aux 90 premiers jours du voyage, et l'assistance véhicule aux cartes haut de gamme (renseignez-vous auprès de votre banque). N'oubliez pas non plus de VÉRIFIER LA DATE D'EXPIRATION DE VOTRE CARTE DE PAIEMENT avant votre départ !

Besoin urgent d'argent liquide

Vous pouvez être dépanné en quelques minutes grâce au système ***Western Union Money Transfer*** présent dans les supérettes *7-Eleven* et les bureaux de change *Forex*. L'argent vous est transféré en moins d'une heure. La commission, assez élevée, est payée par l'expéditeur. Possibilité d'effectuer un transfert auprès d'un des bureaux *Western Union* ou, plus rapide, en ligne, 24h/24 par carte de paiement (*Visa* ou *MasterCard*).
Même principe avec d'autres organismes de transfert d'argent liquide comme ***MoneyGram, PayTop*** ou ***Azimo.*** Transfert en ligne sécurisé, en moins de 1h.
Dans tous les cas, se munir d'une pièce d'identité. Toutefois, en cas de perte/vol de papiers, certains organismes permettent de convenir d'une question/réponse-type pour pouvoir récupérer votre argent. Chacun de ces organismes possède aussi des applications disponibles sur téléphone portable. Consulter les sites internet pour connaître les pays concernés, les conditions tarifaires (frais, commission) et trouver le correspondant local le plus proche :
• westernunion.com • moneygram.fr • paytop.com • azimo.com/fr •
– Autre solution, envoyer de l'argent par ***la Poste*** : le bénéficiaire, muni de sa pièce d'identité, peut retirer les fonds dans n'importe quel bureau du réseau local. Le transfert s'effectue avec un mandat ordinaire international (jusqu'à 3 500 €) et la transaction prend 4-5 jours en Europe (8-10 jours vers l'international). Plus cher, mais plus rapide, le mandat express international permet d'envoyer de l'argent (montant variable selon la destination – 34 pays au total) sous 2 jours maximum, 24h lorsque la démarche est faite en ligne. *Infos : • labanquepostale.fr •*

BUDGET

Le coût de la vie à Vienne est à peu près équivalent à celui de la France. Si l'hébergement reste cher, voire très cher à Vienne, les restaurants et les bars sont sensiblement moins onéreux que dans l'Hexagone si l'on se contente de la jouer local, autour d'un plat et d'un verre.
– ***Pour les routards voyageant à l'économie :*** prévoir au minimum un budget moyen de 60-80 € par jour de voyage. Cette somme peut se décomposer de la façon suivante : 30-35 € pour l'hébergement en auberge de jeunesse (petit déj compris), 25-30 € pour les 2 repas midi et soir, et environ 20 € pour les entrées dans les musées et les frais divers. Ce poste de dépense (sans les transports) varie énormément d'une personne à l'autre, selon le nombre de visites et de sorties prévues (sans parler des nocturnes).
– ***Pour les voyageurs à budget moyen :*** en logeant dans une pension bon marché ou dans une chambre à prix moyens (*Gästehaus* ou *Privatzimmer*), avec 2 repas par jour, en utilisant les transports en commun et en visitant ce qu'il y a d'intéressant à voir, il faut compter un budget quotidien de 100 € par personne, voire 150 € si vous logez dans l'*Innere Stadt* (1er arrondissement), où le prix de l'hébergement est plus élevé que dans les autres arrondissements.

Hébergement

– ***Très bon marché :*** de 20 à 30 € par personne la nuit. À ce tarif-là, on peut se loger dans les auberges de jeunesse. Le petit déj est souvent inclus dans le prix de la nuit. Dans les campings, une nuit pour 2 personnes en toile de tente coûte en saison environ 22-24 €.
– ***Bon marché :*** de 50 à 70 € la nuit pour 2 personnes. Dans cette gamme de tarifs, on trouve de nombreuses petites pensions ainsi que des *Privatzimmer* (chambres chez l'habitant). Généralement, le petit déj est inclus dans le prix de la nuit.
– ***Prix modérés :*** de 70 à 100 € la nuit pour 2 personnes. Pensions avec un poil plus de confort.
– ***Prix moyens :*** de 100 à 150 € la nuit pour 2 personnes (petit déj compris). Dans cette catégorie de prix, on peut dormir dans des pensions 2 étoiles.
– ***Chic :*** de 150 à 250 € la nuit pour 2 personnes.
– ***Très chic :*** plus de 250 € la nuit dans les grands hôtels.

Restaurants

Les prix ci-après correspondent à un repas sans le service et la boisson.
– ***Très bon marché :*** de 9 à 12 € pour un grignotage sur le pouce ou un plat traditionnel bien consistant. Le midi, les petits restos proposent souvent une formule intéressante avec entrée (soupe le plus souvent) et plat. Dans cette catégorie, on trouve aussi nombre de cafétérias, des self-services, sans parler des stands à saucisses, qui font le bonheur des Viennois pressés, de jour comme de nuit. Avec un verre de bière ou une eau gazeuse, ça fait un petit repas rapide et peu onéreux.
– ***Bon marché :*** de 12 à 17 € le repas.
– ***Prix moyens :*** de 17 à 30 € le repas.
– ***Chic :*** de 30 à 45 € le repas.
– ***Très chic :*** plus de 45 € le repas.

Musées et sites touristiques

Les coureurs de musées et de châteaux doivent absolument inclure cette rubrique dans leur budget, les entrées de ces sites étant souvent onéreuses (entre 5 et 18 €). Avec, en prime, un vestiaire parfois payant (obligatoire pour les sacs).
Les étudiants (de moins de 27 ans), les plus de 60 ans et les enfants bénéficient heureusement de ***réductions,*** et les musées viennois sont généralement ***gratuits pour les moins de 19 ans.*** Ne pas oublier sa carte d'identité si l'on frise la limite !
À noter : il n'est pas rare (voici ce qu'on appelle une litote) que les textes ou visites ne soient qu'en allemand... Pour les plus connus, rassurez-vous, il y a souvent des audioguides !
Bon à savoir : ***l'accès à tous les musées municipaux est gratuit pour tous les 1ers dimanches du mois. Liste (en anglais) sur*** ● wienmuseum.at ●

Billets combinés

Il existe de nombreux ***billets combinés*** vous offrant la possibilité de visiter plusieurs sites ou musées, à votre rythme, durant votre séjour. Ainsi, le ***Sisi Ticket*** (évoqué dans la rubrique « À voir “en ville”. Dans le centre historique. La Hofburg et alentour » du chapitre « Vienne ») permet de visiter à un prix réduit (29,90 €) le *château de Schönbrunn*, la *Hofburg* (musée Sissi, appartements impériaux et collection d'argenterie) et le *Hofmobiliendepot* – Möbel Museum (musée des Meubles). Plusieurs formules permettent de visiter les musées du ***MuseumsQuartier.*** La ***carte annuelle du Kunsthistorisches Museum*** (44 €), quant à elle, donne accès aux 7 musées du groupe (Beaux-Arts, Neue Burg, Trésor impérial, musée des Carrosses, Musée ethnologique, musée autrichien du Théâtre et, à Innsbruck, château d'Ambras).

Vienna City Card

Pour un séjour à Vienne, possibilité d'acheter la ***Vienna City Card,*** en vente *Tourist-Info Wien (zoom, D4, **1**),* au guichet des transports publics, à la réception hôtels ou sur le site • *wienkarte.at* • (avec frais d'envoi). Pour 17 € (24h), 25 € (48h) ou 29 € (72h), elle permet de circuler sur tout le réseau des transports en commun viennois et de bénéficier de réductions (parfois minimes, certes) et d'offres spéciales dans de nombreux musées, magasins, cafés et restos de la capitale. Avec la *Vienna City Card,* vous pouvez emmener un enfant de moins de 15 ans gratuitement dans les transports en commun. N'oubliez pas de demander votre carnet de coupons. Calculez bien sa rentabilité si vous êtes étudiant ou déjà porteur d'une carte de transport achetée à votre arrivée. Mais elle peut toutefois avoir ses avantages, car un séjour à Vienne, pour qui veut s'offrir un maximum de musées, coûte cher ! Vous n'aurez à oblitérer votre *Vienna City Card* qu'à partir du moment où vous l'utiliserez régulièrement (reculez l'échéance au maximum si vous restez 4 ou 5 jours).

Vienna Pass

Comme la *Vienna City Card,* le **Vienna Pass** est une formule qui s'avère vite rentable si vous souhaitez visiter plusieurs musées. Pour 59 € (24h), 89 € (48h), 107 € (3 jours) ou 138 € (6 jours), il donne accès à 60 sites et musées à Vienne, ainsi qu'à toutes les lignes de bus touristiques *Hop on Hop off Vienna Sightseeing Tours.* Les enfants paient demi-tarif. Le *Vienna Pass* s'achète sur Internet et peut être envoyé à votre domicile (payant), ou encore être récupéré à votre arrivée à l'aéroport ou dans votre hôtel. • *viennapass.com* •
Les prix mentionnés sont ceux qui étaient en vigueur à la fin 2019.

CLIMAT

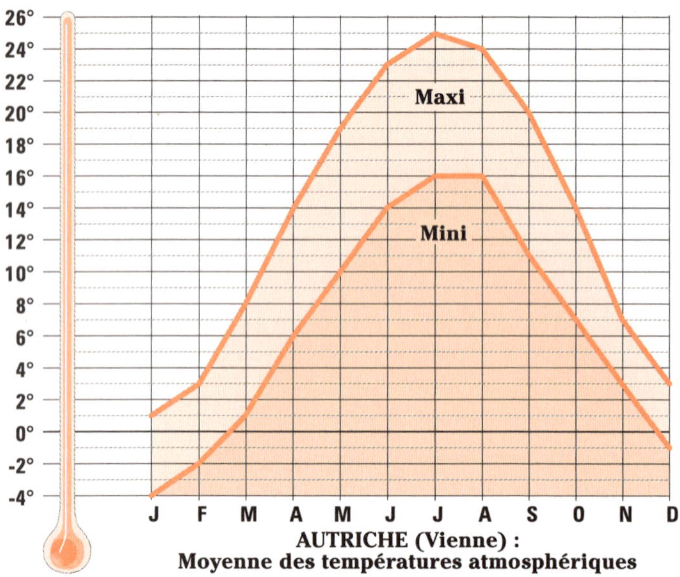

AUTRICHE (Vienne) :
Moyenne des températures atmosphériques

Vienne est sous le régime du climat continental avec un printemps court, un bel automne ensoleillé et un été orageux et chaud (parfois plus de 35 °C). Mai et juin sont les mois les plus agréables pour parcourir la ville (vous éviterez ainsi les pluies et les orages estivaux), tandis qu'octobre marque le début de la saison musicale. En hiver, il fait froid, très froid, mais c'est sans doute le prix à payer pour profiter de son *Christkindlmarkt* (le marché de Noël) et de Schönbrunn sous la neige...

CULTURE, CINÉMA

■ ***Institut français*** *(plan, C2)* **:** *Praterstrasse 38 (Wien 2), dans le palais Rohan. ☎ 90-90-89-90. • institut-francais.at • Lun-jeu 9h-13h, 13h30-18h ; sam 10h-13h.* Rencontres culturelles, films français, spectacles de danse, expos... Dans la médiathèque *(fermée lun),* des ouvrages ainsi que des films et journaux, majoritairement en français.

■ ***Burgkino*** *(zoom, D4)* **:** *Opernring 19 (Wien 1). ☎ 587-84-06. • burgkino.at •* Ce cinéma à l'ancienne passe, entre autres, toutes les semaines (en principe les mardi, vendredi et dimanche), en v.o. (en anglais), *Le Troisième Homme (The Third Man),* le film viennois par excellence.

– ***Infos spectacles, soirées et clubbing :*** il est indispensable de se procurer la brochure gratuite *Wien-Programm* auprès du *Tourist-Info Wien* ou le magazine *Falter* (en allemand), l'hebdomadaire de la ville, qui indique spectacles, concerts, expositions du moment. *• falter.at •* Pour les jeunes, retirer le *Jugendinwien,* petit livret disponible au bureau du *Jugend-Info* (voir la rubrique « Informations touristiques » plus loin).

ÉCOUTER UN CONCERT OU ASSISTER À UN OPÉRA : OÙ, QUAND, COMMENT ?

Vienne est la seule ville au monde qui propose des opéras, opérettes et ballets, 10 mois durant, tous les jours de septembre à juin. Alors ce n'est pas le moment de vous priver !

Staatsoper *(Opéra national ; zoom, D4)* **:** *Opernring 2 (Wien 1). Résas : ☎ 514-44-22-50. • wiener-staatsoper.at •* L'un des théâtres lyriques les plus en vue de l'élite internationale du bel canto. Une cinquantaine d'opéras et autant de ballets donnent lieu à quelque 300 représentations par an. En mai-juin et septembre, vous pouvez même assister gratuitement à certaines diffusions en direct, sur la place voisine.

Volksoper *(Opéra populaire ; plan, B1)* **:** *Währinger Str. 78 (Wien 9). ☎ 514-44-36-70. • volksoper.at •* Autre salle chère au cœur des Viennois, permettant d'assister à des opéras, des comédies musicales, mais surtout des opérettes. Moins cher que le Staatsoper.

Kammeroper *(Opéra-comique viennois ; zoom, E3,* ***8****)* **:** *Fleischmarkt 24 (Wien 1). ☎ 588-300. • theater-wien.at •* Il s'est spécialisé dans les trésors peu connus de l'art lyrique : opérettes rarement jouées, comédies musicales et vaudevilles, opéras baroques et contemporains. En été, il offre aussi des représentations d'opérettes au château de Schönbrunn.

Theater an der Wien *(plan, C4-5)* **:** *Linke Wienzeile 6 (Wien 6). ☎ 588-30-1010. • theater-wien.at •* Ce théâtre est spécialisé dans les opéras baroques et contemporains, mais il propose également différents concerts et spectacles de danse.

Comment choisir son orchestre ?

Le plus réputé est le ***Wiener Philharmoniker*** *(Philharmonique de Vienne),* dont le port d'attache est au Musikverein. C'est aussi le plus cher ! Très demandé dans le monde entier ; mais avec un peu de chance, vous pourrez assister à l'un des concerts qu'il donne toute l'année, ou presque. Pour réserver des places, il faut s'adresser directement aux organisateurs du spectacle. Si vous désirez assister à l'un des 3 ***concerts*** dits ***du Nouvel An*** (31 décembre au soir,

1er janvier en matinée et en soirée), sachez qu'il faudra vous inscrire très vite sur le site internet, les inscriptions étant closes dès... fin janvier pour le Nouvel An suivant ! En plus, désormais, succès oblige, un tirage au sort est effectué. Heureusement qu'il reste la télé ! Pour en savoir plus, consultez le site *• wienerphilharmoniker.at •*

Il existe de nombreux autres orchestres de très haut niveau, même s'ils ne sont pas aussi prestigieux.

– ***Wiener Mozart Orchester :*** *concert quasi tlj à 20h15. ☎ 505-77-66. • mozart.co.at •* Quelque peu à part, il est réputé pour l'allure romantique de ses musiciens habillés en costumes du XVIIIe s. C'est l'orchestre le plus « touristique » d'Autriche.

– ***Wiener Hofburg Orchester :*** *plusieurs concerts/sem à 20h30. ☎ 587-25-52. • hofburgorchester.at •* Concerts là aussi en costumes.

Quelle salle de concert choisir ?

■ **Musikverein** (zoom, D4) **:** *Musikvereinsplatz 1 (Wien 1). ☎ 505-81-90. • musikverein.at • Guichet : en sem 9h-18h, sam 9h-13h.* De forme rectangulaire (très rare pour une salle de concerts), somptueusement décorée tel un temple baroque, dominée par un buffet d'orgue couvert de dorures, cette salle offre une acoustique étonnante. Elle abrite la plupart des concerts de l'Orchestre philharmonique et organise le fameux concert du Nouvel An.

– Pour les fans des *Wiener Sängerknaben* (les « Petits Chanteurs de Vienne »), programmation de concerts tous les dimanches à 9h15, de juin à octobre, dans la **Hofburgkapelle** (chapelle du Palais impérial) : *☎ 533-99-27.* Le plus vieux groupe de garçons du monde (519 ans au compteur !) s'est vu offrir une salle de concerts bien à lui, dans le Augarten, le plus vieux parc baroque de Vienne : le **MuTh** *(plan, E1).* Comme ils sont souvent en tournée, programmation sur le site *• wienersaengerknaben.at •*

■ **Konzerthaus** (zoom, E4) **:** *Lothringerstr. 20 (Wien 3). ☎ 24-20-02. • konzerthaus.at • Guichet : en sem 9h-19h45, sam 9h-13h.* Construite en 1912 dans les styles Art nouveau et sécessionniste, la Konzerthaus réunit 3 salles superbes : la *Großer Saal* (la plus impressionnante !), la *Mozart-Saal* et la *Schubert-Saal.* En été, il n'y a pas de productions maison, mais des concerts sont cependant organisés.

■ Signalons aussi la ***salle Bösendorfer*** (zoom, E3) : *dans la Mozarthaus, Domgasse 5. ☎ 512-17-91. • boesendorfer.com •*

– De nombreux concerts se déroulent également dans les ***églises de Vienne*** *(Stephansdom, Augustinerkirche, Evangelische Kirche, Ruprechtskirche, Karlskirche...)* et dans certains **palais,** comme le *palais Eschenbach (📱 (0699)1968-1702)* ou l'*Eroica-Saal du palais Lobkowitz (☎ 479-65-01).*

Où et quand acheter ses billets ?

■ ***Tourist-Info Wien*** *(office de tourisme ; zoom, D4,* ***1****)* **:** *Albertinaplatz 1. ☎ 24-5-55. • wien.info • vienna.info • (en français). Situé derrière l'Opéra, à l'angle d'Albertinaplatz et de Maysedergasse. Tlj 9h-19h.* On vous conseille d'y consulter le programme des spectacles et de vous procurer la brochure gratuite *Wien-Programm.* Commission plus ou moins importante. La solution la plus économique est quand même de se rendre directement à la salle de concerts.

– Autre solution pour celui qui veut être assuré d'avoir une place : acheter un billet et réserver sa place sur le Net.

■ ***Vienna Classic Ticket Office :*** *☎ 715-15-72. • viennaticketonline.com •*

■ ***Österreich Ticket*** *(zoom, C4)* **:** *Museumsplatz 1 (Wien 7). ☎ 960-96. • oeticket.com • Lun-sam 10h-13h, 14h-19h.*

Si l'on se décide à la dernière minute, on peut généralement trouver de la place en se présentant à la caisse 1h avant le concert. Beaucoup d'habitués agissent ainsi... pour les places de concert, mais aussi pour le théâtre et l'opéra.
- ***Pour les étudiants :*** sur présentation de la carte d'étudiant, ou même sans, on peut obtenir des places de théâtre juste avant le début de la représentation. Ces billets sont généralement meilleur marché que les billets au tarif habituel.
- ***Pour les plus de 60 ans :*** pour certains concerts, tarifs préférentiels accordés aux seniors. Se munir d'une pièce d'identité.

HÉBERGEMENT

Soyons clairs : excepté pour les adeptes des AJ (d'un bon rapport qualité-prix), l'hébergement à Vienne assène une vilaine claque au porte-monnaie. Budgets serrés, évitez le 1er arrondissement : à 1 ou 2 exceptions près, c'est hors de prix. Les arrondissements alentour offrent des tarifs plus raisonnables, dans des quartiers plus récents et moins touristiques. De plus, la plupart des adresses d'hôtels et de pensions que nous proposons ne sont pas vraiment excentrées. Le centre-ville reste donc à courte portée des inconditionnels de la marche et toujours facilement accessible en transports en commun.
Par précaution, réservez votre chambre avant de partir. Outre le fait d'être très touristique, Vienne est aussi une ville de congrès et de festivals de toutes sortes. Si vous arrivez à Vienne sans chambre d'hôtel réservée (une mauvaise idée, on le répète !), le *Tourist-Info Wien* propose un service de réservation de chambre d'hôtel pour le soir même *(☎ 043-1-24-555 ; lun-ven 9h-19h ; commission de 3 € et 1re nuit payable d'avance).*

Campings

Vienne en compte 3, 2 à l'ouest du centre-ville et 1 sur les bords du Danube. Parmi eux, nous avons sélectionné le *Camping Wien Süd (ouv seulement juin-août)* et le *Camping Wien West (ouv tte l'année sauf fév).* Généralement, aucun problème de propreté et d'entretien, sauf si vous tombez à une période de surpopulation. Prix corrects : en été, environ 22-24 € la nuit pour 2 avec tente et voiture. On peut acheter des recharges pour camping-gaz dans les stations-service.

■ ***Österreichischer Campingclub :*** *• campingclub.at •* Pour tous renseignements spécifiques sur le camping en Autriche.

■ ***Camping Wien :*** *• wiencamping.at •*

Auberges de jeunesse

Beaucoup d'AJ du réseau *Hostelling International* exigent la carte de membre ; celles qui ne le font pas demandent un petit supplément. Ce n'est pas le cas des auberges privées. Toutes les AJ n'ont pas un charme fou, mais elles sont généralement bien tenues, pratiques, bien équipées (cuisine à disposition ou petite cafétéria, laverie, etc.), et les chambres disposent souvent de leur propre salle de bains.

■ ***Österreichischer Jugendherbergsverband*** *(association des auberges de jeunesse autrichiennes ; plan, D2, **20**) :* *Zelinkagasse 12, A-1010 Vienne. ☎ 533-53-53. • oejhv.or.at •*

Universités et *Sommerhotels*

Résidences universitaires ou maisons d'étudiants *(Studentenheim)* sont utilisées comme hôtels en été, du 1er juillet au 30 septembre. Il en existe une douzaine qui sont réparties dans différents quartiers à Vienne. *Liste et contacts : • jugendinfowien.at • (en allemand).*

■ ***Allyouneedhotels :*** *☎ (05) 01-14. • allyouneedhotels.at •*

À la ferme

Eh oui, même à Vienne, c'est possible ! Bien que peu développée, la formule est parvenue à atteindre la capitale avec quelques adresses dans ses environs. Une vraie vie écologique, rustique, chaleureuse et assez bon marché, en parfait accord avec la nouvelle image d'une ville qui cultive le bio autant que le beau, qui protège ses abeilles et qui revendique la mouvance locavore, au marché comme au resto. Renseignements auprès de l'office de tourisme ou d'organismes privés, comme *Farm Holidays in Austria* (☎ 0662) 88-02-02 ; • farmholidays.com •, site en anglais).

Privatzimmer

Ou chambres chez l'habitant (signalées par une pancarte « *Zimmer frei* »). La solution d'hébergement la moins onéreuse, entre 45 et 90 €. Le petit déj (généralement varié et très copieux) est toujours compris. Il faut souvent payer un supplément si l'on y séjourne moins de 2 ou 3 nuits. En général, c'est simple mais propre, et l'occasion rêvée de rencontrer les Autrichiens, surtout si l'on parle un peu leur langue, évidemment. Les offices de tourisme disposent des listes de *Privatzimmer,* certains assurent la réservation.

■ ***Privatvermieter :*** 📱 (0699) 1945-5974. • wienprivat.at • (site en anglais).

Pensions

Une autre solution abordable mais un peu plus chère que la précédente. En général, elles sont petites et chaleureuses, parfois installées aux étages d'immeubles résidentiels.
Demandez la brochure rééditée chaque été par le *Tourist-Info Wien,* présentant par gammes de prix les pensions de la ville. Intro en français. Ou consultez le site internet • wien.info •

Gasthof et *Gasthaus*

C'est l'auberge familiale, qui assure à la fois le logement et la restauration. Prix extrêmement variables selon le standing, de 55 à 110 € pour 2 personnes.

Hôtels

Les hôtels sont assez chers, mais, en général, confortables et fort bien tenus. Il peut arriver qu'on vous facture un supplément si vous ne séjournez que 1 ou 2 nuits. D'ordinaire, une réservation faite par téléphone est honorée. On vous demandera rarement des arrhes. Le petit déj, comme dans tous les autres types d'hébergement à Vienne, est généralement inclus dans le prix et est assez copieux. À noter qu'il est fréquent que le paiement du séjour soit demandé dès l'arrivée.
Comme pour les pensions, demandez la brochure du *Tourist-Info Wien,* présentant par gammes de prix les hôtels de la ville. Et consultez le site • wien.info • pour profiter des meilleurs prix, ceux-ci variant énormément selon l'offre du moment.

Hôtels et pensions où l'on parle le français

En général, la brochure d'*Autriche Pro France* révisée chaque année vous indique, classés par régions, des hôtels francophones ou ayant, à l'accueil et au service, quelqu'un capable de vous renseigner en français. À Vienne, on en compte 4 ou 5 seulement. Réservations, courrier, accueil et service en français.

■ ***Autriche Pro France :*** *94, rue Saint-Lazare, 75009 Paris. Central de résas :* ☎ *0825-062-063 (0,15 €/mn).* • autriche.com • *Par tél, e-mail (sur le site) ou courrier.* Édite une belle brochure avec cartes, photos des établissements, prix, etc. On peut aussi réserver en ligne.

Location de studios et d'appartements meublés

Une formule bien sympa en famille ou entre amis, plus économique aussi puisqu'on peut y faire sa popote ! Location à la journée, à la semaine ou au mois. Outre les habituels géants de la location d'appartements sur Internet, voici 2 sites locaux.

■ ***Location d'appartements*** *(Go Vienna)* **:** *650-88-99-1-99. • govienna.net •* Un organisme proposant des appartements dans Vienne, meublés et entièrement équipés (y compris le linge de maison), à partir de 22 € par personne et par nuit. Une formule intéressante, compte tenu du prix élevé des hôtels.

■ ***VRBO :*** *• vrbo.com •* Même principe, mais la sélection est beaucoup moins grande (notamment pour les petits budgets).

INFORMATIONS TOURISTIQUES

Tourist-Info Wien *(office de tourisme ; zoom, D4,* ***1****)* **:** *Albertinaplatz 1 (Wien 1). ☎ 24-5-55. • wien-info • vienna.info • (en français). Situé à l'angle d'Albertinaplatz et de Maysedergasse. Tlj 9h-19h. Également un petit comptoir d'info dans la Hauptbahnhof (mêmes horaires) et à l'aéroport.* Service de réservation d'hôtel pour le soir même ; 1re nuit payable d'avance (commission comprise). Visites guidées, billetterie des spectacles *(billets last minute tlj 14h-17h).* Demander *Vienne, c'est maintenant,* journal disponible en français, pour avoir un 1er aperçu de la ville et de ce qui s'y passe. Les passionnés d'architecture demanderont le dépliant (gratuit et fort bien fait) recensant les principaux bâtiments contemporains de Vienne, intitulé : *Architektur, vom Jugendstil bis zur Gegenwart.* Carte de la ville, *Wien-Programm* (dépliant recensant les manifestations du mois), brochures pour tous les goûts et tous les styles : Vienne pour les familles *(Für Familien),* Vienne gay et lesbienne *(Queer Guide),* etc. Vente de la *Vienna City Card* (voir plus haut « Budget. Musées et sites touristiques »).

Wien-Xtra Jugend-Info *(Info Jeunes ; zoom, C4,* ***2****)* **:** *Babenbergerstr. 1 (Wien 1). ☎ 400-08-41-00. • wienxtra.at/jugendliche • Ⓣ nos 1, 2 ou 3. À l'angle de Burgring. Lun-ven 14h30-18h30. 30 mn d'internet gratuites.* Bureau d'information destiné aux jeunes, lycéens et étudiants. Fournit toutes les infos sur les concerts, spectacles, expositions, manifestations à Vienne. Possibilité de tarifs réduits pour les 14-26 ans. Chaque mois, le programme de ces activités est publié dans une brochure gratuite intitulée *Jugendinwien.* Indispensable si vous sortez le soir. Toutes sont téléchargeables en ligne. En revanche, inutile de vous y adresser pour trouver ou réserver une chambre d'hôtel ou un lit en AJ : ce n'est pas sa vocation.

Wien-Xtra Kinder-Info *(Info Enfants ; zoom, C4,* ***3****)* **:** *Museumsplatz 1 (Wien 7). ☎ 400-08-44-00. • wienxtra.at/kinder • Dans le MuseumsQuartier. Mar-jeu 14h-19h, ven-dim et j. fériés 10h-17h. Fermé lun.* Pour savoir tout ce que vous pourrez faire ***en famille*** pendant votre séjour à Vienne et pour connaître les manifestations, musées ou activités qui sont proposés ou destinés particulièrement aux enfants.

■ Pour tout ce qui concerne les environs de Vienne, la vallée du Danube et la Wachau (Krems, Dürnstein et Melk), consulter le site de l'***Office de tourisme de la Basse-Autriche*** : *• niederoesterreich.at •* Quelques brochures sont également disponibles dans le hall du ***palais Niederösterreich*** *(zoom, D3)* : *Herrengasse 13 (Wien 1). Lun-ven 8h-18h.*

JOURS FÉRIÉS, FÊTES ET FESTIVALS

Les magasins, musées, établissements publics sont fermés les jours suivants (mais renseignez-vous avant pour les musées, car il y a des exceptions) : 1er janvier, Épiphanie (6 janvier), lundi de Pâques, fête du Travail (1er mai), jeudi de l'Ascension, lundi de Pentecôte, Fête-Dieu, Assomption (15 août), fête nationale (26 octobre), Toussaint (1er novembre), Immaculée Conception (8 décembre), Noël et lendemain de Noël (25 et 26 décembre).

Calendrier

– ***La saison des bals :*** plus de 450 bals ont lieu chaque année à Vienne, fréquentés par quelque 300 000 danseurs venus du monde entier. Tentez votre chance mais pensez au *dress code.* Renseignez-vous avant de louer smoking ou robe longue. Si vous ne savez pas valser, prenez des cours à l'école Rueff, juste derrière l'hôtel de ville *(Hop on Waltz, 6 fois/sem, sans inscription préalable).*

Pour connaître le programme des festivités de la saison, qui ouvre le 31 décembre avec le ***Grand Bal*** au palais impérial, informez-vous dès octobre auprès de la Ville. • *ballkalender.info* •

En avant-1re, il aura été précédé par celui de la Croix-Rouge le 30 novembre. ***Jägerball*** *(bal des Chasseurs) : fin janv, dans la Hofburg (le palais impérial).* • *verein-grueneskreuz.at* • ***Ball der Wiener Kaffeesieder*** *(bal des Cafetiers) : début fév, là encore dans la Hofburg.* • *kaffeesiederball.at* • ***Wiener Opernball*** *(bal de l'Opéra) : fin fév, au Staatsoper.* • *wiener-staatsoper.at* • Sans parler d'autres, plus déjantés, une fois la saison d'hiver terminée.

– ***Summer Stage :*** *de mi-avr à mi-sept. Sur le Donaukanal, vers la station de métro Rossauer Lände.* • *summerstage.at* • Concerts gratuits, restos, beach-volley, trampoline et même pétanque, il y en a pour tous les goûts.

– ***Wiener Festwochen*** *(festival de Vienne) : 10 mai-16 juin 2019.* • *festwochen.at* • Nombreux concerts de musique classique ou contemporaine, performances, spectacles de théâtre d'avant-garde ou de danse présentés dans le MuseumsQuartier et d'autres lieux.

– ***Life Ball :*** *mai, dans et devant l'hôtel de ville. Date et détails sur* • *lifeball.org* • Grande manifestation caritative en faveur de la recherche contre le sida, qui réunit des stars internationales ainsi que des dizaines de milliers de Viennois.

– ***MQ Summer of Fashion :*** *juin-sept, dans le MuseumsQuartier.* • *sof.mqw.at* • Expos, films, conférences, défilés, séances photo et même animations destinées aux enfants et aux ados. Le tout autour de la mode.

– ***Theater am Spittelberg :*** *juin-sept.* • *theaterамspittelberg.at* • Le temps d'un été, le charmant quartier de Spittelberg se transforme en une scène très éclectique, accueillant concerts, chansonniers, théâtre... L'occasion de découvrir la scène locale.

– ***Vienna Pride et Regenbogenparade*** *(parade arc-en-ciel) : 1re sem de juin.* • *viennapride.at* • *regenbogenparade.at* • Festival gay (spectacles de danse, de théâtre, concerts, soirées...), qui s'achève en apothéose avec la *gay pride.* Village installé sur la Rathausplatz.

– ***Donauinselfest*** *(fête de l'Île du Danube) : 3 j. fin juin.* • *donauinselfest.at* • Le plus grand festival à ciel ouvert d'Europe gratuit : 500 heures de musique live, près de 2 000 artistes... Cette fête réunit quelque 3 millions de jeunes autour de concerts de rock, pop, jazz, électro, hip-hop, hard-rock... et autres manifestations.

– ***Jazz Fest Wien :*** *fin juin-début juil.* • *viennajazz.org* • Manifestation qui, comme son nom l'indique, met le jazz à l'honneur (mais aussi le blues et la soul). Nombreux concerts dans les lieux les plus prestigieux de la ville (certains gratuits).

– ***Sommerkino*** *(festival du Film musical) : juil-août, sur la Rathausplatz.* • *wien-event.at* • Tous les soirs, projections gratuites d'opéras et de concerts filmés sur écran géant. Un rendez-vous incontournable en été. Juste à côté, toutes sortes de petits stands de cuisine.

– ***ImPulsTanz Festival :*** *de mi-juil à mi-août.* • *impulstanz.at* • Festival de danse contemporaine (le plus grand d'Europe) durant lequel le MuseumsQuartier, le Burgtheater et bien d'autres lieux présentent des compagnies internationales de renom ou des talents prometteurs. Riche calendrier d'ateliers.

– ***Open House Wien :*** *en principe un des 1ers w-e de sept.* • *openhouse-wien.at* • Portes ouvertes dans de nombreux sites qui présentent une architecture remarquable (plutôt du XXe s), publics comme privés.
– ***Wiener Wiesn-Fest :*** *fin sept-début oct, au Prater.* • *wiener wiesn.at* • La fête de la Bière façon viennoise. Tout y est traditionnel : la bière, la cuisine, les danses, l'artisanat, la musique...
– ***Lange Nacht der Museen*** *(Longue Nuit des musées)* ***:*** *un sam d'oct 18h-1h.* • *langenacht3.orf.at* • Portes ouvertes de la plupart des musées et galeries de Vienne.
– ***Wien Modern :*** *de mi-oct à mi-nov.* • *wienmodern.at* • Un festival de musique contemporaine qui réunit à Vienne, depuis 1988, compositeurs, artistes, interprètes et ensembles du monde entier.
– ***Viennale Film Festival*** *(festival international de Cinéma)* ***:*** *fin oct-début nov.* • *vien nale.at* • Courts-métrages, films d'animation, documentaires internationaux...
– ***Christkindlmarkt :*** *de mi-nov au 24 déc.* • *christkindlmarkt.at* • Chaque année, les marchés de Noël prennent plus d'importance. Outre le traditionnel marché du Père Noël devant l'hôtel de ville, il y a le marché à l'ancienne de la Freyung, celui du Spittelberg, un de nos préférés (il occupe toutes les petites rues du Montmartre viennois), ou celui devant la Karlskirche. Ne pas manquer le marché devant le château de Schönbrunn et, plus couru, celui de la Maria-Theresien-Platz.
– ***Le Grand Bal :*** *31 déc, dans la Hofburg.* • *legrandbal.at* • Après le cocktail et le dîner, place au bal en tant que tel. Venez danser entouré de Viennois, de touristes (comme vous !) et d'acteurs. C'est cher, très cher...
– ***Neujahrskonzert*** *(concert du Nouvel An)* ***:*** *1er janv.* • *wienerphilharmoniker.at* • Par l'Orchestre philharmonique de Vienne.

LOOK TRADI

Pour les filles, le dirndl *est indispensable : une jupe aux coloris gais, portée avec un tablier, un corset lacé et un corsage souvent à manches bouffantes, d'un blanc immaculé. Monsieur, lui, porte le* lederhosen, *la culotte de peau. Si c'est une vraie, elle est en cuir de cerf. Grosses chaussettes de laine ; les plus belles sont brodées sur l'arrière. Un loden en laine bouillie, un gilet à gros boutons et, accessoire fondamental, un chapeau de feutre vert orné d'une plume. Si la plume est petite, elle se place à gauche du chapeau ; si elle est grande, elle se porte à l'arrière.*

LANGUE

Pour vous aider à communiquer, n'oubliez pas notre ***Guide de conversation du routard en allemand.*** Il vous sera utile dès que vous vous éloignerez un peu des lieux touristiques. Un certain nombre de musées et sites culturels ne proposent pas encore de traductions, mais des audioguides sont de plus en plus fréquemment mis à disposition.

Prononciation

La prononciation et l'intonation sont très importantes pour se faire comprendre en Autriche. Aucune lettre n'est muette, toutes doivent être prononcées. Voici quelques indications, non exhaustives évidemment.

e se prononce *e* ou *é*
y se prononce *u*
g se prononce *gu*
z se prononce *ts*
j se prononce *yeu*
ä se prononce *è*
q se prononce *qveu*
ö se prononce *œ*
u se prononce *ou*
ü se prononce *u*
v se prononce *f* ou *v*
au se prononce *ao*
w se prononce *v*
eu se prononce *oï*

– *Attention :* derrière des voyelles fortes *(a, o, u)*, le couple de consonnes *ch* se prononce *r* (exemple : *Buch* se prononce « bour », alors que *Bücherei* se prononce « bucheraï »).
– Autre particularité : le « ß » (appelé « estset ») est une lettre qui n'existe que dans l'alphabet allemand. Elle est utilisée derrière une voyelle longue *(« Straße », « Gruß »)* ou une diphtongue *(« weiß »)*, tandis que « ss » est utilisé après une voyelle courte *(« Schloss », « Kuss »)*. Quant au phonème « st », quand il est en début de mot, il se prononce « cht ».

Un peu de grammaire

Très structurée et loin d'être simple, la langue allemande est riche, tellement riche que sa grammaire est la hantise de nombre de lycéens.
– Dans la phrase simple : le verbe occupe toujours la 2e place. Exemple : *Er **spielt** mit dem Ball* (il joue avec la balle).
– Dans la subordonnée : le verbe est renvoyé en fin de phrase, ce qui complique l'affaire : *Er spielt mit dem Ball, der rot **ist*** (il joue avec la balle qui est rouge). La virgule devant le pronom relatif (ici *der*) est indispensable.
– *Attention :* les noms communs prennent toujours une majuscule. Exemple : *der Ball* (la balle).

Vocabulaire allemand de base

Bonjour (le matin jusqu'à 12h / toute la journée)	*guten Morgen, Grüß Gott / guten Tag*
Bonsoir	*guten Abend*
S'il vous plaît	*bitte* (prononcer le « e » !)
Merci (beaucoup)	*danke (schön)*
Au revoir	*auf Wiedersehen*
Salut !	*servus !*

Transports

Gare	*der Bahnhof*
Train	*der Zug*
Voiture	*das Auto*
Billet de train, ticket de métro	*die Fahrkarte*
Départ	*die Abfahrt*
Arrivée	*die Ankunft*
Entrée	*der Eingang*
Sortie	*der Ausgang*
Aéroport	*der Flughafen*
Bicyclette	*das Fahrrad*

À l'hôtel, au restaurant

Auberge de jeunesse	*die Jugendherberge*
Hôtel	*das Hotel*
Petit hôtel	*der Gasthof*
Complet ou occupé	*ausverkauft* ou *besetzt* (on l'entend souvent !)
L'addition (ou payer)	*die Rechnung* (ou *zahlen*)
Gardez la monnaie	*stimmt so*
Avez-vous une chambre ?	*Haben Sie ein Zimmer frei ?*
Menu / carte	*Menü / Speisekarte*
Plat du jour	*das Tagesgericht*
Petit déjeuner	*das Frühstück*
Snack	*der Imbiss*

Calendrier

Lundi	*Montag*
Mardi	*Dienstag*
Mercredi	*Mittwoch*
Jeudi	*Donnerstag*
Vendredi	*Freitag*
Samedi	*Samstag* ou *Sonnabend*
Dimanche	*Sonntag*

Chiffres

1	*eins*
2	*zwei* (ou *zwo*)
3	*drei*
4	*vier*
5	*fünf*
6	*sechs*
7	*sieben*
8	*acht*
9	*neun*
10	*zehn*
20	*zwanzig*
30	*dreißig*
40	*vierzig*
50, 60, 70, 80, 90	*fünfzig, sechzig, siebzig, achtzig, neunzig*
100	*einhundert*
200	*zweihundert*
1 000	*eintausend*

LIVRES DE ROUTE

– ***La Justice de l'inconscient, Du sang sur Vienne, Les Mensonges de l'esprit, Les Pièges du crépuscule, Communion mortelle*** et ***Petite musique de la mort*** (2006-2011) ***:*** série des ***Carnets de Max Liebermann,*** de Frank Tallis (10/18). L'auteur, lui-même docteur en psychologie, relate, au tout début du XXe s, les enquêtes d'un policier et d'un psychiatre-détective, tous 2 mélomanes de surcroît. On y croise Freud, Klimt et Schönberg. Étincelante restitution de la Vienne de la Belle Époque décrite avec beaucoup d'érudition mais sans pédanterie.

– ***L'Ordre du jour*** (prix Goncourt 2017), d'Éric Vuillard (Actes Sud). Récit des coulisses de l'Anschluss de l'Autriche en 1938 par l'Allemagne nazie. On y voit une armée rapide, moderne, dont le triomphe paraît inexorable. Mais on découvre la réalité des marchandages et des combinaisons d'intérêts. En fait, les glorieuses images de la Wehrmacht entrant triomphalement à Vienne dissimulaient un immense embouteillage de panzers.

– ***La Pianiste*** (1983), d'Elfriede Jelinek (Points Seuil). Erika Kohut enseigne le piano au Conservatoire de Vienne, vit encore chez sa mère à 36 ans et fréquente régulièrement les cinés porno. Sa vie va changer lorsque l'un de ses élèves se met en tête de la séduire. Commence alors une relation sadomasochiste, aussi attendue que destructrice. Une écriture crue, subversive et noire, mais drôle aussi. L'auteure a obtenu le prix Nobel de littérature en 2004. Adapté au cinéma en 2001 par Michael Haneke, avec Isabelle Huppert et Benoît Magimel.

– ***Vienne au crépuscule*** (1908), d'Arthur Schnitzler (Stock, « La Cosmopolite »). Arthur Schnitzler dépeint la Vienne de la fin du XIXe s : un monde embrumé de nostalgie magique avec ses palais, ses jardins, ses cafés littéraires, ses cénacles tenus par de riches juifs, et où les femmes du monde donnent la réplique aux musiciens et aux poètes. Mais déjà, derrière les valses langoureuses, se trament les 1res tragédies. Intensification de l'antisémitisme, désunion de la société juive face à la question sioniste, prémices du démembrement de l'empire. L'un des plus célèbres écrivains autrichiens.

- ***La Marche de Radetzky*** (1932), de Joseph Roth (Points Seuil, n° 8). Roth raconte, au travers de l'ascension puis de la déchéance de la famille von Trotta, les événements qui mènent inéluctablement l'Empire austro-hongrois à sa perte. La suite et l'épilogue sont narrés dans ***La Crypte des capucins*** (1938).
- ***Le Monde d'hier*** (1944), de Stefan Zweig (Le Livre de Poche, n° 14040). Dans cette autobiographie apparaît en filigrane le message d'un homme qui se suicida (1942), persuadé que la victoire nazie était acquise : méfiez-vous des gens qui marchent en groupe, des hommes qui parlent fort et du nationalisme. Écrit dans un style neutre, journalistique, ce livre est une puissante évocation de l'histoire de la 1re partie du XXe s. Du même auteur et situés à Vienne, *La Peur* (1910) et *Lettre d'une inconnue* (1922 ; adapté au cinéma par Max Ophüls en 1948).
- ***Le Troisième Homme*** (1950), de Graham Greene (Le Livre de Poche, n° 46). En 1945, Vienne est une cité dévastée. Au-dessus du Prater écrasé, envahi d'herbes folles, la grande roue tournoie sinistrement. Dans cette ville où les trafiquants du marché noir font fortune, Holly Martins erre sur les traces d'un ami que la police accuse de s'être livré à un trafic de pénicilline frelatée. Une quête vaine, à travers les rues sombres et les bistrots misérables de l'Innere Stadt, au cours de laquelle le héros verra s'effondrer, une à une, toutes ses illusions.
- ***L'Homme sans qualités*** (1930), de Robert Musil (Points Seuil). Un monument de la littérature européenne, pour ne pas dire un pavé : plus de 1 800 pages, et tout ça pour un roman resté inachevé ! « Entre l'essai et la comédie épique », comme disait Thomas Mann, ce roman délivre, à travers des tranches de la vie viennoise peu avant le déclenchement de la 1re Guerre mondiale, un message à valeur universelle et un questionnement sur la nature de l'homme moderne. Colossal !
- ***Le Neveu de Wittgenstein*** (1982) et ***Maîtres anciens*** (1985), de Thomas Bernhard (Gallimard, « Folio », nos 2323 et 2276). Les éructations céliniennes du plus grand détracteur des Autrichiens dénonçant les travers nationaux que sont à ses yeux l'indolence, le conformisme, la corruption et la médiocrité. Texte puissant à lire après plutôt qu'avant le voyage.
- ***Histoire de l'empire des Habsbourg, 1273-1918*** (1990), de Jean Bérenger (Fayard). Une véritable bible pour qui veut comprendre la complexité de cette monarchie multiculturelle et dépasser les nombreux stéréotypes attachés au règne des Habsbourg.

Bandes dessinées

- ***Freud, une biographie dessinée*** (2011), de Corinne Maier (Dargaud). Une B.D.-biographie du pionnier de la psychanalyse écrite par une psychanalyste. Pas très sain tout ça... Mais le résultat est là : une œuvre drôle mais exacte, fantaisiste mais rigoureuse. On (re)découvre la vie de Freud, les principaux cas qu'il traita, ses relations tumultueuses avec ses pairs, etc. La Vienne des années 1920 est joliment recréée sous le crayon d'Anne Simon.
- ***Egon Schiele, vivre et mourir*** (2012), de Xavier Coste (Casterman). Pour son 1er album, le jeune Xavier Coste retrace ici la vie mouvementée et excessive de ce peintre majeur de la scène viennoise. Son amitié avec Klimt, sa passion pour les femmes et le sexe, son goût du scandale, son emprisonnement pour pornographie... Tout est évoqué par le biais de superbes dessins, au moins aussi torturés, sensuels et nerveux que l'étaient ceux du peintre. Un bel hommage.

LOCATION DE VÉLOS *(RADVERLEIH)*

On vous le répète, tout à Vienne est prévu pour les cyclistes : pistes, feux de circulation, parkings à vélos... alors pourquoi s'en priver ? Vienne offre plus de 1 200 km de pistes cyclables (pour plus d'informations sur les différents circuits, brochures disponibles à l'office de tourisme). Le vélo est très populaire et ce mode de transport est très soutenu politiquement. Les longues pistes cyclables (en général de couleur lie-de-vin) ont d'ailleurs priorité sur les automobilistes aux carrefours.
Pas besoin de posséder son vélo pour visiter la capitale d'un coup de pédale. Il existe en effet de nombreux stands de location de bicyclettes, surtout au Prater et le long du Danube. De plus, comme le *Vélib'* à Paris, le centre-ville s'est doté d'un système de location, les *Citybikes.* Plus de 1 500 vélos peuvent être empruntés aux 120 bornes réparties dans l'agglomération et être rendus à n'importe laquelle de ces bornes.
À savoir : les vélos sont admis dans certains wagons du métro et du S-Bahn à certaines heures de la journée (mais on les tient à la main).

■ ***Citybike :*** *• citybikewien.at • (infos et carte interactive des différents emplacements des bornes).* Pour utiliser un vélo, il suffit d'insérer sa carte de paiement dans une borne de départ. Au moment de rendre votre bicyclette, attention à bien vérifier qu'elle soit correctement raccrochée pour ne pas avoir de mauvaises surprises sur votre compte ! Sachez que la 1re heure est gratuite, la 2e à 1 €, la 3e à 2 €, la 4e et toutes les suivantes à 4 €...

■ ***Pedal Power*** *(zoom, D4,* ***21****)* ***:*** *Bösendorferstrasse 5 (Wien 1). ☎ 729-72-34. • pedalpower.at • Mars-oct, tlj 8h-18h. Loc de vélos 30-44 €. Vraiment cher.* Livraison possible devant la porte de votre hôtel. Avec le vélo, on vous remet un petit cahier explicatif (en français, en plus !) indiquant différents itinéraires dans la ville.
Ces 2 loueurs organisent également des visites guidées de la ville.

PISCINES, PLAGES ET THERMES

■ ***Piscine couverte*** *(hors plan par E6 et plan d'ensemble)* ***: Amalienbad,*** *Reumannplatz 23 (Wien 10). ☎ 607-47-47. Ⓜ Reumannplatz (U1). Tlj, mais horaires variables, consulter le site • wien.gv.at •* Piscine récemment rénovée, au beau décor Art nouveau (seule piscine de ce style à Vienne). Également équipée de sauna et bain turc.

■ ***Piscines en plein air :*** il en existe une bonne douzaine à Vienne, dont une à Schönbrunn, donnant sur le parc du château, mais on préfère celles situées au bord du Danube, telles que ***Angelibad*** *(plan d'ensemble ; An der Oberen Alten Donau, Wien 21)* ou ***Gänsehäufel*** *(plan d'ensemble ; Moissigasse 21, Wien 22).* La plus belle reste cependant la ***Krapfenwaldlbad*** *(hors plan Les villages vignerons par L10 ; Krapfenwaldgasse 65-73, Wien 19 ; accessible par le tram nº 38A),* située sur une colline qui domine Vienne. Vue superbe. *Ttes sont ouv de mi-mai à fin août, tlj 8h (9h w-e)-20h.*

■ ***Therme Wien*** *(hors plan d'ensemble)* ***:*** *Kurbadstr. 14 (Wien 10). ☎ 608-09-96-00. • thermewien.at • Ⓜ Reumannplatz (U1), puis Ⓣ 67 jusqu'à Alandagasse, puis bus nº 67E jusqu'au terminus (Oberlaa-Therme Wien). Tlj 9h (8h dim et j. fériés)-22h. Compter 20 € pour 3h ou 27,40 €/j. ; réduc.* Ces immenses thermes modernes comprennent pas moins de 26 bassins d'eau (intérieurs ou extérieurs), 24 saunas et hammams, des salles de massage, de nombreux jacuzzis et même 4 toboggans, un parc de jeux aquatiques et un théâtre de marionnettes pour les plus petits. Détente en famille garantie !

Plages au bord du Danube : 42 km de plages à Vienne (logique, puisque l'île fait 21 km de long) ! Pour faire trempette, il faut aller sur l'île du Danube *(Donauinsel ; plan d'ensemble),* cette longue, mince et basse bande de terre sablonneuse et caillouteuse, étirée au milieu du fleuve, à 2 km au nord du centre historique

de Vienne. Accès seulement à pied ou en transports publics : métro U1 (station Donauinsel) ou U6 (station Neue Donau). En été, c'est Vienne-sur-Mer, avec ses baigneurs rouges comme des écrevisses, son animation intense, sa ribambelle de bars et de guinguettes, son toboggan aquatique, le plus grand du monde, paraît-il... On joue même au beach-volley.
Si vous avez oublié le maillot, pas de problème, les plages marquées « FKK » sont réservées aux naturistes. C'est également ici qu'a lieu, le temps d'un week-end de juin, la fête de l'Île du Danube (la *Donauinselfest*), la plus grande fête européenne de la jeunesse. Sont alors organisés des concerts et des animations diverses. Plus d'infos sur : • *donauinselfest.at* •

POSTE, INTERNET

✉ ***Poste principale*** *(zoom, E3)* **:** *Fleischmarkt 19 (Wien 1). Tlj 7h (9h w-e et j. fériés)-22h. Vous trouverez également des bureaux dans les grandes gares ferroviaires (en principe, ouv en sem 7h-20h et sam mat).* Pour envoyer une lettre ou une carte postale vers la France, prévoir un affranchissement de 0,90 €. Plutôt que de chercher une poste et de faire la queue, demandez des timbres à la réception de votre hôtel. Les boîtes aux lettres sont de couleur orange et jaune.

@ La plupart des restaurants et des bars disposent du wifi, et vous trouverez des *hotspots* pour vous connecter gratuitement dans différents lieux comme le *Prater,* la *Rathausplatz,* la *Stephansplatz,* au *MuseumsQuartier...* Voir la liste complète sur • *freewave.at* •

PRESSE, LIBRAIRIES

– ***Presse internationale et nationale :*** pour lire la presse sans avoir à l'acheter, allez dans l'un des cafés indiqués dans notre partie « Les plus fameux cafés viennois » du chapitre « Vienne », et dans tous les lieux, mode ou non, qui ont pris cette saine habitude. Mais les temps changent, là aussi, et ce sont les smartphones qui apportent les bonnes (et moins bonnes) nouvelles en même temps que votre consommation.

■ ***Morawa*** *(zoom, E3,* ***9****)* **:** *Wollzeile 11 (Wien 1). Lun-sam 9h-18h30 (18h sam).* Une librairie qui fait aussi maison de la presse. On trouve de nombreux titres de la presse autrichienne et internationale. Un grand rayon consacré aux voyages avec un large choix de revues, de guides, de cartes (plusieurs langues mais surtout en allemand)...

■ ***Cartes et plans :*** *librairie* ***Freytag & Berndt*** *(zoom, D3,* ***10****), Wallnerstr. 3 (Wien 1). Lun-sam 9h30-18h30 (18h sam).* Choix important de cartes routières de l'Autriche et de cartes détaillées pour les randonnées en montagne ou les balades à vélo le long du Danube...

SANTÉ

Comment se procurer une CEAM (Carte européenne d'assurance maladie) ?

Il suffit d'appeler votre centre de Sécurité sociale (ou de vous connecter au site internet de votre centre) qui vous l'enverra sous 15 jours environ. Cette carte fonctionne dans tous les pays membres de l'Union européenne, ainsi qu'en Islande, au Liechtenstein, en Norvège et en Suisse. C'est une carte plastifiée bleue du même format que la carte Vitale. Elle est valable 2 ans et est gratuite et personnelle (chaque membre de la famille doit avoir la sienne, y compris les enfants). Elle permet la prise en charge des soins médicalement nécessaires dans les établissements publics. Attention, la carte n'est pas valable pour les soins délivrés dans les établissements privés.

TABAC

Après de longues années de débat, l'Autriche a finalement mis un terme à une exception en Europe en interdisant le tabac dans les cafés et restaurants en novembre 2019. Le maintien de l'autorisation qui faisait de l'Autriche « le cendrier de l'Europe » était le résultat d'un accord entre la droite et l'extrême droite, au pouvoir jusque-là.

TÉLÉPHONE

– ***France → Autriche :*** ☎ 00-43 + indicatif de ville (01 pour Vienne) + numéro du correspondant. Noter qu'on ne fait pas le 0 placé devant l'indicatif local lorsqu'on téléphone de l'étranger. Par exemple, pour Vienne, de Paris, de Lausanne ou de Bruxelles, vous faites seulement le 1.
– ***Autriche → France :*** ☎ 00-33 + numéro du correspondant (sans le 0 initial).
– ***Autriche → Autriche :*** les préfixes téléphoniques en Autriche peuvent être source de confusion, et ne soyez pas surpris si les numéros n'ont pas tous le même nombre de chiffres, c'est normal ! Pour appeler un numéro dans votre région, composez seulement le numéro. Nul besoin de composer le préfixe. Pour appeler vers une autre région, commencez par 0 puis composez l'indicatif de la région en question. Les préfixes téléphoniques en Autriche sont de longueur variable ; pour certaines grandes villes, vous aurez juste un nombre à 2 chiffres (Vienne = 01), mais pour la plupart, c'est un nombre à 4 chiffres.
Pour émettre un ***appel depuis un téléphone mobile*** vers une ligne fixe, toujours ajouter le préfixe régional. Pour appeler à partir d'un mobile vers un autre téléphone mobile, il faut ajouter le préfixe de l'opérateur mobile de la personne que vous appelez : (0664 pour *A1,* 0699 pour *ONE,* 0676 pour *T-mobile,* 0650 pour *Tele-ring* et 0660 pour *3*). Néanmoins, ça reste moins compliqué que les appels entre lignes fixes car les gens vous donneront toujours leur numéro avec le préfixe de leur opérateur.
En Autriche, il convient de dire son nom de famille en décrochant le téléphone et pas simplement « Hallo » ou « Ja » – ce qui est considéré comme impoli. Néanmoins, si vous reconnaissez le numéro d'un ami à l'écran, il est évident que vous pouvez dire votre prénom en décrochant.

Renseignements téléphoniques

Pour un numéro en Autriche, composer le ☎ *16.* Pour un numéro à l'étranger, le ☎ *08.*

Le téléphone portable en voyage

Depuis 2017, un voyageur européen titulaire d'un forfait dans son pays d'origine peut utiliser son téléphone mobile ***au tarif national*** dans les 28 pays de l'Union européenne, sans craindre de voir flamber sa facture. Des plafonds sont néanmoins fixés par les opérateurs pour éviter les excès... Cet accord avantageux signé entre l'UE et ses opérateurs télécoms concerne aussi la consommation de ***données Internet 3G ou 4G,*** dont le volume utilisable sans surcoût dépend du prix du forfait national (se renseigner). Par ailleurs, si le voyageur réside plusieurs mois en dehors de son pays, des frais peuvent lui être prélevés...
Dans ces pays donc, plus besoin d'acheter une carte SIM locale pour diminuer ses frais.

La connexion Internet en voyage

En Autriche, de plus en plus d'hôtels, de restos, de bars, et mêmes certains espaces publics disposent du wifi gratuit. Mieux que la connexion 3G et 4G qui peut entraîner des frais en usage intensif, le wifi permet aussi de profiter d'un débit parfois supérieur.

Une fois connecté au wifi, vous avez accès à tous les services de la ***téléphonie par Internet. WhatsApp, Messenger*** (la messagerie de Facebook), ***Viber, Skype*** permettent d'appeler, d'envoyer des messages, des photos et des vidéos aux 4 coins de la planète, sans frais. Il suffit de télécharger – gratuitement – l'une de ces applis sur son smartphone. Elle détecte automatiquement dans votre liste de contacts ceux qui utilisent la même appli.

Urgence : en cas de perte ou de vol de votre téléphone portable

Suspendre aussitôt sa ligne permet d'éviter de douloureuses surprises au retour du voyage ! Voici les numéros des 4 opérateurs français, accessibles depuis la France et l'étranger :

– ***Free :*** *depuis la France : ☎ 3244 ; depuis l'étranger : ☎ + 33-1-78-56-95-60.*
– ***Orange :*** *depuis la France : ☎ 0800-100-740 ; depuis l'étranger : ☎ + 33-969-39-39-00.*
– ***SFR :*** *depuis la France : ☎ 1023 ; depuis l'étranger : + 33-6-1000-1023.*
– ***Bouygues Télécom :*** *depuis la France comme depuis l'étranger : ☎ + 33-800-29-1000.*

Vous pouvez aussi demander la suspension de votre ligne depuis le site internet de votre opérateur.
Avant de partir, notez (ailleurs que dans votre téléphone portable !) votre numéro IMEI utile, pour bloquer à distance l'accès à votre téléphone en cas de perte ou de vol. Comment avoir ce numéro ? Il suffit de taper sur votre clavier *#06#.

TRANSPORTS

■ ***Chemins de fer*** *(Bahnverkehr) : ☎ 05-17-17 (24h/24). • oebb.at •*
■ ***Westbahn :*** *☎ 899-00. • westbahn.at •* Compagnie reliant Vienne (Westbahnhof) à Salzbourg.
■ ***Transports par autocars :*** *☎ 0810-222-333 (7h-20h). • postbus.at •*
Taxis : Radio Taxis, *☎ 313-00, 401-00 ou 601-60. Tarifs majorés 23h-6h et dim et j. fériés. Tarifs spéciaux pour l'aéroport (voir plus haut « Arrivée à Vienne »).*

Se déplacer en voiture en Autriche

Les autoroutes autrichiennes sont payantes, pensez à acheter votre ***vignette*** si vous arrivez avec votre véhicule (pas de problème avec les voitures de location autrichiennes !).
Souvent il n'y a pas de péage à la frontière suisse ou allemande comme à Vienne, vous vous retrouvez presque automatiquement sur une autoroute dès que vous souhaitez sortir du centre ou de la ville. On peut donc emprunter l'autoroute involontairement sur 3 ou 4 km sans payer... or l'infraction peut coûter cher en cas de contrôle (environ 150 € d'amende). Concrètement, il vous faudra, avant d'entrer sur une autoroute autrichienne, soit acheter une vignette à coller sur le pare-brise, soit vérifier qu'elle est bien visible sur votre voiture de location.
Si vous venez de l'étranger, elle est vendue dans les stations-service à proximité de la frontière. Sinon, vous la trouverez dans certains bureaux de poste ou de tabac. On peut aussi se la procurer via Internet : *• tolltickets.com •* ou sur le site de l'*Automobile Club Association* *• automobile-club.org •*
La vignette est vendue pour 10 jours (9,20 €), 2 mois (26,80 €) ou 1 an (89,20 €), valable jusqu'au 31 janvier de l'année suivante (***tarifs 2019*** pour les voitures de moins de 3,5 t). Environ 2 fois moins cher pour les motos.

Dans le centre des villes, le stationnement est presque toujours payant et relativement onéreux. ***Faites attention aussi aux zones bleues, qui limitent le temps de stationnement. Munissez-vous absolument d'un disque à placer contre le pare-brise.*** Respectez les ***limitations de vitesse*** : 130 km/h sur autoroute ; 100 km/h sur les routes à double voie ; 50 km/h en zone urbaine. Feux de croisement obligatoirement allumés de jour. Attention : il n'est pas rare de croiser des radars sur le bord des routes... En cas de verbalisation, l'amende est perçue sur-le-champ.
Le ***taux d'alcool*** maximal toléré dans le sang est de 0,5 g, et 0,1 g pour les conducteurs ayant moins de 2 ans de permis. Et pas question de dépasser le seuil de tolérance...
Notez qu'il est obligatoire d'avoir dans sa voiture un ***gilet de sécurité*** fluorescent et réfléchissant que vous devrez porter si vous sortez du véhicule hors agglomération ou sur la bande d'arrêt d'urgence (notamment pour installer le triangle de signalisation en cas d'accident ou de panne).
Ceintures de sécurité obligatoires à l'avant et à l'arrière.
Les Autrichiens ont une conception particulière de l'ordre des priorités ***lors d'un croisement.*** D'une manière générale (mais il peut y avoir des exceptions), le véhicule qui circule sur la voie la plus importante bénéficie de la priorité sur les autres. Donc, vous l'aurez compris : prudence ! En montagne, priorité au véhicule montant.
Côté ***carburant,*** il faut savoir qu'ici le gazole s'appelle *diesel*, le super *benzine*, l'essence sans plomb 95 oct. *super*, et le sans plomb 98 oct. *super plus*.
De novembre à mi-avril, un ***équipement adapté aux conditions hivernales,*** de 4 pneus neige ou de chaînes sur les roues motrices, est obligatoire. Plus de précisions sur le site • *austria.info* • La location de chaînes est possible dans de nombreuses stations-service.

Parkings urbains

Si vous désirez garer votre petite auto dans les rues de Vienne, sachez que cela revient cher, surtout dans les *Garagen*, où vous paierez aux caisses. Sinon, stationnement en zones bleues *(Blaue Zonen)* : du lundi au vendredi (sauf jours fériés) de 9h à 22h dans les arrondissements 1 à 9, ainsi que dans le 20e ; de septembre à juin, tous les jours de 18h à 23h dans le 15e arrondissement (pour vous permettre de sortir à la Wiener Stadthalle !).
Notez qu'à l'intérieur comme à l'extérieur du Ring le stationnement est normalement autorisé pour 2h, mais beaucoup d'arrondissements proches du centre réservent ce droit aux seuls riverains. Sachez qu'il vous faudra acheter une carte de stationnement *(Parkschein)* en vente dans les bureaux de tabac *(Tabak Trafiken)*, les stations-service, les gares et au guichet des transports publics. Ces billets sont à valider en cochant la date et l'heure et en les apposant de manière visible contre le pare-brise. Comptez 1 € par tranche de 30 mn.
Dans certains hôtels, vous pouvez cependant vous procurer une carte de stationnement permettant de stationner dans le centre-ville une journée *(Tagespauschalkarte)* ou, plus souvent, 10 mn. La solution la moins onéreuse consistera donc à se garer en périphérie et à emprunter les transports en commun. Les parkings P + R *(Park & Ride)* sont particulièrement intéressants : situés en bordure des stations de métro, ils ne coûtent que 3 € par jour ou environ 15 € par semaine.
Toutes les possibilités de stationnement dans Vienne sont recensées dans une brochure très bien faite *(Kurzparkzonen in Wien)* disponible à l'office de tourisme ou en ligne sur • *parken.at* • (où vous pourrez aussi télécharger une application iPhone, bien pratique).

Location de voitures

■ Les principaux loueurs ont un bureau à l'aéroport : ***Hertz,*** ☎ *700-73-26-61*, • *hertz.at* • ; ***Budget,*** ☎ *700-73-27-00*, • *budget.at* • ; ***Europcar,*** ☎ *866-16*, • *europcar.at* •. *Horaires identiques pour ts : lun-ven*

7h-23h30 (ou 23h), sam 8h-20h (ou 19h), dim 8h-23h.

■ Certains ont également une agence dans le centre-ville :

– **Hertz** (zoom, D-E4) **:** Kärntner Ring 17 (Wien 1). ☎ 512-86-77. En sem 7h30-18h30 (18h nov-mars), w-e 8h-16h (9h-15h nov-mars). Agence bien située et tarifs raisonnables.

– **Europcar** (zoom, E4) **:** Schubertring 9 (Wien 1). ☎ 866-16-11. En sem 7h30-18h, sam 8h-13h, dim 8h-12h. Il vous faudra aller chercher votre voiture dans le parking souterrain voisin.

Louer depuis la France

■ ***BSP Auto :*** ☎ 01-43-46-20-74 (tlj). • bsp-auto.com • Les prix proposés sont attractifs et comprennent le kilométrage illimité et les assurances. *BSP Auto* propose exclusivement les grandes compagnies de location sur place, vous assurant un très bon niveau de service. Les plus : vous ne payez votre location que 5 jours avant le départ. Remise spéciale de 5 % aux lecteurs de ce guide avec le code « ROUTARD20 ».

TRANSPORTS URBAINS

Vienne est une ville idéale pour les trekkeurs urbains. Le centre historique est peu étendu et se parcourt très facilement et rapidement à pied. La circulation automobile étant assez dense et peu logique, rouler en voiture ne présente vraiment aucun intérêt (on insiste, mais c'est pour votre bien). La ville offre en effet l'éventail de moyens de transport en commun le plus large dont on puisse rêver.

À pied

Le paradis du trek urbain ! Mais attention, traverser en dehors des passages protégés et au feu rouge est (théoriquement) passible d'une amende. Perdez donc rapidement vos mauvaises habitudes... sauf si vous voyez que vous êtes le seul à rester au bord du trottoir.
La concurrence avec les cyclistes est aussi rude. Les pistes cyclables ayant souvent été créées par division des trottoirs en 2, il faut bien respecter sa ligne. En effet, si par mégarde vous, piéton, marchez dans le couloir réservé aux cyclistes, vous risquez fort de vous faire invectiver vertement ! Il arrive même que piétons et cyclistes partagent le même trottoir (trop étroit pour être divisé en 2). Tendez l'oreille pour entendre les sonnettes, ne regardez pas trop en l'air et ouvrez l'œil !

À cheval

Ou en fiacre, si vous préférez. Mieux qu'un stéréotype, une façon originale de narguer les automobilistes et les piétons. Un site : • fiaker-wien.at • Comptez au départ de la cathédrale 55 € le fiacre pour 20 mn de balade (80 € pour 40 mn). Voici, pour vous éviter de trotter, les 5 stations principales de la ville : Stephansplatz, Heldenplatz, Albertinaplatz, Petersplatz et Burgtheater.

En transports en commun

Petite astuce : pratique, l'application « *Qando* » offre aux détenteurs d'un smartphone la possibilité d'accéder gratuitement aux plans et horaires détaillés des métros, bus et tramways. Version anglaise téléchargeable sur • qando.at •

Le métro (U-Bahn)

• Pour le plan du métro, se reporter au plan détachable en fin de guide.

Avec 5 lignes (elles sont numérotées de 1 à 6, mais il manque la 5 !), il couvre relativement bien la ville. Moderne, spacieux, très propre et très sûr. En semaine,

départs très fréquents 5h-minuit. Il circule 24h/24 durant le w-e (ve
et la veille des jours fériés. Quel que soit le trajet (bus et tramway co
coûte 2,40 € aux distributeurs. Le réseau se complète vers les faubo
lignes du S-Bahn, une sorte de RER local.

Le bus et le tramway

Réseau extrêmement dense permettant toutes les combinaisons possibles.
le plus grand bonheur des noctambules, une vingtaine de lignes d'autobus de
(*Nightline,* brochure disponible dans les gares ou au *Tourist-Info Wien*) sillonne
la ville jusqu'à 5h environ. Fréquence : toutes les 30 mn. Les arrêts des bus de nu
sont marqués par un « N ».

Cartes de transport

– ***24, 48 ou 72 heures à Vienne en liberté*** *(libre circulation métro, tramway, bus)* **:** à conseiller, dès le 1er jour. Plusieurs formules d'abonnement (à acheter soit aux distributeurs dans les stations de métro, à l'entrée ou directement sur les quais, soit dans les kiosques à journaux et bureaux de tabac) couvrant tout le réseau. Intéressant vu le prix du ticket à l'unité : 2,40 €, ou 2,30 € à bord (et celui de l'amende en cas d'infraction : 103 €). Pour les enfants, le ticket est à 1,20 € (gratuit moins de 6 ans). Carte au choix : ticket valable 24h à oblitérer au 1er voyage (7,60 €), ticket 48h (13,30 €) ou ticket 72h (16,50 €), idéal pour un court séjour sauf si vous pensez faire beaucoup de musées (voir plus haut la *Vienna City Card* dans « Budget. Musées et sites touristiques »).

– ***Carte hebdomadaire :*** même système mais pour 1 semaine, du lundi au lundi 9h, pour 17,10 €. C'est une carte individuelle avec timbre à 0,80 €. On peut aussi l'acheter directement sur le site • *wienerlinien.at* • Autre astuce : le ticket à sections 8 jours à 38,40 €. Il s'agit en fait d'un long billet avec 8 cases qu'il faut oblitérer au début de chaque journée. Ce billet non nominatif peut être utilisé à plusieurs (le nombre de jours est alors réduit), il suffit pour cela d'oblitérer une case par personne. Les 8 journées ne sont pas obligatoirement consécutives.

– Pour plus d'infos, consulter le site • wienerlinien.at • ou appeler le ☎ 790-09-100 (lun-ven 6h-22h, w-e et j. fériés 8h30-16h30).

URGENCES

■ ***Police :*** *☎ 133.*

■ ***Pompiers :*** *☎ 122.*

■ ***Numéro d'urgence européen :*** *☎ 112.*

■ ***Ambulances et urgences médicales :*** *☎ 144.*

■ ***Urgences médicales*** *(pour un 1er diagnostic en français)* **:** *☎ 0800-633-42-46.*

■ ***ViennaMed*** *(service téléphonique de médecins pour touristes)* **:** *☎ 513-95-95.*

■ ***Soins dentaires urgents :*** *☎ 512-20-78 (répondeur en allemand).*

■ ***Pharmacies de garde :*** *☎ 14-55 (répondeur en allemand).*

■ ***Dépannages 24h/24*** *(voiture)* **:** ***ARBÖ,*** *☎ 123.* ***ÖAMTC,*** *☎ 120.*

■ ***Objets trouvés :***

– ***Fundservice der Stadt*** *(bureau des objets trouvés de la Ville ; hors plan par B6)* **:** *Siebenbrunnenfeldgasse 3. ☎ 40-00-80-91. • fundamt.gv.at • Lun-ven 8h-15h30 (17h30 jeu).*

– Pour les objets perdus dans les transports publics, s'adresser dans les 72h au ***Wiener Linien Fundservice*** *(plan d'ensemble)* : *Erdbergstr. 202 (Wien 3). ☎ 79-09-188. Lun-ven 8h-15h30 (17h30 jeu).* Passé 3 jours, les objets sont transférés au *Fundservice der Stadt.*

– Pour les objets perdus dans les trains, s'adresser à l'***ÖBB Fundbüro*** de la Franz-Josefs-Bahnhof *(plan, C1). ☎ 93-00-02-22-22. Lun-jeu 7h30-12h, 14h-16h30 ; ven 7h30-13h30.*

– En cas de perte ou de vol de document officiel (passeport, permis de conduire, etc.), le signaler au commissariat le plus proche, qui établira le rapport nécessaire pour que l'ambassade ou le consulat délivre une copie de ces papiers.

113-
n •
udaires
bertinaplatz
h30. Tarif : 25 € ;
oins de 12 ans. C'est
française chaleureuse,
abelle Costa, que l'on doit
te initiative sympathique. Idéal pour un petit groupe de 6-7 personnes car les prix de la prestation à la carte ne sont pas donnés. Sauf si vous voulez suivre, aux beaux jours *(de mi-avr à mi-sept),* le vendredi à partir de 18h, l'une des drôles de dames de l'équipe pour une plongée au cœur d'une ville que vous découvrirez d'un autre œil. Propose également des circuits à pied et à vélo.

■ ***Dritte-Mann-Tour :*** *☎ 4000-3033. • drittemanntour.at • Départ de la station Stadtpark (U4), sortie Johannesgasse (zoom, E4). Mai-oct, jeu-dim, 10h-20h. Durée : 2h-2h30. Résa conseillée. Tarif : 10 € ; réduc. Interdit aux moins de 12 ans ! 1 visite en anglais/j. à 15h.* Une façon très originale de découvrir la ville, sur les pas du *Troisième Homme* et de Harry Lime, héros du film emblématique de Vienne. Possibilité, sur demande, de faire le circuit à vélo.

À vélo

Voir plus haut dans « Vienne utile », « Location de vélos ».

En tram ancien

■ ***Vienna Ring :*** *☎ 790-91-00. Tlj 10h-17h30. Départ de la Schwedenplatz (zoom, E3), en principe ttes les 30 mn. Prix : 10 € pour 1 tour complet de 30 mn ; réduc.* Une tranche de nostalgie et un circuit historique à bord d'un tramway jaune de 1929. Celui-ci assure en 25 min la liaison entre toutes ces curiosités. Une installation multimédia fournit des informations intéressantes en 8 langues (dont le français) durant le trajet.

En bus et en bateau

■ ***Vienna Sightseeing*** *(plan, E6) : Opernpassage à côté de Karlsplatz. ☎ 71-24-68-30. • viennasightseeing.at • Entrée par le Goldeggasse 29.* Compagnie proposant de nombreuses visites guidées à thème en bus. Excursion en bateau également.

VIENNE

• Plan d'ensemble *p. 70-71* • Pour se repérer, voir le plan de la ville, le zoom et le plan du métro en fin de guide.

Capitale de l'empire des Habsbourg pendant près de 7 siècles, puis de la république d'Autriche à partir de 1918, Vienne est la ville historique par essence, profondément marquée par le rôle éminent qu'elle joua tout au long des siècles. Sa place dans l'Histoire expliquant évidemment celle qu'elle occupe, curieusement, sur la carte de l'Europe actuelle. Ici, on ne regrette pas d'avoir potassé autrefois les manuels d'histoire et de géographie. Ne serait-ce que pour commencer à expliquer aux nouvelles générations comment une capitale peut être aussi bizarrement excentrée dans son propre pays.

Profondément meurtrie par les attaques ottomanes, puis par les guerres napoléoniennes et, enfin, par les bombardements de 1944-1945, Vienne se releva vaillamment à chaque fois. Cette volonté de maintenir le prestige et le rang de la ville, par rapport à sa propre histoire, fascine les visiteurs du monde entier. C'est de ce riche et long passé qu'on vient s'imprégner, toutes générations confondues.

Mais le charme de Vienne, c'est aussi cet étonnant télescopage de tous les instants entre tradition et modernité. L'atmosphère romantique, désuète, parfois démodée de certains quartiers, cohabite avec l'audace et la créativité des rues voisines. Une ambiance bourgeoise, presque compassée parfois, qui s'estompe dès qu'on tourne le dos, comme s'il suffisait de changer de point de vue pour voir toutes ces empreintes de siècles de puissance et de gloire bousculées par la fantaisie et la légèreté.

L'architecture trop pompeuse du Ring, ce boulevard célébrissime depuis plus de 150 ans que tout nouvel arrivant se doit de remonter en tramway dès son arrivée, est contrebalancée par la découverte des grands ensembles ouvriers de la « Vienne rouge » conçus par des architectes qui n'en pouvaient plus de supporter les dorures et les effets de style de la Vienne impériale. Le talent de Vienne, c'est de vous faire aimer, comprendre, applaudir tous ces changements de décor, la pièce qui se joue ici n'étant jamais vraiment terminée. Et ce sont comme toujours les coulisses qu'on a envie de découvrir en priorité.

La beauté paisible du Belvédère et de ses jardins n'est qu'un merveilleux décor qui accueille en son sein les figures torturées d'Egon Schiele et les figures symbolistes de Gustav Klimt. La joie de vivre apparente de la ville ne peut faire oublier que Freud se penchait sur Vienne comme sur une malade difficile à soigner. Aux flonflons du Prater, aux valses légères de Strauss, répondent aujourd'hui les pulsations électro des clubs underground... Une balade nocturne, le long du canal du Danube en été, risque d'en surprendre plus d'un, de scène rock improvisée en bars à bière s'étendant tout le long de quais noirs de monde. De jour comme de nuit, la nouvelle Vienne se révèle presque gaie, nonchalante, parfois insouciante, mais tolérante. Avec un art de vivre intelligent, des espaces verts où tous les âges se côtoient, d'authentiques bouts de campagne et même des coins de baignade dans le Danube à portée de tram ou de bus... ce n'est évidemment pas un hasard si, depuis quelques années, Vienne est citée régulièrement en tête du classement mondial des villes distinguées pour leur qualité de vie ! Freud aujourd'hui pourrait s'en donner à cœur joie sur son blog...

Duelle, contradictoire, fascinante à souhait, si fertile en courants de pensée et mouvements artistiques qui marquèrent profondément le monde, Vienne (et ses paradoxes !) échappe aux définitions. Presque un pays à elle seule. Chacun décrypte cette ville (dont le centre est inscrit au Patrimoine mondial de l'Unesco, avec le Ring) suivant ses propres fantasmes, illusions, clichés, et y découvrira sûrement autre chose que ce qu'il imaginait. En tout cas, si elle ne laisse jamais personne indifférent, elle déçoit rarement. L'enchantement se révèle même plus fort quelque temps après, avec une irrésistible envie d'y retourner. À ce stade, vous saurez que cette ville vous aura délicieusement et insidieusement piégé...

ADRESSES ET INFOS UTILES

Arrivée à Vienne

Même si l'ouverture de la nouvelle gare principale de Vienne (la ***Hauptbahnhof***) a changé quelque peu les habitudes, c'est par avion que la plupart des visiteurs non motorisés arrivent à Vienne.
On peut facilement rejoindre les gares de ***Hauptbahnhof*** et ***Wien Meidling*** depuis l'aéroport (2 trains/h).

EN AVION

L'aéroport de Vienne-Schwechat

✈ ***Aéroport*** *(Flughafen)* ***de Vienne-Schwechat :*** *à 19 km au sud-est de la capitale.* Petit office de tourisme dans le hall d'arrivée.
– ***Renseignements :*** ☎ *70-07-222-33 (24h/24).* • *viennaairport.com* •
ℹ ***Tourist-Info Vienne-Airport*** : *tlj 7h-22h.*

Comment rejoindre le centre-ville depuis l'aéroport ?

En train

🚂 ***Schnellbahn S7 (S-Bahn) :*** relie l'aéroport à la gare Wien Mitte *(plan, F3-4)* en 25 mn pour 4,40 €. Le ticket s'achète dans la gare de l'aéroport. Départs ttes les 30 mn env 4h48-0h18 depuis l'aéroport, 4h19-23h49 dans le sens inverse. Son trajet se poursuit jusqu'à *Wien Nord* et *Wien Floridsdorf*. Le moins cher. Départ des trains bien indiqué dans l'aéroport, suivre le fléchage « ÖBB ». Le ticket est valable pour un seul voyage, sans interruption.
🚂 ***City Airport Train (CAT) :*** liaison directe en 16 mn entre l'aéroport et la gare ***Wien Mitte*** *(plan, F3-4).* Départ ttes les 30 mn 6h09-23h39 depuis l'aéroport, 5h37-23h07 dans le sens inverse. Billet : 12 € l'aller simple et 21 € l'A/R ; 1 € de moins avec la *Vienna City Card* ; gratuit moins de 15 ans. Billets en vente dans le hall des bagages, au distributeur automatique avant d'accéder au train, directement dans le wagon auprès du contrôleur (supplément de 2 €/ticket) ou en ligne sur • *cityairporttrain.com* • Au retour, possibilité d'enregistrer les bagages à ce même terminal.

En bus

En face du hall des arrivées.
VAL1 : Aéroport – Hauptbahnhof (corresp. U1), puis Westbahnhof et Europaplatz, (corresp. U3, U6) en 40 mn ttes les 30 mn (6h-0h30). Mêmes fréquences dans le sens inverse 4h-0h30.
VAL2 : Aéroport-Morzinplatz/Schwedenplatz (corresp. U1, U4) en 22 mn. À 1h15, 1h45, 2h45, 4h45, et ttes les 30 mn entre 4h45 et 1h45. Au retour, en 20 mn, à 0h30, 2h, 3h30, 4h, et ttes les 30 mn entre 4h et 23h30.
VAL3 : Aéroport – Donauzentrum (corresp. U1) en 39 mn ttes les 30 mn

entre 6h et 21h. En sens inverse : en 42 mn, mêmes fréquences entre 4h58 et 19h58.
Tickets sur • *viennaairportlines.at* • auprès du conducteur (en liquide) ou aux automates des Vienna Airport Lines à l'aéroport ou à la Westbahnhof. *Adultes : 8 €, A-R 13 € avec la* Vienna City Card *ou 7 € et A/R 12 € avec la* ÖBB Vorteilscard. *Gratuit pour les enfants de moins de 6 ans ; 4 € et A/R 8 € pour les 6-14 ans.*
Le trajet de/vers l'aéroport est inclus dans la *Vienna City Card Transfer* et la *Vienna City Card Transfer+Tour.*

En taxi

Taxis : *env 36-40 € selon distance parcourue (durée min : 30-45 mn), en comptant les 12 € correspondant au trajet hors agglomération. Prix majorés 23h-6h et dim et j. fériés, ainsi que de la ville vers l'aéroport.* Pratique si vous êtes au moins 2, chargés et que n'avez pas de station de métro à proximité de votre hébergement ; mais méfiez-vous, les embouteillages sont fréquents sur l'autoroute.
– ***Renseignements :*** ☎ *71-101 (7h-19h).*

VIENNE

Les gares de Vienne

Hauptbahnhof *(plan, E6)* **:** • *hauptbahnhof-wien.at* • La *Hauptbahnhof* est la plaque tournante du trafic ferroviaire des grandes lignes. Tous les trains de l'ÖBB s'arrêtent ici, ainsi qu'à la gare de *Wien Meidling,* située un peu plus au sud. En liaison avec les lignes ouest, sud, nord et est, il existe de multiples possibilités de correspondances.
Les *Railjets* ainsi que les trains *Intercity Express* venant de l'ouest (trains de grandes lignes) passent également par la *Hauptbahnhof,* ce qui permet une correspondance avec un train de la ligne sud sans perte de temps. Les villes de *Bregenz, Innsbruck, Salzbourg, Linz* et *Sankt Pölten* sont directement reliées à l'aéroport de Vienne en passant par la *Hauptbahnhof.* Elle dessert également *Budapest, Prague, Bratislava* et le nord de l'Europe, mais aussi de nombreuses villes italiennes et slovènes.

Wien Mitte *(plan, F3-4)* **:** gare d'arrivée du ***City Airport Train (CAT),*** le train express de/vers l'aéroport. Nombreux services.

Wien Meidling *(plan d'ensemble)* **:** accueille les trains régionaux et certains trains longues distances.

Wien Franz-Josefs-Bahnhof *(plan, C1)* **:** de là partent les trains régionaux pour le nord-ouest *(Tulln, Krems, Gmünd, Česke Velenice).*

Westbahnhof *(BahnhofCity ; plan d'ensemble)* **:** • *bahnhofcitywienwest.at* • Terminus des lignes venant de l'ouest, dont *Sankt Pölten, Melk* et *Amstetten.*

Ambassades, consulats

■ ***Consulat de France*** *(zoom, D3,* ***5****)* **:** *Wipplingerstr. 24 (Wien 1).* ☎ *502-75-210.* • *ambafrance-at.org* • *Lun-ven 8h45-12h15, plus mer 13h30-17h.*

■ ***Ambassade de France*** *(plan, E5,* ***11****)* **:** *Technikerstr. 2 (Wien 4).* ☎ *502-750.* • *ambafrance-at.org* • L'ambassade peut vous assister juridiquement en cas de problème.

■ ***Consulat et ambassade de Belgique*** *(plan, D6,* ***12****)* **:** *Schönburgstr. 10 (Wien 4).* ☎ *502-070.* • *austria.diplomatie.belgium.be* • *Lun-ven 9h-12h, 14h-16h (jeu ap-m sur rdv seulement).*

■ ***Consulat et ambassade de Suisse*** *(plan, E5,* ***13****)* **:** *Prinz-Eugen-Str. 9a, 1030 Wien.* ☎ *795-05.* • *eda.admin.ch* • *Lun-ven 9h-12h.*

■ ***Consulat et ambassade du Canada*** *(zoom, E3,* ***6****)* **:** *Laurenzerberg 2 (Wien 1), 3e étage.* ☎ *531-38-30-00.* • *canadainternational.gc.ca* • *Lun-ven 8h30-12h30.*

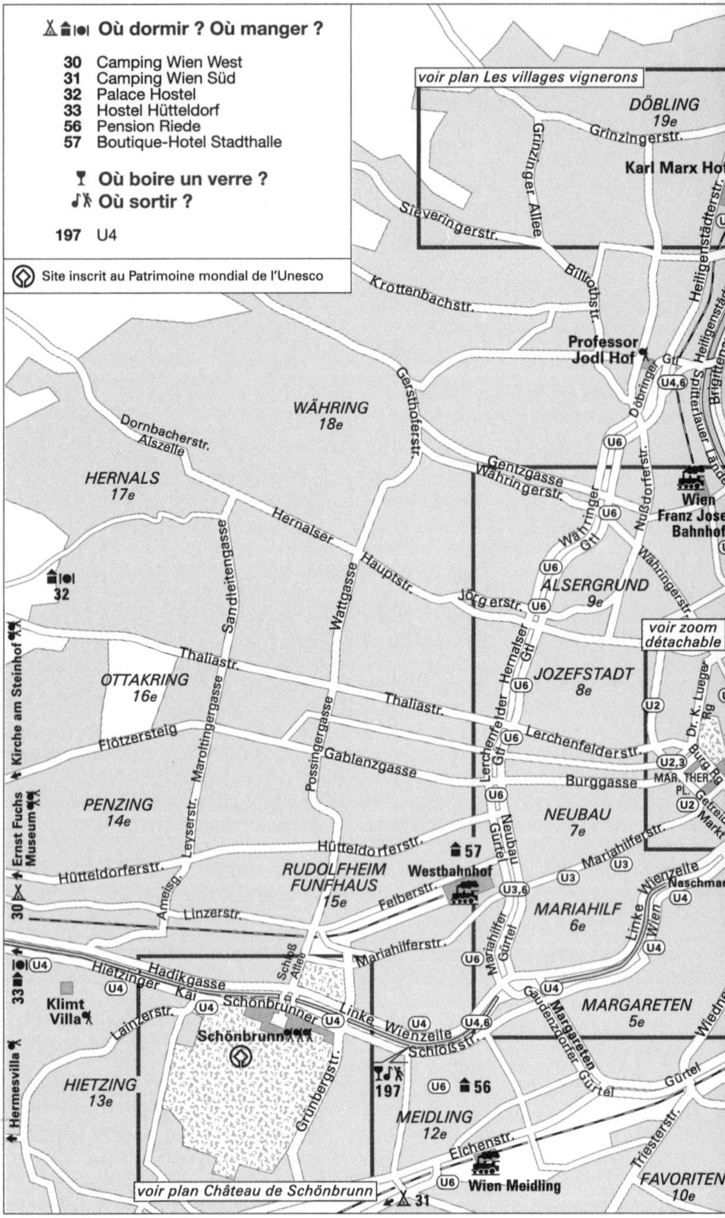
Où dormir ? Où manger ?
30 Camping Wien West
31 Camping Wien Süd
32 Palace Hostel
33 Hostel Hütteldorf
56 Pension Riede
57 Boutique-Hotel Stadthalle
Où boire un verre ?
Où sortir ?
197 U4
Site inscrit au Patrimoine mondial de l'Unesco
voir plan Les villages vignerons
DÖBLING 19e
Grinzingerstr.
Karl Marx Hof
Grinzinger Allee
Sieveringerstr.
Billrothstr.
Heiligenstädterstr.
Krottenbachstr.
Professor Jodl Hof
Döblinger Gtl
Spittelauer Lände
WÄHRING 18e
Gersthoferstr.
Dornbacherstr.
Alszeile
HERNALS 17e
Gentzgasse
Währingerstr.
Währinger Gtl
Nußdorferstr.
Wien Franz Josefs Bahnhof
Hernalser Hauptstr.
Jörgerstr.
ALSERGRUND 9e
Währingerstr.
voir zoom détachable
32
Sandleitengasse
Wattgasse
Kirche am Steinhof
Thaliastr.
OTTAKRING 16e
Hernalser Gtl
JOZEFSTADT 8e
Dr. K. Lueger Rg
Lerchenfelderstr.
Lerchenfelder Gtl
Flötzersteig
Maroltingergasse
Possingergasse
Gablenzgasse
Burggasse
MAR. THER. PL.
Burg Rg
Getreidemarkt
PENZING 14e
Ernst Fuchs Museum
NEUBAU 7e
Neubau Gürtel
Hütteldorferstr.
Leyserstr.
57
Westbahnhof
Mariahilferstr.
RUDOLFHEIM FÜNFHAUS 15e
Felberstr.
Ameisg.
Linzerstr.
30
MARIAHILF 6e
Linke Wienzeile
Naschmarkt
Mariahilfer Gürtel
33
Hietzinger Kai
Hadikgasse
Schloß Allee
Klimt Villa
Lainzerstr.
Schönbrunner
Schönbrunn
Linke Wienzeile
Gaudenzdorfer Gürtel
Margareten Gürtel
MARGARETEN 5e
Wiedner
Schloßstr.
Hermesvilla
HIETZING 13e
Grünbergstr.
197
56
Gürtel
Triesterstr.
MEIDLING 12e
Eichenstr.
Wien Meidling
voir plan Château de Schönbrunn
31
FAVORITEN 10e

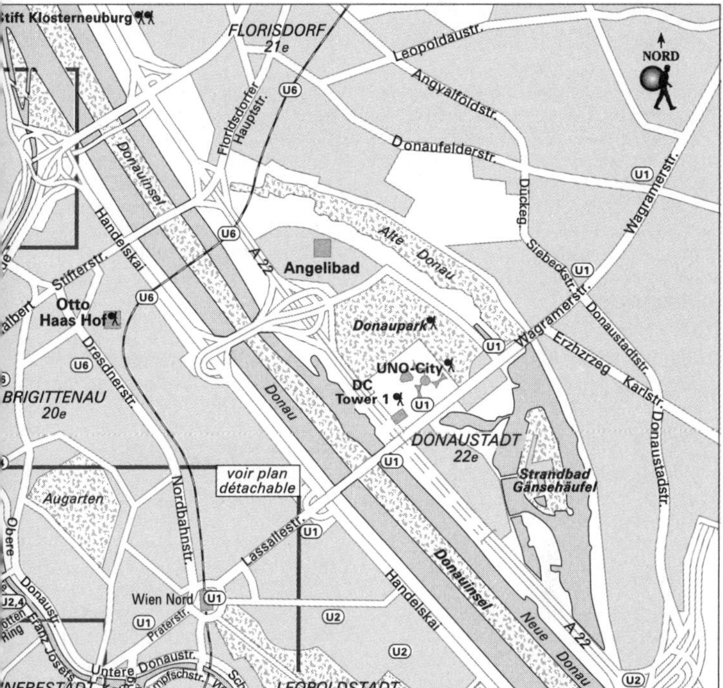

VIENNE – Plan d'ensemble

OÙ DORMIR ?

Soyons clairs : excepté pour les adeptes des AJ (d'un bon rapport qualité-prix), l'hébergement à Vienne ponctionne facilement le porte-monnaie. Budgets serrés, évitez le 1er arrondissement : à 1 ou 2 exceptions près, c'est hors de prix. Les arrondissements des alentours offrent des tarifs plus raisonnables, dans des quartiers plus récents et moins touristiques. De plus, la plupart des adresses d'hôtels et de pensions que nous proposons ne sont pas vraiment excentrées. Le centre-ville reste donc à courte portée des inconditionnels de la marche et toujours facilement accessible en transports en commun.

Campings

▲ ***Camping Wien West*** *(hors plan d'ensemble par l'ouest,* ***30****)* **:** *Hüttelbergstr. 80 (Wien 14). ☎ 914-23-14. • campingwien.at/fr/camping-wien-west • À 8 km à l'ouest du centre. Ⓜ Hütteldorf (U4), puis bus nos 52A ou 52B (pour atteindre la station des bus, suivre les indications vers Keisslergasse en sortant du métro), arrêt Campingplatz Wien II. Fermé début fév. Compter 20,50-25,50 € pour 2 avec tente et voiture.* Posé en lisière de forêt et à proximité des sentiers de randonnée, un camping confortable, avec supermarché, possibilité de laver son linge, cafétéria, etc. En haute saison, les caravanes et tentes sont un peu les unes sur les autres, mais l'environnement reste plaisant. Un bus (assez fréquent) vous dépose au métro Hütteldorf en 10 mn.

▲ ***Camping Wien Süd*** *(hors plan d'ensemble par le sud,* ***31****)* **:** *Breitenfurter Str. 269 (Wien 23). ☎ 867-36-49. • campingwien.at/fr/camping-wien-sued • Ⓜ Philadelphiabrücke (U6), puis bus n° 62A (30 mn de trajet). Situé à 8 km du centre, non loin de l'autoroute du Sud. Juin-août seulement. Compter 20,50-25,50 € pour 2 avec tente et voiture.* Camping bien équipé (cuisine, machine à laver, etc.), situé dans un joli parc. Assez agréable mais bruyant pour certains. 2 supermarchés à proximité.

Auberges de jeunesse et *hostels*

Ces adresses se trouvent presque toutes dans la partie de la ville comprise entre le Ring (1re grande ceinture de boulevards) et le Gürtel (2e grande ceinture de boulevards desservant la gare de l'Ouest – *Westbahnhof* – et la gare principale – *Hauptbahnhof*). Les 2 dernières adresses sont agréables pour un séjour mais plus éloignées. Sachez enfin que, dans certaines AJ, les séjours ne peuvent être supérieurs à 4 nuits consécutives...

Bon à savoir : la chaîne ***Meininger,*** au concept qui mixe hôtel et *hostel,* dispose de 3 implantations à Vienne, notamment à la gare centrale, et 2 de l'autre côté du Donaukanal, dans le quartier de Leopoldstadt. *• meininger-hotels.com •*

☗ ***The Naschmarkt*** *(plan, C5,* ***35****)* **:** *Rechte Wienzeile 35 (Wien 4). ☎ 897-23-36. • wombats-hostels.com • Ⓜ Kettenbrückengasse (U4). Dortoirs (3-8 lits) 13-27 € selon occupation ; doubles 70-82 € ; petit déj-buffet env 5 €.* Le plus central des *hostels,* idéalement placé en face du Naschmarkt. La réception donne le ton, avec son salon accueillant et son espace cyber confortable. Chambres et dortoirs impeccables, aux murs blancs dynamisés de couleurs vives, avec salles de bains nickel et casiers individuels, mais pas de TV. Certains réservés aux filles. Les inconditionnels pourront toujours la regarder dans le salon du *lobby.* De certaines chambres (et même de certains dortoirs), vue dominante sur le marché. Bar chaleureux à l'ambiance tamisée. Accueil adorable et polyglotte.

☗ ***Art Hostel Ruthensteiner*** *(plan, A5,* ***37****)* **:** *Robert-Hamerling Gasse 24*

(Wien 15). ☎ *893-42-02.* • *hostelruthensteiner.com* • Ⓜ *Westbahnhof (U6 ou U3). Ouv tte l'année. Résa conseillée. Dortoirs (6-10 lits) 17-24 € ; doubles 25-36 €/pers. Séjour de 4 nuits max.* Petit immeuble bien tenu, abritant des chambres et des dortoirs mixtes ou non de taille réduite, simples mais propres, modernes et agréables, ainsi que 2 charmantes courettes intérieures à la végétation luxuriante. Au rez-de-chaussée, bar et salles communes aux couleurs vives. Cuisine et barbecue à disposition, laverie, garage (fermé) pour les vélos.

🏠 ***Wombat's*** *(plan, A5,* ***54****)* **:** *Mariahilferstr 137 A (Wien 6).* ☎ *897-23-36.* • *wombats-hostels.com* • Ⓜ *Westbahnhof (U3). Dortoirs (4-8 lits) 13-30 € ; doubles 60-80 € ; petit déj en sus (4,90 €).* À quelques pas de la *Westbahnhof* et des transports, cette auberge de 200 lits a su conserver une atmosphère chaleureuse, propice aux rencontres. Les dortoirs et chambres sont bien agencés, la salle du petit déjeuner colorée et guillerette. Cuisine, bar, location de vélos *(14 €/j.),* laverie et tickets de parking *(4,10 €)* facilitent la vie. Une valeur sûre.

🏠 ***Westend City Hostel*** *(plan, A5,* ***38****)* **:** *Fügergasse 3 (Wien 6).* ☎ *597-67-29.* • *westendhostel.at* • Ⓜ *Westbahnhof (U6 ou U3). Ouv 24h/24. Dortoirs (4-12 lits) 21-30 € ; doubles (lits superposés) 29-40 €/pers ; petit déj inclus.* Les chambres et dortoirs possèdent tous douche et toilettes privées. Possibilité de repas sur place ou à emporter. Installé dans une bâtisse datant du début du XXe s, à la façade rafraîchie dans des tons bleu-mauve assez vifs. Bon rapport qualité-prix. Laverie automatique *(payante).* Petit jardin. Ambiance tranquille.

🏠 ***Jugendherberge Wien Myrthengasse*** *(plan, B4,* ***36****)* **:** *Myrthengasse 7 (Wien 7).* ☎ *523-63-160.* • *1070vienna.at* • *Bus n° 48A. Ouv tte l'année. Réception 24h/24. Nuitée 20-23,50 €/pers selon saison, petit déj compris. Sans la carte* Hostelling International, *séjour de 6 nuits max. AJ officielle.* Au total, 260 lits, répartis dans des chambres parfaitement tenues de 2 à 6 personnes, certaines avec toilettes. Bâtisse du XIXe s à la belle façade mais à l'intérieur moderne et fonctionnel, située dans une petite rue calme. Les dortoirs sont spacieux et propres. Le plus sympa reste la cour intérieure ombragée, avec des tables et des chaises pour prendre le soleil. La cafétéria propose des repas bon marché le soir. Laverie peu onéreuse. Bon accueil et ambiance bien cool.

🏠 |●| ***Palace Hostel*** *(plan d'ensemble,* ***32****)* **:** *Savoyenstr. 2 (Wien 16).* ☎ *48-58-50-37-00.* • *hostel.at* • Ⓜ *Ottakring (U3), puis bus n°s 46B ou 146B (très réguliers en sem). À l'ouest de la ville. Assez excentré, mais quelle belle adresse ! Ouv tte l'année. Compter 15-22 €/pers en dortoir de 4 et 50-60 € pour une chambre double, petit déj inclus (sinon 6 €). Possibilité de manger sur place. Parking gratuit.* Pour un séjour au château (celui de Wilhelminenberg), ou plutôt juste à côté, dans une petite annexe nichée dans un écrin de verdure qui, de sa hauteur, offre une vue embrassant Vienne. Chambres agréables avec salle de bains et toilettes privées. Minigolf. Laverie mais pas de cuisine à disposition.

🏠 |●| ***Hostel Hütteldorf*** *(hors plan d'ensemble par l'ouest,* ***33****)* **:** *Schlossberggasse 8 (Wien 13).* ☎ *877-15-01.* • *hostel.at* • Ⓜ *Hütteldorf (terminus U4), à 30 mn du centre. Sortir en direction de la Hadikgasse. Traverser le pont. Bien indiqué. Ouv tte l'année. Réception 24h/24. Chambres fermées 9h30-15h. Lit en dortoir (6 pers) à partir de 13 €, double 56 €. Petit déj en sus : 6 €. Parking gratuit.* À 3 mn du métro, une grande AJ installée dans un long bloc de béton, heureusement lumineux et à la déco colorée. Ensemble agréable, au calme et entouré d'un jardin. Terrasse ensoleillée. Billard, ping-pong, location de VTT, pétanque... Lave-linge. Schönbrunn n'est qu'à 5 arrêts de métro, mais on est tout de même un peu loin du centre.

Universités et *Sommerhotels*

Résidences universitaires ou maisons d'étudiants *(Studentenheim),* elles sont utilisées comme hôtels en été, du 1er juillet au 30 septembre : voilà une autre solution possible, pas forcément très bon marché *(doubles propres et assez confortables 71-147 € avec petit déj).* Il en existe une douzaine qui sont disséminées dans différents quartiers à Vienne, mais 3 sont mises à la disposition des touristes par l'office. Pour cela, il suffit de remplir un formulaire d'inscription sur le Net, une chambre vous sera ensuite attribuée en fonction des places disponibles.

■ ***Allyouneedhotels :*** *☎ (05) 01-14. • allyouneedhotels.at •*

Bed & Breakfast

À l'ouest du Ring (*7e arr.*)

Rosa Linde (*plan, B4,* **39**) **:** *Lindengasse 43. 📱 664-460-20-23. • rosalinde.at • Ⓜ Neubaugasse (U3). Doubles ou studio pour 2 pers 70-115 € ; petit déj en sus.* Pour 2 nuits minimum, chambres ou studio, tous spacieux, bien équipés (TV, clim, balcon) et dotés de beaux parquets en chêne et de hauts plafonds. Le studio bénéficie même d'une kitchenette, idéale pour les budgets serrés ou pour les séjours prolongés. Déco classiquement viennoise, rehaussée par quelques touches assez design. Un très bon rapport qualité-prix, à quelques pas du centre.

À l'est du Ring (*3e arr.*)

Spiess & Spiess Appartement-Pension (*plan, G4,* **40**) **:** *Hainburger Str. 19. ☎ 714-85-05. • spiess-vienna.at • Ⓜ Rochusgasse (U3). Studios 145-160 € pour 2, petit déj inclus (gratuit moins de 15 ans) ; 15 €/pers supplémentaire.* À la lisière du centre historique, des studios d'environ 30 m² lumineux, calmes et à la propreté irréprochable. Très bien équipés (TV, clim, grande salle de bains avec baignoire, cheminée...), certains bénéficient même d'un agréable balcon donnant sur un petit jardin. On peut toutefois regretter l'absence d'une kitchenette. Très bon accueil francophone du couple Spiess.

Pensions et hôtels

IMPORTANT : comme généralement en Autriche, le petit déj est inclus dans le prix des adresses ci-après (sauf contre-indication). Demandez la brochure rééditée chaque été par *Tourist-Info,* présentant par gammes de prix les hôtels et pensions de la ville. Intro en français. Et consultez le site internet pour profiter des meilleurs prix, ceux-ci variant parfois d'une semaine sur l'autre pour les grands hôtels, selon l'offre du moment.

Dans le centre historique (*1er arr.*)

De prix modérés à prix moyens

Motel One Wien-Staatsoper (*zoom, D4,* **72**) **:** *Elisabethstr. 5. ☎ 585-05-05. • motel-one.com • Ⓜ Karlsplatz (U1, U2 ou U4). Doubles 107-135 € ; offres ponctuelles sur Internet intéressantes.* Nous ne sommes généralement pas fans des hôtels de chaîne, mais il faut reconnaître que celui-ci, installé dans un magnifique édifice classé, tire brillamment son épingle du jeu. Vastes espaces communs où l'ancienne partie, richement ornementée et flanquée d'un charmant patio, se pare d'une déco design, très réussie. Chambres du même acabit, où quelques éléments colorés viennent dynamiser la blancheur des murs et de la literie. Très belle adresse !

Pension Suzanne (*zoom, D4,* **63**) **:** *Walfischgasse 4. ☎ 513-25-07. • pension-suzanne.at • Ⓜ Karlsplatz (U1, U2 ou U4). Très central, à 2 pas de l'Opéra, dans une rue perpendiculaire à la Kärntnerstraße. Doubles 99-189 €.* Un classique viennois ! Ne pas se fier aux escaliers froids et tristes, car les chambres à la déco classique offrent plutôt une bonne surprise. La maison loue également 9 petits appartements *(119-199 €)* disposant généralement d'une cuisine. Petit déj copieux et accueil charmant.

Pension Dr Geissler (zoom, E3, **60**) : *Postgasse 14. ☎ 533-28-03. • hotelpension.at/dr-geissler • Ⓜ Schwedenplatz (U1 ou U4). Très bien situé, à 2 pas du canal du Danube. Réception au 8ᵉ étage. Doubles 60-120 € ; les moins chères n'ont pas de bains.* Une vingtaine de chambres dans cette pension 3 étoiles où l'accueil et les prix (offres spéciales toute l'année sur Internet pour une réservation en direct) font vite oublier le côté austère de l'immeuble. Chambres à chaque étage, petites et banales mais confortables. Elles donnent sur la rue mais, à moins de dormir fenêtres ouvertes, elles sont très calmes. Préférer cependant les chambres au 8ᵉ étage pour la luminosité.

Pension City (zoom, D3, **61**) : *Bauernmarkt 10. ☎ 533-95-210. • citypension.at • Ⓜ Schwedenplatz (U1 ou U4) ou Stephansplatz (U1 ou U3). Doubles 104-138 €. Petit déj parfois offert sur promo, sinon compter, 16 €.* Belle cage d'escalier et bel accueil. Chambres rénovées, confortables et impeccables, malgré des salles de bains un poil exiguës. Très calme.

Hotel Post (zoom, E3, **62**) : *Fleischmarkt 24. ☎ 51-58-30. • hotel-post-wien.at • Ⓜ Schwedenplatz (U1 ou U4) ou Stephansplatz (U1 ou U3). Doubles 67-103 €, petit déj inclus.* Ce vaste établissement d'une centaine de chambres peut se targuer d'une longue tradition hôtelière. En entrant dans le *lobby*, on remarque tout de suite l'agréable salon décoré d'imprimés floraux et la vaste salle du petit déjeuner. Larges couloirs et chambres plutôt spacieuses, classiques dans leur déco mais claires et confortables comme il faut. Accueil souriant.

Pension Riedl (plan, E3, **41**) : *Georg-Coch Platz 3. ☎ 512-79-19. • pensionriedl.at • Ⓜ Schwedenplatz (U1 ou U4) ou Stubentor (U3). Au 4ᵉ étage avec ascenseur. Congés : janv. Doubles 115-134 €.* Sur une place tranquille, dans un bel édifice Art nouveau, une pension charmante et paisible d'une dizaine de chambres à la déco fraîche et contemporaine. Accueil à la fois discret et chaleureux.

Hotel zur Wiener Staatsoper (zoom, D4, **64**) : *Krugerstr. 11. ☎ 513-12-74. • zurwienerstaatsoper.at • Ⓜ Karlsplatz (U1, U2 ou U4). Doubles 115-190 €. Pas de clim.* Petit hôtel discret dans un quartier animé et central, à 2 pas de l'Opéra. Réparties sur plusieurs étages, une vingtaine de chambres pas bien grandes mais calmes, très confortables et au style un peu suranné, voire kitsch. Salle à manger agréable pour prendre son petit déj. Accueil aimable.

De chic à très chic

Hotel Kärntnerhof (zoom, E3, **65**) : *Grashofgasse 4. ☎ 512-19-23. • karntnerhof.com • Ⓜ Schwedenplatz (U1 ou U4). Doubles 109-269 €, petit déj compris. Parking privé à proximité (20 €/24h).* Derrière une belle et grande façade Biedermeier, tranquillement calé au fond d'une impasse, se cache le plus petit « Grand Hôtel » de Vienne, comme certains l'ont appelé. Plus rien à voir évidemment avec l'ancienne maison de passe de Mme Rosa, qui a donné son nom à l'une des suites. Toutes les chambres ont été rénovées dans un design intemporel très doux. Subsistent quelques beaux éléments d'origine comme de superbes carrelages et un élégant ascenseur. Joli patio sur le toit et accueil prévenant.

Hotel Wandl (zoom, D3, **66**) : *Petersplatz 9. ☎ 53-45-50. • hotel-wandl.com • Ⓜ Stephansplatz (U1 ou U3). Doubles 155-250 €. Promos intéressantes sur le site.* Un hôtel de 130 chambres dont les prix élevés sont surtout justifiés par sa situation en plein cœur historique. Chambres confortables et rénovées dans un style contemporain plaisant, réparties autour d'un patio central. Accueil aimable.

Hotel König von Ungarn (zoom, E3, **67**) : *Schulerstr. 10. ☎ 51-58-40. • kvu.at • Ⓜ Stephansplatz (U1 ou U3). Doubles 205-260 €. Parking privé à 5 mn (20 €/24h).* Belle demeure patricienne du XVIᵉ s dans la pure tradition viennoise. Cet hôtel, qui existe depuis 1815, a accueilli de nombreux personnages célèbres. Les 44 chambres sont toutes différentes, délicieusement cosy et cossues. Beaux tissus et meubles anciens cohabitent avec un confort moderne bienvenu. Très agréable salon dans le patio intérieur couvert. Service et accueil prévenants.

Pension Domizil (zoom, E3, **68**) : *Schulerstr. 14. ☎ 513-31-99. • hoteldomizil.at • Ⓜ Stephansplatz (U1 ou U3). Doubles 135-185 €. Parking privé à 5 mn (33 €/24h).* Un paisible hôtel 4 étoiles d'une quarantaine de chambres, au confort discret et à l'accueil plein de gentillesse. Côté chambres, rien d'inoubliable car très classiques et sans fantaisie, mais impeccables et parfaitement confortables.

Hotel Topazz (zoom, D3, **69**) : *Lichtensteg 3. ☎ 532-22-50. • hoteltopazz.com • Ⓜ Stephansplatz (U1 ou U3) ou Schwedenplatz (U1 ou U4). Doubles 190-230 €.* Inspiré des travaux de Koloman Moser, ce superbe hôtel design se distingue par son allure futuriste. Derrière de grandes fenêtres ovales se cachent d'élégantes chambres à la déco contemporaine : tons noir et blanc, alternance entre bois de la chambre et marbre des luxueuses salles de bains... L'accueil et le service sont à la hauteur du standing : superbe petit déj, et snacks et boissons à volonté jusqu'à 22h.

De l'autre côté du Donaukanal (2e arr.)

De prix modérés à moyens

Magdas Hotel (plan, G3, **43**) : *Laufbergergasse 12. ☎ 720-02-88. • magdas-hotel.at • Ⓜ Praterstern (U1 ou U2). Doubles 65-125 €.* Un concept pour le moins original. D'abord pour son engagement social – les employés sont des réfugiés ou des personnes en cours de réinsertion –, puis pour ce lieu improbable face au parc du Prater, une ancienne maison de retraite réhabilitée en hôtel à prix doux, et enfin pour sa déco réalisée par des étudiants de l'Académie des beaux-arts. Plusieurs catégories de chambres, toutes spacieuses, aménagées avec du mobilier de récup' et quelques idées malines, qui donnent à l'ensemble un look vintage très sympa. Ambiance conviviale, bar, resto, location de vélos, bibliothèque... Bravo !

Au sud du Ring (4e et 6e arr.)

De bon marché à prix modérés

Pension Kraml (plan, B5, **52**) : *Brauergasse 5 (Wien 6). ☎ 587-85-88. • pensionkraml.at • Ⓜ Zieglergasse (U3). Bus n° 57A. Résa vivement conseillée. Doubles avec w-c sur le palier 49-69 €, avec sdb 59-99 € ; familiales également. CB refusées. Garage payant.* Immeuble du XVIIIe s à la façade un peu austère. À l'étage, une quinzaine de chambres sans cachet particulier mais d'une propreté irréprochable. Accueil aimable (en français) et familial. Un café genre *Beisl* au rez-de-chaussée (côté rue) pour prendre le petit déj.

De prix moyens à très chic

Carlton Opera Hotel (plan, C-D5, **53**) : *Schikanedergasse 4 (Wien 4). ☎ 587-53-02. • carlton.at • Ⓜ Karlsplatz (U1, U2 ou U4) ou Kettenbrückengasse (U4). Doubles 80-250 € selon confort et période.* Belle façade sculptée de couleur jaune et blanc. Déco intérieure style Art déco. Les 52 chambres sont toutes confortables. Les plus chères sont évidemment les plus belles, avec leur haut plafond et leur parquet pour certaines. Les moins chères sont moins élégantes mais restent tout à fait correctes. Également quelques chambres en soupente au style plus moderne.

Grätzl Hotel (plan, D6, **55**) : *Favoritenstr. 17/ 3-5 (Wien 4). ☎ 208-39-04. • graetzlhotel.com • Ⓜ Taubstummengasse (U1). Résa indispensable. Studios pour 2 pers à partir de 120-140 €, vélos et panier alimentaire inclus.* Une équipe de 3 jeunes designers transforme d'anciens locaux commerciaux en coquets *street lofts* (25 m² pour 2 personnes, 35 m² pour 4). On compte 5 studios dans un petit périmètre autour du siège (à 5 mn à pied maximum). On vous fournira une liste de bonnes adresses situées dans le quartier (café, restos, hammam...). Pour une expérience de Vienne très urbaine et authentique. Autres studios proches de *Karmelitermarkt* et de *Meidlingermarkt*, près de *Schönbrunn*.

À l'ouest du Ring

(7e et 8e arr.)

Bon marché

Pension Wild (plan, B3, **45**) : *Lange Gasse 10 (Wien 8). ☎ 406-51-74. • pension-wild.com • Ⓜ Volkstheater (U2 ou U3). Congés : 2 sem fin déc. Doubles 59-79 € ; copieux petit déj-buffet inclus. Parking payant.* Dans la catégorie la moins chère, seule une chambre a un grand lit, les autres sont des *twins*. Pension à l'ancienne dans un quartier très vivant et central. Lieu impersonnel et sans charme particulier, mais les 20 chambres sont propres et confortables (les moins chères avec douche et w-c à l'extérieur). Location de vélos. Accueil convivial. Un bon rapport qualité-prix.

De chic à très chic

25hours Hotel Wien (plan, B3-4, **46**) : *Lerchenfelder Str. 1-3 (Wien 7). ☎ 521-510. • 25hours-hotels.com • Ⓜ Volkstheater (U2 ou U3). Doubles avec ou sans kitchenette 110-220 € ; petit déj en sus.* Probablement l'un des hôtels les plus inventifs et audacieux de Vienne... Assez génial, pour tout dire. Installées dans un ancien foyer pour étudiants entièrement remanié, 220 chambres décorées sur le thème du cirque, avec grandes fresques aux murs et petites attentions en forme de clins d'œil rigolos, comme des Hula Hoop, des balles de jonglage, des tapis de gym ou de yoga... Confort, humour et modernité (chaîne hi-fi, écran plat, magnifiques salles de bains) cohabitent ici avec bonheur. Au 8e étage, en accès libre, un bar avec terrasse domine la ville (voir *Der Dachboden*, « Où boire un verre tout en grignotant ? Où sortir ? Où écouter de la musique ? »). Resto au rez-de-chaussée. Prêts de vélos (mais oui !). Une adresse vraiment exceptionnelle, d'un rapport qualité-prix remarquable.

Hotel Rathaus Wein & Design (plan, B3, **50**) : *Lange Gasse 13 (Wien 8). ☎ 400-11-22. • hotel-rathaus-wien.at • Ⓜ Volkstheater (U2 ou U3). Doubles à partir de 110-140 € selon confort.* Derrière une sage façade du XIXe s se cache cet hôtel contemporain dont le concept se décline autour des vins autrichiens. Chacune des 39 chambres est liée à un viticulteur, avec les portes reproduisant – format XXL – les étiquettes de leurs meilleures bouteilles. Confort parfait (superbes salles de bains), déco épurée et joyeuse, et dégustation possible dans votre minibar, avant achat éventuel. Excellent petit déj-buffet, l'un des meilleurs de la ville ! Une belle adresse, calme de surcroît et parfaitement centrale.

Altstadt Vienna (plan, B4, **49**) : *Kirchengasse 41 (Wien 7). ☎ 522-66-66. • altstadt.at • Ⓜ Volkstheater (U2 ou U3). Réception au 1er étage. Doubles 140-250 € ; suites et apparts 200-590 €.* Une adresse de caractère qui dégage un charme que ne laissent pas soupçonner l'entrée et la réception. Son propriétaire, grand voyageur, a arpenté la planète et en a rapporté une idée de l'hôtellerie bien personnelle. Il propose sur 5 étages une quarantaine de chambres et suites à l'espace très généreux (l'immeuble, de 1902, le permet), certaines comme de petits apparts avec kitchenette. Les plus lumineuses à l'avant ont la vue sur le clocher de Sankt Ulrich, les plus calmes à l'arrière sur des terrasses aménagées. Chambres sympathiques et toutes différentes, mais ce sont vers les suites agencées dans le style années 1920-1930 que vont tous les suffrages. Buffet plus que copieux et varié au petit déj.

Viennart Hotel (zoom, C4, **71**) : *Breite Gasse 9 (Wien 7). ☎ 523-13-45. • austrotel.at/hotel-viennart • Ⓜ Volkstheater (U2 ou U3). Doubles 125-185 € selon confort, petit déj-buffet normalement inclus (sinon, assez cher : 15 €).* Derrière le MuseumsQuartier, un hôtel de 60 chambres, raccord avec le style du quartier. Atmosphère plaisante, déco design, avec des touches de fantaisie suffisamment discrètes pour plaire à tous. Demandez une chambre avec clim si vous dormez côté rue (le tramway passe au pied de l'immeuble en journée seulement). Petit déjeuner-buffet assez original (on adore le presse-fruits et légumes !).

The Levante Laudon *(plan, B2,* ***47****) : Laudongasse 8 (Wien 8). ☎ 407-13-70. • thelevante.com • Ⓜ Rathaus (U2). Bus n° 13A. Tram n° 33. Apparts-hôtels tt confort 95-295 € selon taille et saison.* Un petit hôtel à la déco intime et assez plaisante. Chambres et petites suites cosy, avec kitchenette tout équipées (micro-ondes, frigo, vaisselle, TV écran plat et chaîne hi-fi). Petit déj continental un peu sommaire, mais rien n'empêche de le prendre dans la chambre en ayant stocké quelques emplettes dans le frigo. Pas de réception la nuit, on passe par la cour avec sa clé. Bien desservi par les transports en commun. Bon accueil.

À proximité du château de Schönbrunn

(12e et 15e arr.)

De prix modérés à chic

Pension Riede *(plan d'ensemble et hors plan par A6,* ***56****) : Niederhofstr. 18 (Wien 12). ☎ 813-85-76. • hotelriede.at • Ⓜ Niederhofstr. (U6). Doubles 94-100 € avec petit déj.* Très grandes chambres meublées sobrement, avec parquet à l'ancienne et confort d'aujourd'hui. Une vingtaine seulement, mais une adresse agréable pour un excellent rapport qualité-prix. Ambiance familiale.

Boutique-Hotel Stadthalle *(plan d'ensemble et hors plan par A4,* ***57****) : Hackengasse 20 (Wien 15). ☎ 982-42-72. • hotelstadthalle.at • Ⓜ Burggasse-Stadthalle (U6), Westbahnhof ou Schweglerstr. (U3). Doubles 120-230 €.* Un charmant boutique-hôtel dont l'intérêt et le charme résident principalement dans le jardin, la véranda vitrée et le patio aux murs végétalisés. 80 chambres plaisantes, spacieuses, très calmes et bien équipées. Petit déj bio, bilan carbone nul grâce à ses installations solaires et éoliennes, récupération des eaux de pluie... l'hôtel multiplie les initiatives écolo, et ça se sent ! Un vrai petit coin de nature en ville.

OÙ MANGER ?

IMPORTANT : si d'ordinaire les Autrichiens déjeunent et dînent relativement tôt, les cuisiniers sont au piano dès 11h et jusqu'à 22h30. Vous pouvez manger à toute heure ou presque dans une brasserie ou un *Beisl,* café-restaurant à l'ancienne redevenu à la mode. Pour avoir une chance de dîner, on vous conseille donc de chercher une table le soir avant 22h.

L'office de tourisme met à disposition une brochure en français, *Shopping, bien boire & bien manger.* Ne perdez pas de vue que dans les restos viennois, on paie le pain en plus, et que des petits *zakouski* sont fréquemment déposés sur la table sans avoir été commandés. Si vous ne voulez pas les payer (et c'est votre droit), n'y touchez pas. En revanche, le couvert est payant en soirée !

ATTENTION ! Dans ce chapitre, vous ne trouverez pas les innombrables cafés-restaurants aménagés dans les musées et sur nombre de lieux où les visiteurs affluent, ceux-ci étant signalés dans les pages « À voir » à la fin de chaque texte. Des lieux où se poser, le temps d'un grignotage express. De même, nous n'avons pas indiqué certaines adresses que vous retrouverez en dehors du Ring.

Dans le centre historique

(1er arr.)

Sur le pouce

Si vous souhaitez manger sur le pouce, vous n'aurez aucune peine à dégoter un *Würstelstand* à chaque coin de rue. Il s'agit de cabanes installées sur le trottoir qui débitent différentes sortes de saucisses (la traditionnelle *Käsekreiner,* la *Burenwurst* mais aussi la *Currywurst allemande* ou la *Frankfurter*) généralement accompagnées d'un *Brötchen,* petit pain de farine blanche. Bon et pas cher.

Bitzinger *(zoom, D4,* ***89****)* ***:*** *Augustinerstr. 1. ☎ 533-10-26. Tlj 8h-4h.* Au pied de l'Albertina, on trouve ce *Würstelstand* (kiosque à saucisses) au design moderne. Considéré comme le plus chic du centre, il possède un petit frère situé à l'entrée du Prater. Le ***Würstelstand am Hohen Markt,*** tout comme ceux proches de la *Kärtner Straße* (ils sont tous ouverts de 7h à 4h du matin), devraient vous satisfaire tout autant... Pour la fraîcheur des produits, les Viennois vous conseilleront toujours les stands du centre, vu le passage.

|●| *Trzesniewski* *(zoom, D3,* ***90****)* ***:*** *Dorotheergasse 1. ☎ 512-32-91. Lun-ven 8h30-19h30, sam 9h-18h, dim 10h-17h. Canapé env 1,30 €.* Héritage de la gastronomie tchèque, voici l'un des lieux les plus populaires pour manger sur le pouce – mais souvent debout : pratique, rapide, excellent et pas cher. Cadre tout simple. Un comptoir, quelques tables. Spécialisé dans la préparation de petites tartines de pain de seigle garnies de *Paprika rot, Pfefferoni scharf, Schwedischer Hering, Matjeshering mit Zwiebel,* etc. Au choix donc, en vrac et en v.f. : thon et œuf mimosa, hareng, champignons en purée, foie, le tout délicatement parfumé. Pour arroser ça, de la bière (appelée « Pfiff ») servie dans des minichopes. La maison a fait des petits, mémorisez le nom, ça peut servir !

De très bon marché à prix moyens

|●| *Restos universitaires :* un bon plan pour manger pas cher. On demande rarement la carte d'étudiant et on y mange pour environ 10 €. Il y en a un tout à fait correct dans le centre : ***Mensa der Universität für angewandte Kunst,*** à l'Académie des arts appliqués *(plan, E3,* ***120*** *; Oskar-Kokoschka-Platz 2 ; lun-ven 9h-16h).*

|●| *Hiddenkitchen City* *(zoom, D3,* ***88****)* ***:*** *Färbergasse 3. ☎ 276-83-98. Lun-ven 10h-16h (15h ven). Plat 9,30 € ; formule grande salade, quiche ou plat chaud 11,50 €.* Une cantine végétarienne top et toute simple. Une de ces adresses qui font partie du circuit des étudiants, dans la mouvance de la Vienne actuelle, revendiquant le retour aux produits du potager. Frais, sain, coloré. « Bol grand-mère », pour la nostalgie.

|●| *Miznon* *(zoom, E3,* ***92****)* ***:*** *Schulerstr. 4. ☎ 512-10-53. Lun-sam 12h-22h30. Pitas 7-11 €, légumes grillés 5-8 €.* Cette cantine juive très branchée, originaire de Tel Aviv, a fait des petits en Europe. Après Paris, c'est Vienne qui accueille ce temple de la pita. Dans un joyeux bazar, on commande au comptoir une *street food* colorée, volontiers portée sur la verdure. On déguste sandwichs et légumes grillés en terrasse ou sur les grandes tables d'hôtes du fond. On a un (gros) faible pour la citronnade maison.

Prix moyens

|●| *Kleines Café* *(zoom, E3,* ***164****)* ***:*** *Franziskanerplatz 3. Tlj 10h-2h. Compter 15-25 €. CB refusées.* Minuscule, comme son nom l'indique (*kleines* = « petit », au cas où vous auriez encore quelques lacunes). Charmante adresse située sur l'une des places les plus attachantes de la vieille ville. Jolie terrasse, calme et convoitée. À l'intérieur, moleskine et jeux de glaces meublent une salle voûtée. Atmosphère le plus souvent calme et intime. À la carte, de bons petits déjeuners, des omelettes, salades ou petits plats. Accueil sympa.

|●| ⛱ *Huth* *(zoom, E4,* ***95****)* ***:*** *Schellinggasse 5. ☎ 513-56-44. Tlj 12h-minuit (dernier service). Plats 14-20 € ; compter 25-30 €.* Une institution : il y a des *Huth* de chaque côté de la rue, le patron ayant racheté un grill et une pizzeria, mais c'est sa *Gasthaus* qu'on préfère. Terrasse accueillante, belle mise de table, accueil très pro et carte de spécialités locales, cuisinées et servies dans les règles de l'art. Vrai *Tafelspitz* des familles, notamment.

|●| ⛱ *Ofenloch* *(zoom, D3,* ***101****)* ***:*** *Kurrentgasse 8. ☎ 533-88-44. Lun-sam 11h30-23h ; cuisine 12h-22h. Plats traditionnels 20-25 € ; menus soir 37-46 €.* Depuis 1704, cette taverne située dans une ruelle pavée du quartier juif, à 2 pas de Am Hof, nourrit et abreuve son homme. Superbe immeuble baroque qui abritait autrefois le palais des

VIENNE

légats. Dans un intérieur chaleureux, plusieurs salles voûtées, banquettes confortables et tables en bois donnent à l'ensemble un aspect rustique. Spécialités autrichiennes simples mais savoureuses. La liste des vins est affichée sur une ardoise suspendue au plafond. En été, terrasse très agréable bordée de lierre.

🍽 ***Figlmüller*** *(zoom, E3, **96**) : Wollzeile 5. ☎ 512-61-77. Tlj 11h-22h30 (21h30 cuisine). Résa recommandée. Plats traditionnels 10-15 € ; menu déj en sem env 12 €.* Un lieu touristique, toujours bondé, où l'on prend place dans l'une des petites salles réparties sur plusieurs niveaux. Cette maison plus que centenaire reste le lieu où aller s'offrir une escalope (évidemment viennoise !) taille XXL, accompagnée d'une salade de pommes de terre et d'un verre de rouge du Burgenland. 34 cm, c'est la moyenne. *2de adresse Bäckerstr. 6 ; ☎ 512-17-60 ; tlj 11h30-23h30 (22h30 cuisine).*

🍽 ☂ ***Café Landtmann*** *(zoom, C3, **102**) : Universitätsring. ☎ 24-10-0120. À côté du Burgtheater. Tlj 7h30-minuit ; cuisine 11h30-23h30. Plats 12-29 € ; petit menu déj (entrée + plat) 12,50 €.* Décor de bois marqueté, lustres, atmosphère feutrée. Après le théâtre, il est de tradition d'y souper dans les petits boxes confortables. Cuisine classique et assez chère mais servie copieusement : *Wiener Schnitzel, Rindsgulasch,* risottos et soupes diverses. Presse nationale et internationale à disposition. Grande terrasse fleurie en été. Voir plus loin « Les plus fameux cafés viennois ».

🍽 🍷 ***Vis-a-Vis Weinbar*** *(zoom, E3, **96**) : entrée par le Wollzeile 5. ☎ 512-93-50. Situé dans un passage, entre Wollzeile et Bäckerstr. Mar-sam 16h30-22h30. Assiettes 13-20 €.* Minuscule bar à vins mignon comme tout. Bonne sélection de vins et de charcuteries, à déguster debout, accoudé à un coin de table. Propose également quelques plats goûteux et fins de cuisine italo-viennoise, tout de même assez chers. L'ambiance un peu à part de ce bistrot en fait toute sa particularité, presque une curiosité.

🍽 ☂ ***Lugeck*** *(zoom, E3, **98**) : Lugeck 4. ☎ 512-50-60. Tlj 11h30-minuit (23h cuisine). Plats 9-28 €.* La célèbre dynastie Figlmüller propose ici une version XXIe s de l'auberge viennoise traditionnelle. Déco contemporaine derrière cette superbe façade classée, et belle terrasse pour (re) découvrir la *Wiener Schnitzel* (copieusement servie), mais aussi tous les classiques de la cuisine autrichienne, un brin rajeunis. Service bien rodé mais ambiance bruyante.

🍽 ☂ ***Xpedit*** *(plan, E3, **121**) : Wiesingerstr. 6. ☎ 512-33-13-23. Lun-ven 12h-15h et 17h-23h, sam 18h-23h. Résa conseillée. Plats 13-25 €.* Petit resto italien d'allure modeste : grande salle dépouillée éclairée par des baies vitrées avec, dans un coin, d'étonnantes étagères de métal. Il règne là une ambiance décontractée, un rien bohème, mais parfois bruyante. En été, la terrasse s'installe sur le trottoir. Rapport qualité-prix un peu décevant, même si la qualité est au rendez-vous.

De chic à très chic

🍽 ***Labstelle*** *(zoom, E3, **97**) : Lugeck 6. ☎ 236-21-22. Lun-sam 11h30 (10h sam)-minuit (2h ven-sam). Menus déj en sem 14-15 € (avec ou sans viande) ; frühstück/brunch sam env 27 € ; menus soir 38-68 €.* Un des lieux où se retrouvent les adeptes de la mouvance locavore et saisonnière viennoise, et voulant « se régaler » ou « se rafraîchir » (*laben* en v.o.) avant tout. Idéal pour un déjeuner même tardif, dans un passage très lumineux, avec des nains de jardin en guise de clin d'œil et un service décontracté, ou côté Wollzeile, la rue voisine. Également bien pour un brunch le samedi, puisque les Viennois ont fini par craquer pour cette formule.

🍽 ***Zum Schwarzen Kameel*** *(zoom, D3, **103**) : Bognergasse 5. ☎ 533-81-25. Tlj 8h-minuit. Côté bistrot, délicieux petits canapés ; côté resto, plats 20-37 €, menus 68-93 € (5 plats).* Un autre grand classique de Vienne, ouvert depuis près de 400 ans ! Une partie épicerie fine-bar, où l'on peut déguster de délicieux petits canapés avec un verre de vin, et une partie resto chic, voire très chic. Rien ne semble avoir bougé dans cet établissement plein de charme avec sa superbe décoration *Jugendstil.* Côté resto, la carte n'est

VIENNE

pas très longue, mais les plats sont goûteux et servis avec style. Attention, même côté bar, l'addition peut rapidement devenir salée. Accueil soigné.

De l'autre côté du Donaukanal (2e arr.)

Au marché !

Karmelitermarkt (plan, E2) : *tlj sauf dim.* À 10 mn du centre ancien, de l'autre côté du pont sur le Donaukanal, un marché de quartier devenu l'un des grands spots de la vie viennoise, en fin de semaine notamment. On achète bio, local de préférence, avant de se poser au coin d'un stand pour un petit déjeuner sucré-salé. Selon l'humeur, c'est chez **Kaas am Markt, Tewa** ou **Zimmer 37** que l'on fait ses emplettes. Très sympa si le soleil est de la partie.

De très bon marché à prix moyens

Pizza Mari' (plan, E2, **142**) : *Leopoldsgasse 23A. ☎ 676-687-49-94. Mar-ven 12h-15h, 18h-23h. W-e service continu 12h-23h (22h dim). Pizzas 6,50-11,30 €.* Une authentique pizzeria italienne qui fait toujours le plein, aussi bien dans sa longue salle très claire que sur sa belle terrasse, quand le temps le permet. Pizzas cuites au feu de bois dans un four napolitain par des *ragazzi* très aguerris. Coté vins, intéressante sélection de crus autrichiens ; dommage de trouver si peu de vins italiens !

De prix moyens à chic

Skopik & Lohn (plan, E2, **143**) : *Leopoldsgasse 17. ☎ 219-89-77. Mar-sam 18h-1h (23h cuisine). Plats 12-27 €.* Une des belles adresses de ce quartier en plein renouveau. Plutôt classique côté cuisine, avec une carte qui puise dans le répertoire austro-hongrois et italien, mais pas vraiment côté déco, due à un artiste réputé pour son originalité, Otto Zitko. *Skopik & Lohn* incarne parfaitement la modernité dans la culture des bistrots viennois. Superbe terrasse côté rue. Service fluctuant.

Schweizerhaus (plan, G2, **119**) : *à l'intérieur du Prater. De mi-mars à oct, tlj 11h-23h. Plats 10-18 €. CB refusées.* *Biergarten* haut en couleur, une adresse chère à tous les Viennois, petits et grands, qui y vont en famille ou entre amis, après une balade dans le parc, un tour de grande roue ou le Train des horreurs. Inutile de téléphoner pour réserver, on tente sa chance, côté jardin ou à l'intérieur, et on est gentil avec les serveurs si on veut être servi rapido. Pas la peine non plus de passer des heures sur la carte. Tout le monde vient ici pour partager à 2 un jarret grillé *(Schweinsstelze)* accompagné d'une bière maison moussue, ou 2 si affinités. Il y a des saucisses et des salades, quand même, si vous manquez d'appétit.

Café Ansari (plan, E2, **145**) : *Praterstr. 15 ☎ 276-51-02. Lun-sam 8h-23h30 (22h30 cuisine), dim 9h-15h. Plats 12-25 €.* Élégant bistrot à la déco contemporaine, égayée par de nombreux bouquets : une adresse représentative du renouveau du quartier. Dans les assiettes, le patron libanais et sa femme, d'origine géorgienne, entendent construire des ponts entre les cuisines de leurs pays respectifs. Cela donne de petits plats forcément savoureux et bien souvent surprenants : raviolis à la géorgienne, salades saupoudrées de grenade, taboulé libanais, viandes grillées à la broche... Grand choix de vins, avec quelques crus géorgiens vieillis en amphores. Dépaysant et raffiné.

Au sud et à l'est du Ring (3e et 4e arr.)

De bon marché à prix moyens

Salm Bräu (plan, E5, **140**) : *Rennweg 8 (Wien 3). ☎ 799-59-92. Tlj 11h-minuit (23h cuisine). Formule déj env 8 € ; bons plats traditionnels 10-18 €.* Une authentique brasserie, avec bière pression et ambiance garanties maison, juste à la descente du tram et mitoyenne avec un autre monument de la vie locale (le Belvédère), ce qui explique son double succès. On a bien aimé le jarret de porc braisé. Ne vous laissez pas enfermer dans la cave, attendez qu'une table se libère, près des cuves ou dans la *Georgsaal* datant de 1717 (vous êtes dans le cloître des Salésiens !). Sinon, terrasse dans la cour.

Lima 56 (plan, D6, **141**) : *Favoritenstr. 56 (Wien 4). ☎ 503-58-88. Lun-ven 12h-15h30, 17h-23h, w-e 12h-23h. Plats 10-21 €.* Un repas péruvien dans une jolie cour arborée et tranquille, à 2 pas de la nouvelle gare, ça vous dit ? La carte se contente de proposer une quinzaine de plats classiques mais fort bien faits, dont un excellent *ceviche,* plein de saveurs. Une halte plutôt estivale (la salle est un peu frisquette en hiver) vraiment agréable avec ses airs de guinguette paisible. Les bambins peuvent même s'occuper dans une aire de jeux bien aménagée, pendant que les parents sirotent tranquillou leur *pisco sour...* ou autre cocktail ensoleillé !

Joseph Brot (plan, F4, **126**) : *Landstr. 4 (Wien 3). ☎ 710-28-81. Tlj 7h30-21h (8h-18h w-e).* La boulangerie-pâtisserie la plus réputée de Vienne, où nombre de grands restaurants viennent se fournir. Également un resto installé dans une grande salle design. On surfe sur la vague bio et locavore. Plusieurs petits déj délicieux, salades, jus de fruits frais, bagels, soupe du jour... Impeccable pour satisfaire toutes les petites faims de la journée ! Nota bene pour les puristes : tout n'est pas bio !

Café-Restaurant Resselpark (zoom, D4, **105**) : *Wiedner Haupstr. 1 (Wien 4). ☎ 505-56-28. Tlj 11h-22h. Menu déj env 8 € ; plats env 8-17 €.* Cuisine traditionnelle servie sous la tonnelle quand les journées sont belles, et dans une salle avec vue sur le parc. Malgré un côté un peu vieillot, une de ces adresses comme il y en a encore beaucoup à Vienne, qui ne sont pas forcément touristiques (on est à 2 pas de la *Karlsplatz*), et qui continuent de proposer un menu à prix imbattable le midi, des vins à prix doux et des plats qui vous permettront de repartir du bon pied.

Chic

Meierei im Stadtpark (plan, E4, **144**) : *Am Heumarkt 2A (Wien 3). ☎ 713-31-68-10. Lun-ven 8h-23h, w-e 9h-19h. Brunchs 21-25 € ; plats 10-22 €.* Attention, ne vous trompez pas d'entrée : *Meierei im Stadtpark* dépend de l'une des plus grandes tables de la ville qui se cache à l'est du *Stadtpark,* le *Steirereck* *(menu env 125 €, si vous avez envie de vous l'offrir...).* Un bar à lait et à fromages très classe, relooké par un designer contemporain et moins cher, moins guindé que le restaurant classé parmi les meilleurs d'Europe, mais pas l'endroit où venir en short malgré tout. Un retour à la ferme, tout en blanc et vert (verre aussi) que Marie-Antoinette aurait adoré. Contentez-vous donc, si vous avez pu réserver une table en terrasse, de la partie bistrot, avec vue sur la Vienne. Une « laiterie », devrait-on plutôt dire (*Meierei* en v.o.), puisqu'ici ce sont les fromages qui sont à l'honneur, ainsi que les produits laitiers, tout comme ceux du potager. Très bon, très frais, forcément, la cuisine étant commune avec le gastro. Large choix de desserts.

Au sud du Ring, près du Naschmarkt *(4e et 5e arr.)*

À distance fort convenable du centre, et prolongement naturel du précédent, ce quartier populaire en pleine réhabilitation est devenu très tendance, et les tables qui s'y ouvrent vous changeront des tavernes habituelles. Tout tourne en fait autour du cosmopolite Naschmarkt *(Ⓜ Karlsplatz),* riche de surprises en tout genre. En s'éloignant un peu du marché, au croisement de la Schlossgasse et de la Margaretenstraße *(Ⓜ Pilgramgasse),* on découvre un autre quartier attachant de Vienne, avec ses maisons basses de style Biedermeier et ses nombreuses petites cours intérieures, où ont fleuri de charmants *Beisl.*

Au marché !

Stands du Naschmarkt (plan, C-D4-5) : *Wien 4. Tlj sauf dim. Repas 10-25 €.* Les Viennois adorent s'y retrouver, moins pour faire leur marché que pour déjeuner ou dîner sur place. On y vient même pour le *Breakfasting,* nouvelle expression très mode. Une expérience à ne pas manquer, surtout si vous venez un samedi, jour de grand marché. Mais les autres jours, vous n'aurez ici que l'embarras du choix. Laissez votre nez et vos yeux vous guider (superbes étals d'épices, de fleurs, de produits bio). Les épiceries, boucheries, poissonneries et autres enseignes traditionnelles continuent de prospérer, au milieu des échoppes consacrées à la cuisine, toujours plus nombreuses chaque année. Les terrasses prennent leurs aises dès les 1ers beaux jours. Le plus difficile sera de vous décider entre les spécialités viennoises, indiennes, chinoises, turques, japonaises, grecques et bien d'autres encore... Sans oublier la cuisine juive, bien représentée par ***Neni*** et ses satellites. Même s'il n'y a plus de place en terrasse, grignotez sur le pouce une tartine au fromage, du poisson mariné, quelques huîtres ou un pain garni de *Leberwurst,* à moins que vous ne soyez accro aux sucreries. Si vous êtes plutôt bio, rendez-vous chez ***Tewa,*** et plutôt poisson chez ***Umarfisch.*** Le Naschmarkt offre un voyage culinaire à bon compte (enfin, presque !) en plein cœur de Vienne.

De bon marché à prix moyens

|●| *Café Anzengruber* *(plan, C5, **131**) : Schleifmühlgasse 19 (Wien 4). ☎ 587-82-97. Lun-sam 16h-2h. Plats 10-15 € servis non-stop jusqu'à 23h.* Un *Beisl* mythique, entre café viennois et bistrot de quartier. On vient là pour passer quelques heures à refaire le monde, jouer au billard ou aux échecs, ou encore regarder un match sur écran presque géant. S'y retrouvent joyeusement artistes, intellos, étudiants et habitués du quartier.

|●| *Kojiro 2* *(plan, D5, **132**) : Kühnplatz 4 (Wien 4). ☎ 585-54-28. Lun-sam 11h30-21h. Plats 5-19 €.* Un petit resto japonais sans prétention, proposant de bons sushis, grillades et *bentos*. Simple, frais, sain et reposant. Pour ceux qui auraient envie de changer d'horizon... Autre *Kojiro* donnant sur le Naschmarkt : *Rechte Wienzeile 9 ; ☎ 586-62-33 ; lun-ven 11h-18h15, sam 10h-14h ; réserver.*

De prix moyens à plus chic

|●| 🍸 *Market Restaurant* *(plan, C5, **146**) : Linke Wienzeile 36 (Wien 6). ☎ 581-12-50. Tlj 8h-2h (cuisine 23h en sem). Plats 12-20 €.* Mitoyen du *Café Savoy, ON Market* est un vaste resto à la déco spectaculaire : hauteur de plafond hors normes avec lustre grand comme une montgolfière, céramiques et tissus imprimés rappelant les motifs des immeubles Sécession du quartier... Dans les assiettes, une cuisine asiatique sans frontières, qui jongle habilement avec les saveurs. Sushis et makis bien frais, *noodle soups* généreuses et currys thaïs délicats sont servis à toute heure. Le soir, c'est également un lieu agréable pour boire un cocktail dans une atmosphère raffinée.

|●| *Silberwirt* *(plan, C6, **135**) : Schlossgasse 21 (Wien 5). ☎ 544-07-67. Ⓜ Pilgramgasse (U4). Un peu plus éloigné du Naschmarkt. Tlj 12h-minuit (22h30 cuisine). Formule déj env 7,40 € ; plats 12-32 €.* Dans un vieux quartier attachant, avec de longues maisons basses à un étage. Celle-ci ne compte pas moins de 70 fenêtres en façade ! C'est un *Biergarten* populaire et chaleureux, particulièrement agréable côté jardin. Cuisine classique et belle carte des vins. Beaucoup de monde le week-end, animation assurée par les trentenaires et autres étudiants attardés ! Une adresse qui se dédouble, le soir venu, avec un resto ethno-branché, le ***Gergely's*** *(Schlossgasse 21, mar-sam 18h-1h).*

|●| *Motto* *(plan, C5, **134**) : Schönbrunner Str. 30, entrée Rüdigergasse (Wien 5). ☎ 587-06-72. Ⓜ Pilgramgasse (U4). Dim-ven 18h-2h (4h ven). Résa vivement conseillée. Plats 12-35 €.* La maison mère d'une enseigne aujourd'hui très tendance. L'entrée, par une porte en aluminium presque cachée, dissimule une vaste salle voûtée, à l'éclairage tamisé. À l'arrière se cache un agréable jardin avec une fontaine. Cuisine dans l'air du temps et ambiance musicale jeune et rythmée. Look branché des serveurs, en adéquation avec le lieu...

Wieden Bräu *(plan, D5,* ***136****) : Waaggasse 5 (Wien 4). ☎ 586-03-00. Tlj 11h30-minuit (16h w-e juil-août). Cuisine jusqu'à 23h. Menu déj en sem 8,50 € ; plats 11-20 €.* Une authentique brasserie néorustique qui anime un quartier plus fréquenté par les jeunes locaux que par les touristes, profitez-en ! Cuisine familiale simple et roborative pour accompagner les excellentes bières à la pression... ou inversement ! Terrasse installée dans la cour en saison.

Gasthaus Wolf *(plan, D5,* ***137****) : Große Neugasse 20 (Wien 4). ☎ 581-15-44. Lun 18h-23h ; mar-ven 12-14h, 17h-1h ; sam 17h-1h ; la cuisine ferme à 22h. Plats 12-18,40 €.* Une adresse étonnante. Décor de vieux bistrot typiquement viennois, avec ses hauts plafonds, panneaux en bois, joli comptoir animé et tables en formica dans la partie réservée aux fumeurs. Dans la salle du fond, nappes blanches et ambiance plus feutrée. Carte assez restreinte, en allemand... Reste à lorgner les assiettes des voisins si vous n'êtes pas tout à fait à l'aise avec la langue de Goethe. Cuisine moderne pleine de saveurs bien équilibrées, confectionnée par Jürgen Wolf, un jeune chef qui n'a pas tardé à se forger une solide réputation en ville. Belle sélection de vins. Service à la fois décontracté et soigné.

On *(plan, C5,* ***138****) : Wehrgasse 8 (Wien 5). ☎ 585-49-00. Tlj 12h-minuit (22h30 dim). Plats 12-17 €.* Ce petit resto figure en bonne place dans le carnet d'adresses des Viennois amateurs de cuisine asiatique. Par une belle journée d'été, c'est dans la cour arborée bien cachée, presque secrète qu'il faut s'installer. Les plats marient avec créativité les saveurs d'Asie et d'Occident, comme cet étonnant risotto à l'encre et aux fruits de mer, revisité à la mode chinoise. Service discret et tranquille, à l'image du lieu.

Zum Alten Fassl *(plan, C6,* ***139****) : Ziegelofengasse 37 (Wien 5). ☎ 544-42-98. Tlj sauf sam midi 11h30-15h (12h dim), 17h-23h. Formules déj 6,80-7,80 € ; menus 21-42 € ; plats 10-25 €.* Cuisine traditionnelle, savoureuse et généreusement servie. Belle carte (pas toujours facile à traduire, mais laissez-vous inspirer par votre instinct). Salles agréables, boisées et tapissées d'affiches, ambiance petit cocon douillet. Dès qu'un quart de demi-soleil apparaît, on dîne dans la cour ombragée, blottie autour d'un grand arbre. Atmosphère de quartier un peu hors du temps. Une bonne idée pour partir à la découverte d'une Vienne plus secrète.

À l'ouest et au nord du Ring *(7e, 8e, 9e et 16e arr.)*

La plupart des touristes se contentent de fréquenter le pittoresque quartier de **Spittelberg** entre une visite au *MuseumsQuartier* et une balade autour du *Rathaus.* Pourtant, été comme hiver, il offre aux visiteurs, non seulement de belles maisons baroques, mais aussi une vraie vie de quartier. Il ne se compose en fait que de quelques rues, coincées entre la *Burggasse* et la *Neustiftgasse.* On y trouve de sympathiques restos, où se pressent les autochtones. Pour s'y rendre à pied, il suffit de traverser le Ring ; en tram, emprunter le n° 49 ou le U-Bahn 2 ou 3, arrêt *Volkstheater.*

Mais c'est en poussant plus loin vers l'ouest, autour du Brunnenmarkt, ou en traînant dans le MuseumsQuartier, que vous pourrez prendre le pouls de la Vienne actuelle, jeune et cosmopolite. Ou encore, à partir de la très commerçante ***Mariahilfer Straße,*** le quartier gay et tendance qui se développe plus bas, en direction du Naschmarkt.

Au marché !

Brunnenmarkt et Yppenplatz *(plan, A2-3,* ***122****) : Wien 16. Tlj sauf dim.* Un grand marché cosmopolite de plus de 170 étals court le long de la *Brunnengasse* pour aboutir, au nord, sur *Yppenplatz.* Ces dernières années, ce quartier est devenu l'un des plus branchés, des plus alternatifs et des plus animés de la ville (surtout le samedi). Ambiance multiethnique réjouissante. Sur et autour d'*Yppenplatz,* plusieurs restos sympa, en terrasse aux beaux jours. Difficile de faire un choix, mais on a tout de même un petit faible pour le ***Wetter*** *(mar-ven 17h-minuit, plus sam 10h-15h),* installé dans une ancienne laverie. Toujours sur la place, au n° 7, un sympathique bar à vins ouvert par un producteur de la région du Burgenland, ***Truksitz Vinothek Weinbar*** *(lun-sam 18h-minuit).* Avant de quitter le marché, faites un détour chez ***Staud's*** *(Hubergasse 3),* une institution vendant confitures, conserves maison et autres douceurs.

De très bon marché à bon marché

|●| ***Naturkost St. Josef*** *(plan, B4,* ***123****) : Zollergasse 26 (Wien 7). ☎ 526-68-18. Mar-ven 10h30-18h, sam 8h-16h. Plats autour de 12 €.* Grande boutique bio, dans un local style industriel et alternatif, où l'on s'installe sur un coin de tabouret au rez-de-chaussée, ou plus confortablement sur la mezzanine. Cuisine végétarienne appétissante, goûteuse, fraîche. Une alternative bienvenue et reposante pour votre régime après quelques jours de *Wiener Schnitzel,* goulasch et autres pâtisseries crémeuses...

|●| ***Schnitzelwirt*** *(plan, B4,* ***147****) : Neubaugasse 52 (Wien 7). ☎ 523-37-71. Lun-sam 11h-21h30. Plats 7-15 €.* Plus de 45 ans que cette taverne traditionnelle sert de généreux *schnitzels* (15 sortes !), qui figurent parmi les plus réputés de la ville. Agréable terrasse sur la rue, où l'on joue un peu des coudes pour trouver une place. Sinon, intérieur à l'ancienne, avec boiseries et déco bien dans son jus. Accueil au lance-pierre. Un rescapé de la Vienne populaire dans ce quartier de plus en plus tendance.

|●| ***Café Florianihof*** *(plan, B3,* ***124****) : Florianigasse 45 (Wien 8). ☎ 402-48-42. En sem 7h30-22h, w-e 9h-17h. Plats 8-11 €.* Grande salle lumineuse toute vitrée, habillée d'expos temporaires, sobre et élégante, avec éclairages bien pensés. À la carte, quelques plats de bistrot qui changent régulièrement.

|●| ***Amerlingbeisl*** *(plan, B4,* ***125****) : Stiftgasse 8 (Wien 7). ☎ 526-16-60. Tlj 11h30-2h (10h-2h sam et 10h-minuit dim et w-e). Plats 10-16 €.* Un lieu charmant particulièrement idyllique aux beaux jours, avec salles accueillantes et courette pavée sous une tonnelle. Parfait pour boire un verre ou prendre un repas simple dans une atmosphère estudiantine décontractée.

De bon marché à prix moyens

|●| ***Glacis Beisl*** *(zoom, C4,* ***100****) : Breite Gasse 4 (Wien 7). ☎ 526-56-60. Tlj 11h-1h (23h cuisine). Plats 8-20 €.* Ce restaurant avec pergola, caché à l'arrière du MuseumsQuartier, est idéal pour un soir d'été romantique sous les châtaigniers, côté jardin. Profitez-en pour découvrir, à l'entrée, des œuvres que les amateurs de street art vont facilement reconnaître *(Busk, Invader).* Pour ceux qui en auraient assez de l'escalope viennoise, pourtant tout à fait recommandable, d'autres plats plus colorés mettant à l'honneur les produits locaux. Service très agréable.

|●| ***Ulrich*** *(plan, B4,* ***148****) : Sankt-Ulrichs-Platz 1 (Wien 7). ☎ 961-27-82. Lun-ven 7h30-1h, sam 8h-2h, dim 9h-1h. Plats 11-28 €. Lunch menu 9,80-12,30 €.* Sur l'une des plus charmantes places de Vienne, un resto à la mode où les habitants du coin aiment se retrouver pour déjeuner en terrasse, prendre l'apéro ou dîner. Cuisine internationale saine et savoureuse : soupes et risottos répondent aux grillades et poissons juste saisis. Excellents cocktails pour ceux qui veulent prolonger le plaisir et profiter de la bonne ambiance.

|●| ***Il Sestante*** *(plan, B3,* ***128****) : Piaristengasse 50 (Wien 8). ☎ 402-98-94. Tlj 11h30-23h30. Pâtes et pizzas 7-15 € ; viandes et poissons 15-24 €.* Un authentique resto italien servant des pizzas cuites au feu de bois et un large choix de plats originaires de la Botte. Salle simple et chaleureuse, à l'ambiance de cantine de quartier, mais aussi une très agréable terrasse sur la place juste en face, dès les beaux jours venus. Service sympathique.

|●| ***7 Stern Bräu*** *(plan, B4,* ***127****) : Siebensterngasse 19 (Wien 7). ☎ 523-86-97. Tlj 11h-minuit ; cuisine 11h30-23h. Plats 7-20 € ; le midi, plat du jour env 7 €.* Superbe maison du XVIIIe s. On descend quelques marches pour entrer dans une immense salle dont le centre est occupé par un grand bar en U éclairé par une verrière et flanqué de 2 rutilantes cuves en cuivre où l'on brasse la bière

VIENNE

maison. Plaques émaillées publicitaires. Brasserie animée et bruyante, ambiance 3e mi-temps à certaines heures. On peut simplement y boire un verre, ou y manger sans attendre de grands émois gustatifs, mais on en sort bien repu. Agréable jardin à l'arrière en été. Service efficace et aimable.

Rebhuhn *(plan, C2,* ***130****)* **:** *Berggasse 24 (Wien 9). ☎ 319-50-58. Tlj 11h-minuit (22h30 cuisine). Fermé w-e en juil-août. Repas 20-25 €.* Resto traditionnel et familial dans une pièce tout en longueur cernée complètement par une banquette. Les nappes blanches et les petits bouquets décorant les tables apportent une touche de fraîcheur dans cet intérieur de bois. Un lieu idéal pour goûter aux spécialités autrichiennes servies généreusement, avec le sourire et dans un cadre vraiment plaisant.

Zu ebener Erde und erster Stock *(zoom, C4,* ***106****)* **:** *Burggasse 13 (Wien 7). ☎ 523-62-54. Lun-ven 12h-22h (résa souhaitée après 21h). Menu 33 € ; plats 12-23 €.* Belle bâtisse en modèle réduit de l'architecture Biedermeier. Cet établissement compte parmi les classiques viennois, dans le registre cuisine traditionnelle, avec son *Beisl* au rez-de-chaussée et la salle du resto à l'étage. Large carte des vins. Service un peu guindé.

Chic

Witwe Bolte *(zoom, C4,* ***107****)* **:** *Gutenberggasse 13 (Wien 7). ☎ 523-14-50. Lun-ven 17h30-23h, w-e 12h-23h. Plats 10-26 €. Menus 37-43 €.* Une auberge dans une jolie maison de style baroque, d'où Joseph II, venu incognito, se serait fait un jour chasser pour inconduite caractérisée. Il est vrai qu'à l'époque le *Spittelberg* était connu pour héberger les prostituées viennoises. Un lieu tout ce qu'il y a de plus sage aujourd'hui, autant dans la déco que dans les assiettes, au service d'une cuisine traditionnelle qui tient solidement au corps. Très agréable terrasse ombragée.

I Ragazzi *(zoom, C4,* ***109****)* **:** *Burggasse 6-8 (Wien 7). ☎ 01-522-63-25. Tlj 17h-minuit. Venir tôt ou réserver. Repas 20-30 €. CB refusées.* Trattoria-pizzeria, au coin d'une rue, appréciée des noctambules du *Spittelberg.* Excellente cuisine de la péninsule : *antipasti* de légumes grillés, minestrone, pizzas à pâte fine et bien garnies, pâtes fraîches, sans oublier le risotto. Tiramisù à tomber. Excellent *corvo* sicilien. Amusant : les fines tranches de jambon cru sont coupées avec une machine antédiluvienne. Équipe dynamique et souriante.

LES PLUS FAMEUX CAFÉS VIENNOIS

Commander un café dans un *Kaffeehaus* viennois n'est pas une affaire banale. Pour y accéder, reportez-vous à la rubrique « Cafés viennois. Petit lexique pour amoureux du café » dans le chapitre « Hommes, culture, environnement ». Pour connaître les horaires, procurez-vous à l'office de tourisme la brochure *Wiener Konzert-Cafés.* Les cafés viennois perpétuent, pour la plupart, la tradition du double K *(Kaffee-Kuchen)* : la fameuse pause sucrée autour d'un café et d'une part de tarte ou de gâteau. Tous ne sont pas aussi célèbres que *Demel* ou *Sacher.* Ces deux-là ont réussi à conclure un compromis historique, à la mode autrichienne, à propos du gâteau le plus célèbre de la ville : la *Sachertorte. Sacher* détiendrait la recette « originale », mais *Demel* aurait conservé « l'authentique ». Trop fort !

D'abord, il convient d'attendre qu'on vous attribue une place, ensuite, le plus simple pour vous est de vous rendre directement au comptoir, où sont présentés les gâteaux, pour choisir et surtout se faire comprendre. Certains de ces établissements, où il fait bon prendre son temps, proposent régulièrement de petits concerts.

Voici notre petite sélection du moment, mais il y en a d'autres à découvrir en chemin. D'excellentes adresses qui ont toutes une histoire à raconter : le

***Café Mozart*, le *Café Schwarzenberg*, entre autres. Citons encore les *Cafés Hummel* (Wien 8), *Imperial* (Wien 1) et *Dommayer* (à l'ouest de Schönbrunn ; Wien 13).**

Dans le centre historique (1er arr.)

Café Prückel (plan, E3, **170**) : *Stubenring 24. Tlj 8h30-22h. Concerts de piano lun, mer et ven 19h-22h. Plats 7-15,50 €.* Un des grands classiques, situé sur le Ring et créé en 1903 par *Maxime Lurion*. Vaste salle lumineuse, aménagée dans le style des années 1950 : une déco vintage qui conserve beaucoup de charme. Habitants du quartier, étudiants, visiteurs du MAK tout proche (musée des Arts appliqués) ou joueurs de bridge en ont fait leur lieu privilégié de rencontre. Propose quelques plats d'inspiration autrichienne, à manger à la bonne franquette. Terrasse au soleil, vite prise d'assaut.

Café Bräunerhof (zoom, D3, **161**) : *Stallburggasse 2. Lun-sam 8h-20h (18h sam) ; dim 10h-18h. En principe, musique classique w-e et j. fériés 15h-18h. CB refusées.* Un *Kaffeehaus* authentique, populaire, vieillot, charmant. Thomas Bernhard aimait y venir, des photos rappellent sa présence. Salle spacieuse bien usée et patinée. Nombreux journaux à disposition. Ambiance décontractée et moins agitée que dans les autres. Ici, on prend le temps de vivre et de réfléchir. Bonne sélection de gâteaux.

Café Landtmann (zoom, C3, **102**) : *Universitätsring 4. Tlj 7h30-minuit. Voir plus haut « Où manger ? ».* Depuis son ouverture en 1873, il reste l'un des cafés-brasseries-pâtisseries les plus célèbres. Décor de bois marqueté, lustres vieillots, atmosphère assez feutrée. Un des hauts lieux des politiciens et des artistes de l'Opéra et du théâtre. La maison a vu passer bon nombre de personnalités, dont Freud, Marlene Dietrich, Romy Schneider, Burt Lancaster... Grande terrasse fleurie en été et chauffée en hiver. Petits salons pour le thé et les gâteaux.

Demel (zoom, D3, **165**) : *Kohlmarkt 14. Tlj 8h-19h. Le midi, carte env 20 € ; pâtisserie env 5 €.* La pâtisserie la plus célèbre d'Autriche, longtemps fournisseur de la famille impériale. Cadre légendaire de miroirs biseautés et gravés, lustres en cristal, dorures, bibelots, etc. Boutique à l'entrée. Gâteaux plus savoureux les uns que les autres (goûtez aux *Schneeballen*) et petits mets particulièrement élaborés et délicats. Car la maison, ne reculant devant aucun sacrifice, propose le midi sandwichs ou plats chauds délicieux. Cher mais bon... et service dans la tradition.

Café Diglas (zoom, E3, **163**) : *Wollzeile 10. Tlj 8h (9h w-e)-22h30. Plats 9-18 €. Musique tlj 19h-22h. CB refusées.* Salles joliment voûtées, murs écrus, bois verni, tables en marbre et banquettes de velours rouge. Classique donc, mais quelques touches de fantaisie dynamisent l'ensemble, comme les lustres à pampilles où se mélangent cristal et... couverts en inox ! Ou encore ces abat-jour en papier journal recyclé. Excellentes pâtisseries et carte très viennoise, en partie traduite en français. Terrasse pour prendre l'air en compagnie des habitués. Piano-bar. Amusant : les portes transparentes des toilettes qui s'obscurcissent quand on y entre !

Café Central (zoom, D3, **167**) : *Herrengasse 14. Tlj 7h30 (10h dim)-22h. Concert de piano tlj à partir de 17h. Formule déj en sem 12,50 € ; plats 9-23 €.* Dans le splendide décor néo-Renaissance du palais *Ferstel*, un des grands cafés légendaires de Vienne, aujourd'hui devenu très touristique. Fréquenté par *Musil, Karl Kraus, Schnitzler*, entre autres... Trotski y attendait tranquillement le déclenchement de la révolution de février en Russie. Très grande salle voûtée d'ogives reposant sur des colonnes de marbre, éclairée par de larges baies. On y célèbre d'ailleurs le culte de l'élégance, du raffiné, aux notes aigrelettes d'un pianiste désenchanté. Juste en face de l'entrée, une sculpture représente *Peter Altenberg*, le poète sans demeure, aux célèbres moustaches de morse. Célèbre autrefois pour sa gastronomie, le lieu est aujourd'hui à recommander pour une pause plus sucrée que salée, autant le savoir.

Café Sacher (zoom, D4, **162**) : *Philharmonikerstr. 4. Mieux vaut vous rendre à la Sacherstube (tlj 10h-minuit ; plats 12-22 €) plutôt qu'au Café Sacher (la maison mère ; tlj 8h-minuit). Vestiaire obligatoire.* Juste derrière l'Opéra, une institution aujourd'hui très (trop) touristique, créée en 1876 par le fils de l'inventeur de la célèbre *Sachertorte.* C'est en 1832 que Frank Sacher eut l'idée de ce gâteau composé de chocolat moelleux avec une fine couche de confiture d'abricots, qui a fait depuis le tour du monde. On préfère la *Sacherstube,* petite salle cosy au décor vieux rose, mais fréquentée par des fumeurs. Surtout pour déjeuner de plantureux sandwichs et gâteaux, en été sur la terrasse. Quant à l'hôtel, il servit de lieu de tournage à quelques scènes du *Troisième Homme.*

Café Museum (zoom, D4, **168**) : *Operngasse 7. Ⓜ Karlsplatz (U1, U2 ou U4). Tlj 8h-minuit. Concert de piano ven-dim 17h-20h.* Une création du grand architecte Adolf Loos. Fréquenté par Klimt et Egon Schiele, il possède des volumes intérieurs équilibrés avec élégance. En 1930, il fut doté de coins salons et de banquettes ; en 2003, on en revint au style Loos mais sans succès ; en 2010, il rouvre avec un confort bien viennois et retrouve tout son panache. Ambiance chic mais pas guindée. Les pâtisseries proviennent de chez *Landtmann.* Idéal pour observer l'art de vivre si spécifique de cette ville !

Café Hawelka (zoom, D3, **160**) : *Dorotheergasse 6. Dans une rue donnant sur le Graben. Tlj 8h (10h dim et j. fériés)-minuit (1h ven-sam).* Une vraie légende qui a malheureusement perdu beaucoup de ses plumes ! Il appartient à la même famille depuis 1939 ! Henry et Arthur Miller, ainsi que Lawrence Durrell, aimaient déjà ce côté un peu vieillot et suranné, ces grosses tentures rouges, les confortables banquettes de velours, les vieilles affiches, dessins et caricatures (Siné en bonne place), les boiseries patinées, les recoins douillets et intimes. Serveurs blasés et tristounets dans leur tenue noire à nœud pap'. Ça s'est beaucoup « touristisé » depuis que la nouvelle génération a remplacé le couple Hawelka. Le soir après 22h, vous n'êtes même pas certain de pouvoir encore déguster des *Buchteln,* sorte de brioche chaude fourrée à la confiture qui fit la réputation de Mme Hawelka. Toutes les légendes ont une fin...

Du côté du Naschmarkt (6e arr.)

Café Savoy (plan, C5, **172**) : *Linke Wienzeile 36. Tlj 10h (9h w-e)-2h ; cuisine fermée à 22h.* Ravissant cadre *Jugendstil* : boiseries, lustres en cristal, grandes glaces, cuivres. Un décor style bonbonnière clinquante. Idéal pour se détendre, répertorier ses achats aux puces du Naschmarkt ou encore commenter les magnifiques façades d'Otto Wagner toutes proches. Avec les années, le café est devenu un rendez-vous gay réputé et on s'y drague gentiment en fin de journée. Comme quoi, les cafés viennois savent vivre avec leur époque !

Café Sperl (zoom, C4, **169**) : *Gumpendorfer Str. 11. Lun-sam 7h-22h, dim et j. fériés 11h-20h. Fermé dim juil-août. Piano dim 15h30-17h30.* En activité depuis 1880, il offre un bel exemple du *Alt-Wien.* Grandes salles hautes de plafond. Lampes de cuivre, moulures, boiseries sombres sculptées, chaises de bistrot Thonet, etc. L'un des plus beaux cafés de Vienne, jadis fréquenté par les artistes sécessionnistes et aujourd'hui par toutes les générations et tous les styles. Réputé longtemps pour sa cuisine soignée et ses pâtisseries, il est devenu aujourd'hui une adresse tendance du quartier de la mode. Également 3 belles tables de billard, dont l'une accueille tous les journaux, à feuilleter en buvant un verre.

Du côté de Mariahilf (6e arr.)

Café Ritter (plan, B5, **173**) : *Mariahilferstr. 73. Lun-sam 7h30-22h, dim 9h-21h. Pâtisseries env 5 €.* Le centre-ville n'a pas l'exclusivité des cafés viennois. Le Ritter, un peu en retrait de la grande artère de Mariahilferstraße, peut se targuer d'une riche histoire : ouvert dès 1867 au sein du palais d'été du prince Esterházy, il a connu plusieurs adresses. Le décor de Joseph Zotti, disciple de Hoffmann, n'a guère changé depuis les années 1930, avec chaises Thonet, panneaux de bois et plafonds en stuc. Les clients fidèles aiment y parcourir les journaux devant un *kleiner brauner* et une pâtisserie. Un temps menacé de fermeture, il semble avoir encore de beaux jours devant lui !

Du côté de Josefstadt (10e arr.)

Café Eiles *(zoom, C3, **174**) : Josefstädterstr. 2. Lun-ven 7h-minuit, w-e et j. fériés 8h-minuit.* Le superbe décor de ce café viennois plus que centenaire a été minutieusement reconstitué en 2016 par des jeunes propriétaires. Les confortables banquettes sont disposées en petits salons créant une agréable intimité. Remarquez les canapés individuels, leur forme est absolument géniale ! Les politiques, qui siègent au *Rathaus* et au Parlement voisins, s'invitent volontiers dans l'établissement. Alexander Van der Bellen, le président autrichien écolo, est paraît-il un habitué...

OÙ BOIRE UN VERRE TOUT EN GRIGNOTANT ? OÙ SORTIR ? OÙ ÉCOUTER DE LA MUSIQUE ?

Si vous pensez que Vienne est une ville quelque peu endormie et morose... c'est que vous n'y êtes pas revenu depuis le siècle dernier ! La Vienne de ce début de XXIe s vous surprendra par la diversité et la multitude de lieux où sortir. Étonnant de se rendre compte comment une ville où la tradition a tant de poids sait, la nuit venue, revêtir ses habits de lumière et envahir les *dancefloors* ! Les week-ends et certains soirs d'été, réussir à pénétrer dans les bars et boîtes relève de l'exploit. Le quartier à l'ouest de la *Schwedenplatz (zoom, E3)* bien desservi par le métro, le tram et les bus, attire une clientèle assez hétéroclite. La tendance actuelle pousse les *clubbers* à se perdre dans les ruelles entre la partie haute de *Gumpendorfer Straße* et *Linke Wienzeile (plan, B-C5-6),* au sud-ouest du Ring. Quartier de la mode, quartier gay, quartier où l'on ne s'ennuie pas en tout cas. Au fil de vos balades, vous trouverez probablement, ici et là, de sympathiques bars à vins ; mais reportez-vous plutôt à la rubrique « Les villages vignerons » pour goûter à ce qui fait l'originalité et le charme d'une soirée sous les étoiles, si le temps le permet : les fameux *Heurigen.*

Si tout cela ne vous fait pas assez vibrer, il faut vous rendre sous les arcades de la ligne de métro U6, entre les stations *Alser Straße (plan, A2)* et *Thaliastraße (plan d'ensemble),* pour retrouver les jeunes de la *Wiener Szene.* On se laisse guider par le feeling, les rencontres et la musique (plutôt rock, mais pas que). Atmosphère particulièrement festive et réjouissante en été !

– Pour une liste complète des clubs et discothèques, avec dates et lieux de concert, consulter le *Falter,* l'hebdo le plus complet sur les questions culturelles : • *falter.at* • À consulter aussi, pour avoir un aperçu exhaustif de la vie culturelle et festive viennoise : • *events.at* •

Dans le centre historique (1er arr.)

Kaffee Alt Wien *(zoom, E3, **180**) : Bäckerstr. 9. Tlj 9h-2h. Menus 8-10 € ; goulasch, soupes, saucisses et quelques autres plats typiques env 10 €.* Le bar étudiant par excellence, mais dont la clientèle tend à se diversifier, les bobos se mêlant aux nouvelles générations. 2 grandes salles feutrées et chaleureuses, aux murs couverts d'affiches. Nourriture familiale plutôt réussie, à prix doux.

1516 Brewing Company *(zoom, D4, **182**) : Schwarzenbergstr. 2. Tlj 11h-2h. Plats 10-20 €.* Un pub à l'autrichienne, bondé tous les soirs. Décor de cuves en cuivre, tables hautes, écrans pour retransmettre les matchs de *Fußball...* Ceux qui recherchent un peu d'intimité iront voir ailleurs. Pas moins de 10 bières artisanales brassées sur place, de la *lager* à la brune, en passant par l'*IPA* ou la *weiss.*

Loos American Bar *(zoom, D3, **181**) : Kärntner Durchgang 10. Tlj*

12h-4h. Un bar de légende dessiné en 1908 par le célèbre architecte Adolf Loos. Ambiance chic, élégance et sobriété sont au rendez-vous : plafond à caissons, miroirs agrandissant l'espace, banquettes de moleskine verte, boiseries d'acajou et hauts tabourets, éclairage sophistiqué sous les tables, carreaux de marbre et d'onyx... Ian Fleming y situa un épisode des aventures de James Bond dans *Casino Royale.* Musique jazzy savamment distillée, allant de Gershwin à Lionel Hampton. Excellents cocktails, comme le *Bobe Special* fruité au gin. Tout un univers de nostalgie classieuse.

🍸 ***Planter's Club*** *(plan, D2,* ***184****) : Zelinkagasse 4. Tlj sauf dim 17h-2h (3h jeu-sam). Cocktails 11-15 €.* Un bar à cocktails feutré, au décor de club pour *gentlemen.* Boiseries rutilantes, profonds fauteuils club, murs constellés de bouteilles rares... le ton est donné. Pas moins de 121 cocktails à la carte, qui change à chaque saison (quel boulot !). Les *bartenders* peuvent conseiller les indécis, sans pour autant pousser à la conso. Clientèle assez chic mais bonne ambiance, en particulier le week-end.

🍸 🍽 ♪ ⛱ ***Palmenhaus*** *(zoom, D4,* ***187****) : Burggarten 1.* ● *palmenhaus.at* ● *Café-resto dans les anciennes serres du Burggarten. Lun-ven (sauf lun-mar en janv et fév) 10h-minuit, sam 9h-minuit, dim 9h-23h.* Sa voûte en verre et acier offre un cadre magnifique, tout en transparence, accueillant quelques plantes savamment disposées. Le soir, les lumières se font douces et la magie opère. Bonne musique, DJs le vendredi soir. En été, terrasse surplombant les jardins. Un endroit particulièrement agréable pour boire un verre.

🍸 💃 ⛱ ***Volksgarten Disco*** *(zoom, C3,* ***188****) : Burgring 1.* ● *volksgarten.at* ● Ⓜ *Volkstheater (U2 ou U3). À partir de 19h, 22h ou 23h selon soirée.* Une des boîtes les plus en vogue à Vienne. Plusieurs salles, piste de danse en plein air en été. Chaque soir a son thème : soirée étudiante et musique, house, hip-hop et *after* jusqu'à midi le dimanche pour les increvables. Ceux-ci pourront alors se diriger vers le café ***Pavillon,*** accolé à la boîte, qui propose notamment des petits déj servis de 11h à 14h. Une terrasse donne sur le *Volksgarten.*

🍸 🍽 ⛱ ***Mel's*** *(zoom, D3,* ***183****) : Wipplingerstr. 9. Tlj 11h-2h. Plats 9-13 € ; tasting rack 10 €.* Une longue terrasse et une salle chaleureuse tout en longueur, à la déco dominée par le bois et la brique. Au fond, un impressionnant rayonnage de bouteilles assure le décor du bar. Pas moins de 400 bières ici, uniquement des artisanales dégotées aux 4 coins du monde (dont une rarissime vendue à 100 € la bouteille !). Pour les curieux ou les indécis, le *tasting rack* permet de goûter 6 bières (généreusement servies), à choisir entre la vingtaine de pressions.

🍸 🍽 ♪ ***Jazzland*** *(zoom, E3,* ***185****) : Franz-Josefs-Kai 29.* ● *jazzland.at* ● *Au-dessous de l'église Saint-Rupert. Lun-sam dès 19h. Concerts à partir de 21h, 4 ou 5 fois/sem. Fermé de fin juil à mi-août. Plats 10-12 €.* Le meilleur et le plus ancien café de jazz de Vienne. Sous sa grande voûte de brique se retrouvent toujours d'excellents musiciens.

🍸 ***Unger und Klein im Hochhaus*** *(zoom, D3,* ***192****) : Herrengasse 6-8. Lun-sam 7h45h-23h (10h sam).* Un minuscule café et bar à vins circulaire de 20 m² tout vitré, au pied d'un immeuble moderniste qui s'élève à 50 m au-dessus du sol, ce qui était considéré comme fort haut dans les années 1930.

🍸 ***Lukas*** *(zoom, E3,* ***186****) : Schönlaterngasse 2. Tlj 17h-4h (21h j. fériés). Happy hours 17h-20h30.* Dans la ruelle la plus romantique de la vieille ville, l'un des bars fermant le plus tard, réparti dans 2 petites salles. Ambiance cosy, vieilles banquettes, affiches et caricatures.

À l'ouest du Ring, dans Josefstadt et Mariahilf (7e et 8e arr.)

🍸 🍽 ⛱ ***Bars et cafés du MuseumsQuartier*** *(zoom, C4,* ***189****) : horaires variables ; pour la plupart : tlj 10h-minuit.* Vous avez le choix entre les terrasses et les cafétérias des différents musées. Des ambiances et styles différents à tester quelle que soit l'heure de la journée. Si vous ne vous décidez pas, vous pourrez toujours vous allonger sur les fameux *Enzis* disposés pour le repos dans la cour, où l'architecture classique des écuries de la Hofburg se mêle avec harmonie à l'architecture moderne. Les chaudes nuits d'été, c'est plein comme un œuf.

Espresso *(plan, B4,* ***203****) : Burggasse 57 (Wien 7). Lun-ven 7h30-1h (2h jeu-ven), sam 10h-2h, dim 10h-1h.* Un bar-café au look très sixties qui s'anime dès l'aube et ne ferme que tard dans la nuit. Sympathique terrasse sur la rue, qui ressemble à une scène de théâtre. Cafés, petits déj, tartines, bières ou cocktails s'enchaînent selon l'heure et l'ambiance. Des DJs font danser les habitués en fin de semaine. Une adresse attachante.

Das Möbel Café *(zoom, C4,* ***190****) : Burggasse 10 (Wien 7). Lun-mer 10h-minuit, jeu-sam 9h (10h sam)-1h, dim 10h-23h ; brunch dim 10h-15h.* Un café-boutique qui porte bien son nom, où sont à vendre du mobilier et des objets réalisés par des designers autrichiens. Inventif et réjouissant, on y trouve même un espace amusant pour les enfants. On y va surtout pour boire un verre, et plus si affinités. Ne pas confondre avec la boutique elle-même, qui se situe près du café *Sperl (Gumpendorfer Str. 11).*

7 Stern Bräu *(plan, B4,* ***127****) : Siebensterngasse 19 (Wien 7). Tlj 11h-minuit.* Brasserie accueillante où l'on peut déguster de nombreuses bières différentes. Si vous êtes amateur de ces ambiances bruyantes et quelque peu hors du temps, il y en a d'autres dont on parle un peu plus haut (voir « Où manger ? »), où on peut goûter aussi aux spécialités maison, liquides comme solides.

Der Dachboden *(plan, B3-4,* ***46****) : Lerchenfelder Str. 1-3 (Wien 7). ☎ 521-51-0. Au 8e étage de l'hôtel 25hours (voir « Où dormir ? »). Accès libre.* Ce bar l'un des plus en vogue du moment. Déco décalée pleine de créativité, coins cosy, et surtout cette vue magnifique sur la ville, à savourer avec un bon cocktail, bien au chaud derrière les baies vitrées ou en terrasse. DJs les mercredi et jeudi.

Tunnel *(plan, B3,* ***193****) : Florianigasse 39 (Wien 8). • tunnel-vienna-live.at • Ⓜ Rathaus (U2). Tlj 9h-2h (minuit dim). Concerts à 20h ; entrée 5-11 €. Snack moins de 10 €.* Un des QG des étudiants viennois, du petit déj à la soupe du soir. Au rez-de-chaussée, vaste salle chaleureuse tapissée de boiseries et coins cosy pour refaire le monde. À l'étage, des petits espaces tout mignons en mezzanine, avec balustrade en bois. Ambiance vraiment sympa. Ça tombe bien, le service est un peu longuet ! Terrasse en été sur la Florianigasse. Concerts chaque soir.

Miles Smiles *(plan, B3,* ***194****) : Lange Gasse 51 (Wien 8). • miles.at • Ⓜ Rathaus (U2). Lun-sam 20h-2h (4h ven-sam). Concerts à 20h.* Sympathique petit *jazz café,* installé dans un édifice de caractère. Salle intime et paisible pour boire un verre entre amis au son d'une excellente sélection jazz. Bon choix de bières à prix modérés. Possibilité de grignoter fromages et snacks divers. Ça peut être très calme quand il n'y a pas de concert.

Sous le Gürtel (7e et 8e arr.)

Chelsea *(plan, A3,* ***195****) : Lerchenfelder Gürtel (Wien 8), arcades du métro nos 29-31. • chelsea.co.at • Ⓜ Tahliastr. (U6). Tlj 18h-4h. Concert à 21h, 21h30 ou 22h selon les soirs, entrée 30 mn avt. Entrée : jusqu'à 18 €.* Toujours un des bars les plus courus du Gürtel, depuis plus de 20 ans (ici, on se serre la « ceinture », comme dirait un traducteur plein d'humour). DJs, groupes célèbres ou pas et musique alternative animent le lieu, tout comme les matchs de foot retransmis sur écrans géants... pas en même temps que les concerts, rassurez-vous !

Loop *(plan, A3,* ***196****) : U-Bahn Bogen 26 (Wien 8). • loop.co.at • Ⓜ Tahliastr. (U6). Lun-mer 19h-2h, jeu 19h-3h, ven-dim 19h-4h (1h dim). Entrée généralement gratuite, sauf pour certains concerts. Happy hours 22h-minuit.* Voici un excellent bar-cabaret posé sous les arches du métro où assister à un concert de jazz. Ambiance chaleureuse autour du bar lumineux, idéale pour converser. Dans la salle de concert, des tables disposées autour d'une micro-scène permettent de siroter tranquille en tapant du pied.

Sous le *Gürtel,* citons également le ***Rhyz,*** spécialisé dans la musique électronique, le ***B 72,*** qui organise concerts et soirées underground ou le ***Café Carina,*** un bar rock chaleureux.

Vers le Naschmarkt, le long des Linke et Rechte Wienzeile, et plus au sud *(5e, 6e et 12e arr.)*

Le drapeau arc-en-ciel flotte sur le quartier. Des adresses très prisées par la communauté gay : ***Felixx, Mango Bar, Village Bar,*** mais il y en a bien d'autres... Consultez le *Vienna Gayguide* distribué dans les hôtels et à l'office, ou si vous allez sur le site • *gayguide.me* • Vous trouverez également une liste complète d'adresses dans le *Gay & Lesbian Guide* disponible à l'office de tourisme, ou à télécharger sur leur site • *wien.info/fr* •

Ici, les bars branchés ouvrent, ferment... Laissez-vous porter par la foule des habitués ou votre feeling...

Heuer am Karlsplatz *(zoom, D4,* ***204****) : Trietlstr. 2 (Wien 4).* • *heuer-amkarlsplatz.com* • ☎ *890-05-90.* Ⓜ *Karlsplatz (U1, U2 et U4). Lun-ven 11h-2h, w-e 10h-2h (minuit pour la cuisine). Bar-club 18h-3h.* Superbe terrasse contemporaine, cachée dans la verdure de la Karlsplatz. Ambiance assez proche d'un *Biergarten* berlinois, où l'on peut débarquer à toute heure pour un café, un plat du jour, une pâtisserie ou une grande *pils.* Le soir, place aux DJs et aux cocktails dans la partie club, joliment décorée de bocaux et de bonnes bouteilles.

Phil *(zoom, C4,* ***191****) : Gumpendorfer Str. 10 (Wien 6).* • *phil.info* • *Tlj 9h-1h (17h lun).* Un lieu dans la mouvance de cette nouvelle Vienne qui bouge, à la fois café, librairie et brocante. Petits coins et recoins pour se caler dans du mobilier des années 1960-1970, à acheter si le cœur vous en dit. Tout comme les lampes, les bouquins, etc. Ambiance estudiantine cool et alternative. Vraiment très sympa.

Puff *(plan, C4-5,* ***171****) : Girardigasse 10 (Wien 6).* • *puff-bar.at* • *Mar-sam 19h-3h.* Cet ancien bordel a été transformé par un duo de stylistes viennois en un bar pittoresque : canapés de cuir noir dans les niches, lampes composées de bouteilles en plastique, machines à cocktail originales.

Motto *(plan, C5,* ***134****) : Schönbrunner Str. 30 (Wien 5).* ☎ *587-06-72.* Ⓜ *Pilgramgasse (U4). Tlj sauf sam 18h-2h (4h ven).* Bar de nuit branché, tout comme son demi-frère, près du Donaukanal. Fait aussi resto (voir plus haut la rubrique « Où manger ? »).

U4 *(plan d'ensemble et hors plan par A6,* ***197****) : Schönbrunner Str. 12 (Wien 12).* • *u-4.at* • Ⓜ *Meidlinger Hauptstr. (U4). Très excentré ; pour y aller, prendre le métro ou un taxi. Entrée de la boîte à gauche de l'entrée du centre commercial. Mar-sam 22h-6h. Entrée : env 10 € ; réduc étudiants jeu.* La boîte se trouve au sous-sol d'un grand bâtiment moderne abritant des commerces. Une des boîtes les plus connues des 18-25 ans. Chaque jour un thème différent, de la techno au rock en passant par les soirées gay ou encore les seventies. Bref, un éventail suffisamment large pour trouver danse à votre pied !

Au nord du Ring et côté Donaukanal *(1er, 2e et 9e arr.)*

Café du Motto Am Fluss *(zoom, E3,* ***206****) : Franz-Josefs-Kai 2 (Wien 1).* • *mottoamfluss.at* •. *Tlj 8h-minuit.* Une pause sur le pont d'une barge flottante au-dessus du Donaukanal ? Le café du *Motto Am Fluss,* en plus de sa vue extraordinaire, sert toute la journée rafraîchissements et petits en-cas. *Lunch menus* (végans ou non), délicieuses pâtisseries, vins locaux, cocktails bien balancés ou pintes de bière, vous aurez l'embarras du choix. Par beau temps, le pont se couvre de monde dès la fin d'après-midi, et les rencontres sont alors nombreuses. Également un resto en dessous, mais on a moins aimé l'ambiance malgré une déco très réussie.

Supersense *(plan, F2,* ***202****) : Praterstr. 70 (Wien 2). Mar-ven 9h30-19h, sam 10h-17h. Fermé dim-lun.*

À l'entrée, le coin bar a conservé quelques éléments de cette belle demeure du XIXe s, avec des touches de modernité décalées. On y boit un verre, on y déguste un bon gâteau ou on y grignote quelques *Brötchen.* Mais c'est dans la salle du fond que le lieu affiche toute son originalité, présentant une foultitude d'articles, d'objets et d'activités liés aux 5 sens (d'où le nom !). Un petit studio d'enregistrement permet même aux groupes de graver leur musique sur vinyle. Une adresse très atypique et bien branchée, trop conceptuelle pour certains, géniale de créativité pour les autres.

Café Stein (*plan, C2,* **199**) **:** *Währingerstr. 6-8 (Wien 9). Tlj 8h (9h dim)-1h. Bar à cocktails mar-sam 17h-3h. Plats 9,50-15 € ; formule déj 8 €.* Comme l'illustre une inscription sur son plafond (*Die Kunst am Ende,* « Au bout il y a l'art »), *Stein* fut à l'origine un de ces « cafés des artistes » dont Vienne fourmillait. Aujourd'hui, son décor post-moderne, son service dynamique et sa bande-son agréable continuent de faire sa réputation. Au sous-sol, un bar à cocktails a fait son apparition, prenant en soirée le relais de la grande terrasse, donnant sur la Votivkirche.

Das Loft (*zoom, E3,* **108**) **:** *Praterstr. 1 (Wien 2). Tlj 9h-23h (1h ven-sam). Au 18e et dernier étage du Sofitel conçu par Jean Nouvel. Consos 6-16 €.* Ne serait-ce que pour la vue époustouflante embrassant Vienne à 360°, ce bar un brin snob mérite une visite. Le soir venu, le spectacle devient majestueux avec ce plafond en forme de voûte lumineuse et colorée, sorte de tapis volant éclairé. Le bar, surélevé pour profiter de la vue, trône au milieu du restaurant (trop cher, on vous prévient !).

WUK (Werkstätten und Kulturhaus ; *plan, B1,* **200**) **:** *Währinger Str. 59 (Wien 9). • wuk.at • Ⓜ Währinger Str-Volksoper (U6). Tlj 9h (15h w-e)-20h.* Un ancien lycée transformé en lieu culturel hybride et ultra-dynamique, où les concerts, spectacles et expos s'enchaînent. Cour particulièrement plaisante, avec grosses tables et bancs pour boire ou grignoter (menus le midi) et distiller les douces nuits de printemps. On accède à l'intérieur par une petite porte à gauche dans la cour. Les concerts du *Wuk* sont réputés pour leur excellente qualité. Chaude ambiance et clientèle hétéroclite.

Flex (*plan, D2,* **198**) **:** *Donaukanal (Wien 1). • flex.at • À côté du Augartenbrücke. Ouv selon programmation mais en principe mar-dim 20h-6h (18h pour le café).* Un « classique » de la nuit viennoise, aussi bien pour ses soirées électro que pour ses concerts de début de semaine. La réputation de son *sound system* attire artistes de qualité et DJs stars de la techno. En été, l'immense terrasse s'étire sur le canal du Danube. Clientèle de 18-30 ans, et plus si affinités.

Pratersauna (*plan, G2,* **201**) **:** *Waldsteingartenstr. 135 (Wien 2). • pratersauna.tv • Club : ven-sam 23h-6h. Piscine : mai-oct, mer-sam 11h30-20h.* Installé dans un ancien sauna, un espace de 1 800 m² à la fois festif et culturel, réunissant bar, discothèque, piscine dans un jardin et lieu d'exposition. Un de ces rendez-vous de la *Wiener Szene,* classé 2e meilleur club d'Europe par le magazine allemand de culture électronique *De:Bug...* c'est dire ! Musique essentiellement techno et électro. Beaucoup de monde en été (mais l'espace ne manque pas !), notamment le week-end pour les soirées piscine avec DJs... Chaud !

À VOIR « EN VILLE »

Quand un Viennois vous donne rendez-vous « en ville », c'est généralement au cœur du centre ancien qu'il pense. Le centre historique, *Innere Stadt,* est délimité par le *Ring,* large boulevard construit à la place des anciennes fortifications, et par le *Donaukanal,* au nord-est. On le parcourt aisément à pied. Ça tombe bien, c'est là que se concentre l'immense majorité des sites et curiosités qui font le bonheur des amoureux d'architectures médiévale et baroque.

Avant de partir, consultez le site • *wien.info* • et prenez à votre hôtel le plan général de la ville avec la liste des musées. Il est très pratique, gratuit et en français avec un peu de chance.
Sinon, tous les musées, monuments et curiosités sont répertoriés dans le guide en couleur *Vienne de A à Z,* en vente à l'office de tourisme de la ville *(env 4 €).*
On s'est dit aussi qu'il fallait vous indiquer les endroits où vous allez pouvoir faire une pause salée-sucrée au fil des visites. En règle générale, dites-vous que chaque parc, chaque cour historique, chaque entrée de musée cache un lieu pour se (re)poser, dans un cadre agréable, avec souvent terrasse aux beaux jours.
N.B. : pour les musées et monuments, *les prix d'entrée et horaires d'ouverture mentionnés dans ce guide sont ceux qui étaient en vigueur à la fin 2019.*
Bon à savoir : *l'accès à tous les musées municipaux est gratuit pour les moins de 19 ans et pour tous le 1er dimanche du mois (expos temporaires comprises). Liste (en anglais) sur* • wienmuseum.at •

DANS LE CENTRE HISTORIQUE *(1er arr.)*

Autour de la cathédrale *(zoom, D-E2-3-4)*

★★★ ***Stephansdom*** *(cathédrale Saint-Étienne ; zoom, D-E3)* **:** *Stephansplatz.* ☎ *515-52-30-54.* • *stephanskirche.at* • Ⓜ *Stephansplatz (U1 ou U3). Lun-sam 9h-11h30 et 13h-16h30, dim 13h-16h30. Entrée libre 6 €, audioguide en français compris. Ticket tout compris avec visite guidée des catacombes et visite libre des tours nord et sud : 14,90 € ; réduc enfants. Visite guidée des combles de 1h15 (juil-sept seulement) sam à 9h : 11 € ; réduc. Grand-messe dim et j. fériés à 10h15 (9h30 juil-août).*
Une pointe gothique au cœur d'un monde baroque. Qu'elle soit toujours là tient autant du miracle que de la volonté des hommes : le siège des Turcs en 1683 et les guerres napoléoniennes avaient déjà mis à mal la cathédrale construite aux XIVe et XVe s (à l'emplacement d'un édifice de style roman), mais c'est en 1945 que le pire arriva. Si aucune bombe ne tomba sur Saint-Étienne, l'incendie qui se déclara à proximité fut destructeur. Les photos de l'époque témoignent du courage et de la volonté manifestés par les Viennois pour sa reconstruction. Pour la petite histoire, Mozart y épousa Constanze Weber en 1782.

La façade et l'extérieur
De la période romane subsiste la ***façade*** principale, avec les tours des Païens et, surtout, le portail central. Au centre, Christ en majesté entouré de 2 anges. On distingue aussi Samson et le lion, ainsi qu'un griffon. Sur le pilier gauche de l'entrée, 2 barres de fer servaient de mesure pour le commerce de la toile. Les côtés de la cathédrale et la tour sud du XVe s de 137 m de haut, chef-d'œuvre du gothique germanique, abritent une forêt de pinacles. Sur le côté, portail sculpté gothique de la *Singertor.* À noter, la toiture composée de tuiles vernissées, avec des motifs disposés en diagonale. Côté est, l'aigle à 2 têtes de l'Empire germanique.

L'intérieur et les tours
Aussi fréquenté qu'abondamment décoré. Nef d'une grande ampleur, avec une particularité : chaque pilier possède son autel de style baroque. À partir de l'entrée de la façade principale, voici les principaux points d'intérêt.
– À gauche de l'entrée, chapelle du Prince Eugène, l'homme qui revint victorieux du dernier assaut donné par les Turcs. Devant, un baldaquin de pierre gothique du XVe s.
– À droite de l'entrée, autre baldaquin gothique de 1510, abritant la *Vierge de Pötsch,* qui aida, paraît-il, à battre les Turcs en 1697. À côté, la *Singertor* par où les hommes entraient au Moyen Âge.

– ***La chaire en grès :*** au 3e pilier gauche, admirable chaire gothique flamboyant (1480). L'artiste qui l'a réalisée s'est représenté sous la rampe, dans la fenêtre, avec à la main ses outils. Les Viennois, qui ne manquent jamais d'humour, l'ont surnommé « le lorgneur » ! La chaire est ornée des 4 Pères de l'Église. Élégant et harmonieux escalier évoquant l'élévation vers le ciel.
– *Le pied d'orgue :* à la hauteur du 5e pilier sur le bas-côté, œuvre superbe d'Anton Pilgram.
– ***La tour nord,*** inachevée, abrite la ***Pummerin.*** Le « bourdon » est accessible à gauche de la nef par un ascenseur *(tlj 9h-17h30 ; entrée : 6 €, réduc).* Cette cloche (la plus grosse d'Autriche : 3,14 m de diamètre, 21 t) fut fabriquée en 1951 sur le modèle de l'ancienne *Pummerin*, coulée avec les canons pris aux Turcs en 1683 devant Vienne et disparue en partie dans l'incendie de 1945. Ses restes furent englobés dans la nouvelle cloche, dont la majestueuse sonorité fait vibrer les façades environnantes. Une histoire qu'on retrouve dans les scènes qui la décorent.
– Dans le transept gauche, entrée des ***Katakomben*** *(catacombes). Visites guidées seulement (en allemand et en anglais), ttes les 30 mn, lun-sam 10h-11h30, 13h30-16h30 ; dim et j. fériés l'ap-m. Visite : 6 € ; réduc.* Dans la 1re partie du XIVe s, sous la cathédrale, le caveau des Cardinaux *(Kardinalsgruft)* est affecté aux éminentes dépouilles des prélats. Dans la même section, le caveau des ducs où repose ***Rodolphe IV*** (mort de la peste à 26 ans), le fondateur de l'université de Vienne en 1365. Dans les niches, les urnes contenant les viscères des Habsbourg (voir encadré). Jeter un œil au passage sur les fragments de statues qui ont résisté au gigantesque incendie de 1945. La section suivante, le caveau des Chanoines, est masquée par des plaques de marbre.

PUZZLE IMPÉRIAL

Sous la cathédrale, les catacombes abritent, dans des niches, les urnes contenant les entrailles des Habsbourg. Jusqu'à la fin du XIXe s, le « rite espagnol » voulait que les viscères soient séparés du cœur. Quant aux corps, ils reposent dans la crypte des Capucins, sauf les derniers Habsbourg ; la coutume s'est arrêtée juste avant. Tout fout le camp !

Après avoir franchi les fondations de la cathédrale de 6 m d'épaisseur, on pénètre dans la partie située sous la place, où reposent les ossuaires de 16 000 Viennois. Dans une fosse commune pratiquée à la hâte depuis la *Stephansplatz,* on en jeta encore environ 2 000 en 1713 lors de l'épidémie de peste. Sous ***Joseph II,*** des prisonniers furent contraints de venir vider les sépultures et entasser les ossements dans de vastes charniers. C'est sur cette note macabre que l'on ressort des catacombes, après une plongée dans les entrailles de la ville.
– À gauche du chœur, *cénotaphe* particulièrement imposant de Rodolphe IV, dit le Fondateur. À côté, remarquable retable polychrome (*Wiener Neustadt* ; 1447).
– Dans le chœur, *maître-autel* des frères ***Pock*** (1640). Derrière, de part et d'autre, des fragments des vitraux du XIVe s ont été adroitement intégrés aux nouveaux créés lors de la reconstruction.
– À droite du chœur, imposant *tombeau* en marbre rouge de Frédéric III, attribué à Nicolas de Leyde.
– Dans le transept droit, entrée de la ***Südturm*** *(flèche sud ; tlj 9h-17h30 ; entrée : 5 €, réduc).* Monter 343 marches par un escalier étroit en colimaçon afin d'admirer le panorama sur la ville et les alentours ! Si le ciel est dégagé, vous allez pouvoir repérer nombre de monuments.

Le Dom Museum
– Pour ceux qui aiment pratiquer la chasse aux trésors, celui de la cathédrale est visible dans le ***Dom Museum,*** à gauche de la cathédrale : *Stephansplatz 6. Mer-dim 10h-18h (20h jeu). Dernière entrée 30 mn avt la fermeture. Entrée : 8 € ; réduc.* Belle collection d'objets cultuels : ostensoirs, croix-reliquaires, évangéliaires, peintures gothiques, grands crucifix, retables, quelques œuvres de

VIENNE

l'époque baroque. Et au cœur de l'expo, le fameux portrait de Rodolphe IV, datant du XIVe s. Des expositions d'art contemporain offrent de nouvelles perspectives sur les collections.

Derrière la cathédrale, faites une pause gourmande sous la tonnelle, si le temps le permet, dans un lieu caché cher aux Viennois : ***Haas & Haas,*** *Stephansplatz 4. ☎ 512-26-66. Tlj 8h-20h (9h-18h dim et j. fériés). Sandwich env 11 €, plats 11-15 €.*

Sinon, consolez-vous en faisant le plein de gaufrettes à la célèbre boutique ***Manner,*** à l'angle de la *Rotenturmstraße.* Difficile de la manquer, elle est sur tous les plans de la ville. C'est la seule à avoir obtenu le droit d'utiliser le visuel de la cathédrale pour sa pub. Avec le fiacre prêt à vous conduire dans la Vienne éternelle, un cliché qui vaut de l'or.

Haas-Haus *(maison Haas ; zoom, D3) : juste en face de la cathédrale, sur la place.* Un bâtiment contemporain, signé *Hans Hollein,* un des papes de l'architecture postmoderne, né à Vienne au milieu des années 1930. Confrontation insolite (et longtemps décriée) avec la cathédrale dont le reflet se mire en distorsion dans les vitres du bâtiment. Noter le jeu subtil des volumes. La courbe au départ du Graben se transforme progressivement en verrière pour ne pas écraser la cathédrale. Belle vue sur la place, les toits et la cathédrale depuis l'***Onyx Bar*** de l'hôtel ***Do&Co,*** au 6e étage (cher).

Virgilkapelle *(zoom, D3) : Stephansplatz, U-Bahn-Station. ☎ 882-939-30. • wienmuseum.at/en/locations/virgilkapelle • Accès par le métro Stephansplatz. Mar-dim 10h-18h. Entrée 5 €. Gratuit moins de 19 ans et 1er dim du mois.* C'est à la suite des travaux du métro, en 1973, que l'on découvrit cette intrigante chapelle gothique souterraine. Datée de 1220-1230, elle appartint un temps à la chapelle Marie-Madeleine, édifice voisin de la cathédrale aujourd'hui disparu. Elle fut par la suite totalement oubliée et ensevelie pendant plusieurs siècles. On découvre ses hauts volumes, sa voûte d'ogive et ses niches peintes de grandes croix rouges à travers une présentation moderne très réussie. Un petit musée interactif tente de percer les mystères de l'église et propose un panorama concis sur la Vienne médiévale.

Mozartwohnung *(zoom, E3) : Domgasse 5. ☎ 512-17-91-30. • mozarthaus vienna.at • Tlj 10h-19h. Entrée : 11 € (audioguide inclus) ; réduc. Billet combiné avec la Haus der Musik : 18 €.*
Dans cette demeure du XVIIe s (la seule existant encore à ce jour parmi celles où le compositeur a vécu), Mozart habita de 1784 à 1787 et composa notamment *Les Noces de Figaro.* Entièrement rénovés – hélas, aurait-on envie d'ajouter –, ses 1 000 m² répartis sur 4 niveaux sont consacrés à l'œuvre, à la vie et à l'univers du génie de la musique.
La visite commence en fait au 3e étage (ascenseur direct), espace aménagé comme une longue introduction musicale à l'époque où Mozart habitait Vienne. On passe de la physionomie urbaine à la franc-maçonnerie, des gens de théâtre aux gens de cour. Le 2e étage nous montre et fait entendre le compositeur d'opéra, à travers une muséographie intéressante mais qui laissera un peu sur leur faim les vrais amateurs, tout comme cette maison, un peu trop propre et sans âme. Pas de vie dans la cage d'escalier, pas de meubles, pas de traces du passé dans l'appartement du 1er étage, le « bel étage » d'autrefois, qu'il faut imaginer rempli de cris de nourrissons, d'aboiements de chiens, de notes de musique. Mais peut-être valait-il mieux laisser place à l'imagination des visiteurs, plutôt que de tenter une reconstitution maladroite...
Boutique au 1er étage pour les fans de *Wolfi.*

De l'autre côté de la rue, au n° 6, jeter un œil sur le ***Kleiner Bischofshof*** avec son blason massif. C'est là que s'ouvrit en 1683 le 1er café viennois.

➢ Perpendiculaire à la Domgasse, la ***Grünangergasse,*** avec, au n° 4, le ***palais Fürstenberg*** (1720 ; *zoom, E3*) : feuillages et lévrier décorent le porche. Élégant encadrement des fenêtres. Quant à la ***Blutgasse,*** ce fut l'une des 1res tentatives (réussies) de restauration de ce vieux quartier. Ravissante la nuit avec ses pavés et arcs-boutants.

➢ ***Singerstraße*** *(zoom, D-E3)* **:** au nº 17, le ***palais Rottal*** (de 1750). Au nº 16, le ***palais Neupauer-Breuner.*** Remarquable porche avec 4 atlantes sur pilastres et une belle fenêtre au-dessus.

➢ À 2 pas, l'adorable ***Franziskanerplatz*** *(zoom, E4),* bordée de vénérables demeures, vieilles boutiques, et de la ***Franziskanerkirche*** (église Saint-Jérôme ; 1603). Admirer le pignon, rare exemple du style Renaissance bavaroise. À l'intérieur, intéressants maître-autel (avec trompe-l'œil) et buffet d'orgue.

Toujours sur la place, plusieurs terrasses accueillantes, dont celle du ***Kleines Café*** *(zoom, E3,* ***164*** ; voir la rubrique « Où manger ? »), qui, comme son nom l'indique, joue la carte intime...

Délicieuses ***Ballgasse*** et ***Blumenstockgasse*** *(zoom, D3-4),* surtout la nuit dans le halo des réverbères. Grossièrement pavées, bordées de hautes demeures bourgeoises. Bornes anticarrosses.

Au nº 13, le ***palais Erdödy-Fürstenberg*** (datant de 1724) s'ouvre sur un porche imposant, avec atlantes. Élégantes fenêtres. Au nº 15, belles enseignes avec auvents baroques. Blason sur la fenêtre centrale.
– Enfin, 2 rues en dessous, ne pas oublier l'***Annagasse.*** Chaque numéro se révèle digne d'intérêt. En particulier au nº 8, la maison Deybelhof, et au nº 14, la maison « À la Carpe bleue ».

Haus der Musik *(Maison de la musique ; zoom, D4)* **:** *Seilerstätte 30. ☎ 513-48-50. • hausdermusik.at • Tlj 10h-22h (dernière entrée à 21h30). Entrée : 13 € ; réduc. Billet combiné avec la visite de la Mozarthaus Vienna : 18 €. Appli gratuite.*
Le musée occupe le palais de l'archiduc Charles, où vécut le fondateur de l'Orchestre philharmonique de Vienne au XIXe s. Comment naît un son ? Qu'est-ce que la musique ? Pourquoi tant de célèbres musiciens ont vécu à Vienne ? C'est à ces questions que ce musée essaie de répondre à l'aide, entre autres, de jeux interactifs.
Après avoir visité le 1er étage, consacré à l'histoire de l'Orchestre philharmonique depuis sa fondation, vos oreilles seront vivement mises à contribution au 2e étage dans le *Sonosphère,* où vous revivrez vos 1res expériences auditives dans le ventre de votre mère (une B.O. de film d'horreur !), et dans l'*Instrumentarium,* où sont présentés des instruments de musique surdimensionnés.
Le 3e étage rend hommage à la tradition musicale viennoise et aux célèbres compositeurs et musiciens qui ont marqué l'histoire de la ville (Haydn, Mozart, Beethoven, Schubert, Strauss et Mahler). Plein d'anecdotes passionnantes grâce aux commentaires de l'audioguide. Il vous sera même possible d'être le chef d'orchestre virtuel de l'Orchestre philharmonique de Vienne.
Au 4e étage, le *Futuresphère* s'intéresse à l'avenir de la musique et à sa création. Vous pourrez à cette occasion créer votre propre musique grâce aux mouvements, au toucher et à la voix. Petit reproche : ce musée est vraiment riche en infos (en allemand et en anglais), mais il est aussi très technique et abstrait.
|●| Café self-service au rez-de-chaussée.

Avant de retrouver la foule de la ***Kärtner Straße,*** profitez du calme du quartier. En terrasse, vous pourrez goûter aux plaisirs sucrés de la ville autour d'un *Kaffee-Kuchen* (chez ***Gerstner*** entre autres). Il va vous falloir des forces pour plonger dans le monde secret des Habsbourg ! Contentez-vous pour l'instant de jeter un œil sur l'arrière de l'Opéra, que vous retrouverez lors de votre escapade le long du Ring.

Kaisergruft *(crypte impériale ; zoom, D4)* **:** *Neuer Markt, dans la* ***Kapuzinerkirche*** *(l'église des Capucins). ☎ 512-68-53-88. • kaisergruft.at • Entrée de la crypte à droite de la porte de l'église (et non dans l'église). Tlj 10h (9h jeu)-18h (dernière entrée à 17h30). Entrée : 7,50 € ; réduc. Visite guidée en anglais à 15h30 mer-sam (+ 3 €).*

Quelques minutes à pied suffisent pour passer de la splendeur de la Hofburg à cette crypte macabre. En surface, l'église des capucins fut construite au début du XVIIe s dans un style extrêmement sobre. Tout le contraire des tombeaux exposés dans la crypte, où repose la quasi-intégralité des membres de la famille impériale depuis près de 4 siècles. 12 empereurs, 15 impératrices, oncles, tantes, cousins... qui se sont vu décerner l'oscar de la pompe funéraire : 140 cercueils contenant les restes exclusifs d'une dynastie, sauf exception, comme il se doit : celui de la nounou de Marie-Thérèse, que celle-ci a tenu à conserver près d'elle dans l'au-delà. Presque des mausolées, dans des styles époustouflants. En particulier dans la 1re salle, au débouché de l'escalier d'entrée (crypte Charles). Cercueils en étain (du moins jusqu'à la fin du XVIIIe s) au style rococo délirant (qui, d'ailleurs, demandent un traitement spécial car l'étain se désagrège).

Le summum est atteint dans la pièce suivante, avec le cercueil de ***Marie-Thérèse*** et ***François de Lorraine,*** véritable monument du sculpteur *Balthasar Ferdinand Moll.* Orgueilleux dans la vie, pompeux dans la mort ! Voici les plus sinistres coffres mortuaires de Vienne, dernières demeures pour puissants obsédés par la longévité, dont l'exubérance des formes apparentes masque à peine l'angoisse des fins dernières. En aucun autre endroit le mot « pompe » ne s'est aussi bien accordé avec le mot « funèbre » ! Sur le côté, bas-reliefs représentant des épisodes de la vie de Marie-Thérèse. Devant, le cercueil en cuivre tout simple de ***Joseph II,*** conforme à ses choix philosophiques du Siècle des lumières.

Tout au fond, la crypte avec les cercueils de l'empereur François-Joseph (mort en 1916) et de l'impératrice *(Kaiserin)* Élisabeth, dite Sissi (assassinée en 1898) – le plus fleuri de tous –, sans oublier celui de leur fils ***Rodolphe,*** qui s'est suicidé à Mayerling. C'est le seul endroit de la crypte où il y a une certaine affluence...

Enfin, après l'impératrice ***Zita*** (1892-1989), qui survécut 67 ans à son mari Charles Ier, le dernier à bénéficier de l'hospitalité de la crypte fut ***Otto*** de Habsbourg, en juillet 2011.

En remontant ensuite les marches pour revenir vers la lumière du jour, vous mettrez quelques secondes à vous réadapter...

TOC, TOC, QUI VIENT LÀ ?

Lors d'un décès chez les Habsbourg, la coutume voulait qu'un chambellan accompagne le cercueil jusqu'à l'entrée de la crypte. Pour ouvrir la porte, le capucin de service demandait alors à 3 reprises : « Qui vient là ? » Et le chambellan de réciter 2 fois la litanie interminable des titres ronflants du (de la) défunt(e). Accès refusé. La 3e fois, le chambellan quémandait modestement la permission d'entrer au nom « d'un pauvre pécheur aspirant à la paix éternelle ». C'était là le sésame indispensable pour rejoindre les ancêtres du défunt.

Neuer Markt *(zoom, D4)* **:** une jolie place du centre ancien. Bordée d'élégants immeubles du XVIIIe s, avec au milieu une fontaine exécutée par *Georg Raphaël Donner* en 1738 pour le compte d'un commanditaire mauvais payeur, dont il se vengea en tournant les fesses d'une de ses statues vers les fenêtres de celui-ci ! Pour votre information, sachez que le thème de l'ensemble est une Providence entourée d'angelots avec, aux angles du bassin, une allégorie des rivières autrichiennes qui se jettent dans le Danube.

Traverser le ***Neuer Markt*** (là aussi, les amateurs de *Konditorei* seront servis sur un plateau) pour profiter de la *Gemütlichkeit* viennoise. Vous pouvez prendre un jus de fruits frais au rez-de-chaussée du ***Billa Corso*** (assez chic mais extra) ou vous contenter d'une saucisse sur le pouce commandée à l'un des stands qui font la réputation du quartier.

Österreichisches Theatermuseum *(musée du Théâtre ; zoom, D4)* **:** *Lobkowiczplatz 2. ☎ 525-24-27-29. • theatermuseum.at • Dans le superbe palais Lobkowicz. Tlj sauf mar 10h-18h. Entrée : 12 €. Expos temporaires.* Ce musée installé dans le *palais Lobkowicz* présente de nombreuses maquettes de décors, costumes ou estampes appartenant à l'univers du théâtre. Il est également connu pour abriter la ***salle Eroica,*** où fut jouée pour la 1re fois la *Troisième symphonie* de Beethoven lors d'un concert privé, en 1804.

NAPOLÉON A CESSÉ D'ÊTRE UN HÉROS

La Troisième Symphonie composée par Beethoven était dédiée à Bonaparte, que le musicien admirait en tant qu'incarnation des idéaux de la Révolution. Lorsque le Corse se proclama empereur des Français en 1804, Beethoven fut si dégoûté qu'il supprima le nom Bonaparte de la page titre. Plus tard, il y inscrivit : « Symphonie héroïque, composée en mémoire d'un grand homme », en fait son mécène, le prince de Lobkowicz.

Mais avec la fermeture pour travaux de l'***Académie des beaux-arts de Vienne,*** le musée accueille une partie de ses riches collections de peintures. La vedette incontestée est le triptyque du ***Jugement dernier*** de ***Jérôme Bosch*** avec comme thème central le péché originel et ses conséquences sur le destin de l'humanité. L'archange Michel sépare les défunts entre ceux qui ont droit au paradis et ceux qui iront rôtir en enfer, harcelés par une multitude de créatures fantastiques et grotesques, dirigées depuis sa grotte rougeoyante par le prince des ténèbres. Parmi les 250 œuvres de la collection, citons : ***Cranach*** *(Lucretia),* ***Dirk Bouts*** *(Couronnement de Marie),* ***Rembrandt*** *(Portrait de jeune fille)* ou ***Rubens*** *(Silène).*

Le musée abrite également une collection de ***manuscrits*** de poèmes ayant appartenu à Stefan Zweig, qui la légua avant de fuir les nazis (non visible).

Dorotheum *(zoom, D3-4)* **:** *Dorotheergasse 17. ☎ 51-56-00. • dorotheum.com • Lun-ven 8h-18h, sam 9h-17h.* Ancien couvent repris par le mont-de-piété, le palais abrite depuis 1707 l'hôtel des ventes de Vienne, l'un des plus vieux d'Europe, et peut-être le plus grand. Très régulièrement sont vendus aux enchères des tableaux de maîtres, de somptueux bijoux, de rares instruments de musique, de vieux jouets provenant des 4 coins du monde. Au rez-de-chaussée, certains objets sont vendus à prix fixes. Traversez-le, ne serait-ce que pour rêver un peu. Dans les rues adjacentes, une nuée de galeries qui exposent des œuvres d'art et des antiquités, créant une atmosphère très arty.

Graben Hotel *(zoom, D3)* **:** *Dorotheergasse 3. ☎ 512-15-31-0. Ex-pension* Grillparzer. *En face du* Café Hawelka. ***Franz Kafka*** et ***Max Brod*** y séjournaient quand ils venaient de Prague. Sur le mur extérieur, une plaque rappelle que *Peter Altenberg,* auteur des *Esquisses viennoises,* y vécut de 1913 à 1919. Insomniaque et fauché, il occupait une chambre mansardée où, le 6 janvier 1919, des amis le découvrirent délirant de fièvre. 2 jours plus tard, le poète sans demeure s'éteignait à l'hôpital, victime d'une pneumonie. Le café du *Graben Hotel* porte aujourd'hui son nom.

Revuebar Casanova *(zoom, D3)* **:** *Dorotheergasse 6-8. En face du* Graben Hotel. L'un des plus vieux cabarets-spectacles de Vienne. On voit l'extérieur dans *Le Troisième Homme* (voir la rubrique « Cinéma. Sur les traces du *Troisième Homme* » dans le chapitre « Hommes, culture, environnement »).

Jüdisches Museum der Stadt Wien *(Musée juif de la Ville de Vienne ; zoom, D3)* **:** *Dorotheergasse 11. ☎ 535-04-31. • jmw.at • Tlj sauf sam 10h-18h. Fermé aux fêtes juives. Entrée (donnant accès, dans les 3 j., au Museum Judenplatz) : 12 € ; réduc.*

Il occupe l'ancien *palais Eskeles* (XVe s), qui accueillit comme locataire, de 1805 à 1807, Constanze Mozart, la veuve de Wolfgang. Au début du XXe s, le palais abritait la galerie *Mietke* – à l'époque la galerie d'art la plus célèbre et avant-gardiste de la capitale –, où furent présentées pour la 1re fois au public les toiles d'***Egon Schiele,*** de ***Max Oppenheimer, Van Gogh, Renoir, Toulouse-Lautrec...*** Aujourd'hui, le musée présente des collections permanentes sur la communauté juive viennoise (objets liturgiques, peintures, documents), et des expositions temporaires au 1er étage.
Visite indispensable pour comprendre l'enracinement (plus de 10 siècles pour certaines familles !) de la communauté juive dans l'histoire de l'Autriche, et sa contribution exceptionnelle à l'essor de l'industrie, des sciences, de la littérature, de la musique, des arts de ce pays. Au début du XXe s, et jusque dans les années 1920-1930, Vienne abritait une communauté juive nettement plus importante en nombre (10 % environ de la population totale) et en influence que dans les autres capitales européennes. Beaucoup de juifs viennois étaient venus des provinces reculées de l'Empire austro-hongrois (Moravie, Galicie, Bucovine...) et avaient fait souche dans la capitale autrichienne. Un 1er geste de tolérance de Joseph II en 1781 leur donna les droits essentiels. Les discriminations, vestimentaires notamment, furent abolies à ce moment-là. La liste des intellectuels, artistes, journalistes de renom serait trop longue à établir. D'***Arthur Schnitzler*** à ***Sigmund Freud*** en passant par ***Theodor Herzl*** (l'auteur de *L'État juif,* livre fondateur du sionisme, habitait au no 6 de la Berggasse, non loin de Freud) et ***Stefan Zweig,*** les juifs autrichiens ont joué un rôle prépondérant dans l'épanouissement et le rayonnement de Vienne au tournant du XXe s. L'annexion de l'Autriche par Hitler en 1938 marqua la fin de cette période d'extrême créativité intellectuelle et le début du cauchemar pour des milliers de familles juives. Avant la Shoah, près de 200 000 juifs vivaient à Vienne : 120 000 en seront chassés et déportés ; seulement 2 000 parmi ceux qui restèrent ont survécu. Aujourd'hui, la communauté est réduite à environ 8 000 membres.
L'ensemble du musée est moderne, très bien aménagé, avec de vastes salles, dont les plans ont été confiés à l'équipe d'architectes *Eichinger & Knechtl.*
Les visiteurs auront également le privilège d'admirer les réserves du musée, situées au 3e étage et qui comptent de somptueux objets liturgiques en or et plus souvent en argent, comme des couronnes de la Torah, des calices, des plats... La plupart sont issus du vieux Musée juif (fermé en 1938) et rescapés de diverses synagogues.

■ ***La librairie :*** *mêmes horaires que le musée.* Choix important de livres (beaucoup en allemand, forcément) sur la culture juive austro-hongroise et sur l'histoire de la communauté israélite à Vienne.

Graben *(zoom, D3)* **:** la plus célèbre « place » de Vienne n'est en fait qu'une longue rue marchande bordée de commerces de luxe et d'édifices prestigieux. Ancien fossé du camp romain, le *Graben* sert pendant des siècles de marché. Remanié à l'époque baroque puis au XIXe s, il devient un lieu de promenade à la mode.
– Au no 19, remarquez les 6 élégants atlantes du grand magasin ***Julius Meinl.*** On y trouve des produits du monde entier (petit café au rez-de-chaussée et bar à vins au sous-sol).
– Au milieu de la place, la ***colonne de la peste*** *(Pestsäule),* construite à la demande de Léopold Ier pour célébrer la fin de l'épidémie de peste en 1679 (elle fit plus de 100 000 victimes à Vienne). Sous le filet protecteur, on peut distinguer la vieille sorcière symbolisant la peste, poussée par un ange vers l'enfer. C'est un Léopold prognathe (avec la mâchoire en avant, la marque de fabrique familiale !) qui est ici représenté, d'une modestie toute relative (suivre son regard).
– Une curiosité encore : les ***W-C publics,*** œuvre de... Adolf Loos.

Peterskirche *(église Saint-Pierre ; zoom, D3) : lun-ven 7h-20h, w-e 9h-21h.* Un peu en retrait du Graben, ne manquez pas l'une des églises baroques qui fut la plus copiée en Europe centrale. Remarquable façade, s'ajustant avec grâce dans l'étroitesse de la rue. Intérieur bien patiné, les ors se sont assombris. Monumental retable. Coupole ajourée. Chaire imbattable dans la démesure baroque, ainsi que le buffet d'orgue. De part et d'autre du chœur, 2 tribunes surmontées de verrières en forme de couronne.

Michaelerkirche *(église Saint-Michel ; zoom, D3) : Michaelerplatz 1. • michaelerkirche.at • En face de l'entrée de la Hofburg. Tlj 7h-22h (8h dim). Compter 7 € pour la visite guidée de la crypte (Pâques-oct, lun-sam à 11h et 13h, et sur rdv au ☎ 533-80-003).*
C'est l'ancienne église paroissiale de la famille impériale. Édifiée à partir du XIIIe s, elle n'a quasiment rien conservé de la période romane. Nef, clocher et chapiteaux gothiques, chœur carré. Façade néoclassique de 1792. Orgue baroque le plus grand d'Autriche. Vestiges de fresques romanes. Au maître-autel, retable baroque particulièrement grandiloquent. On y a tourné la scène du mariage de **Sissi** (avec la belle Romy) et François-Joseph.
– La **crypte** servait de lieu d'inhumation. Sur les 4 000 cercueils entreposés ici, il n'en reste aujourd'hui que 250. Quelques corps momifiés habillés de costumes rutilants ont pu être conservés grâce à une température constante. Les cercueils sont ceux de personnes issues de la noblesse et de la cour des Habsbourg aux XVIIe et XVIIIe s.

VIENNE

La Hofburg et alentour
(entrée sur la Michaelerplatz ; zoom, C-D3-4)

Pour la majorité des touristes, c'est devant la **Hofburg** que commence la découverte de Vienne (après ou avant Schönbrunn !) : la visite du **palais impérial,** résidence des Habsbourg pendant plus de 6 siècles, est un des temps forts de la découverte d'un centre ancien (le 1er arrondissement) dont il occupe 20 % de la surface. Ses édifices s'échelonnent du XIIIe au XXe s et concentrent à peu près tous les styles existants. Quelques chiffres : 18 ailes, une vingtaine de cours, 54 escaliers et près de 2 600 pièces. Véritable ville dans la ville, la *Hofburg* abrite aujourd'hui, en dehors des musées, la présidence de la République et quelques ministères.
On note 3 phases de construction. D'abord, de 1279 à 1681. À l'époque, c'est d'ailleurs plutôt une forteresse dont subsistent 3 édifices : l'**Alte Burg** (le vieux palais), la **Stallburg** (les écuries du manège espagnol) de 1558 et l'**Amalienburg** de 1575 et 1600. Une fois que fut achevée l'aile Léopold en 1681, la 2e phase de construction put commencer, avec l'aile accueillant la chancellerie d'Empire en 1723, la salle d'apparat et, en 1739, le manège d'hiver *(Winterreitschule).* La 3e époque démarre sous Napoléon Ier en 1809, quand l'Empereur donne l'ordre de détruire les bastions (on

UN TRÈS LONG RÈGNE DE 68 ANS

Intronisé en 1848, Franz-Josef Ier eut l'un des plus longs règnes de l'histoire. Il incarna à lui seul les Habsbourg, désireux d'imposer au monde une monarchie universelle et catholique. En 1854, il épousa Élisabeth en Bavière, Sissi, qui lui donna 4 enfants. Sous des allures débonnaires de grand chauve à rouflaquettes, il fut le grand responsable du 1er conflit mondial. Son intransigeance obstinée vis-à-vis de la bien faible Serbie, à la suite de l'assassinat de l'archiduc héritier François-Ferdinand à Sarajevo, précipita l'Europe dans une hécatombe insensée.

trouve aujourd'hui, à la place, le *Volksgarten,* la *Heldenplatz* et le *Burggarten*). Enfin, en 1857, un autre empereur, François-Joseph, fait édifier la *Neue Burg* (Nouveau Palais), l'aile qui fait face à la *Heldenplatz* et aux grands jardins bordant le Ring.
L'***entrée principale*** de la *Hofburg,* sur *Michaelerplatz (zoom, D3),* fut réalisée en 1889 selon des plans du XVIIIe s. Façade concave avec arc de triomphe en son centre, surmontée d'un dôme. Sur les côtés, 2 fontaines monumentales : *L'Autriche dominant la mer* et, à droite, *L'Autriche dominant la terre* – (il n'y avait pas encore d'avions !).

SISSI OR NOT LIZI ?

Pourquoi donc l'appelait-on Sissi, alors que le diminutif de son prénom, Élisabeth, était Lizi ? En fait, l'impératrice signait Lizi, avec un L très courbé, ce qui fait que tout le monde lisait Sissi.

Les appartements impériaux et le musée Sissi *(zoom, D3) :* *Michaelerplatz 1. ☎ 533-75-70. ● hofburg-wien.at ● Tlj 9h-17h30 (18h juil-août). Dernière admission 1h avt la fermeture. Entrée : 15 € ; réduc. Si vous prévoyez la visite des différents sites impériaux, mieux vaut prendre un « Sisi Ticket » à 34 € ; il donne aussi accès au musée du Meuble et dépôt du mobilier de la Cour ainsi qu'au « grand tour » du château de Schönbrunn. Pour éviter l'attente, pensez à acheter votre billet en ligne. L'audioguide en français est indispensable pour profiter pleinement de la visite.*
La visite commence au rez-de-chaussée par la collection de porcelaines et d'argenterie de la Cour, avant de se poursuivre à l'étage avec le musée Sissi et les appartements impériaux.
– ***Silberkammer*** *(collection d'argenterie de la Cour)* **:** au rez-de-chaussée, faïences, porcelaines, services et ustensiles de cuisine donnent un aperçu de la vie à la cour de Vienne et de son évolution au fil du temps. Une visite passionnante, pour peu qu'on s'intéresse aux arts de la table en général : collections de moules, de marmites, surtouts de table en bronze doré des réceptions officielles et quelques petits chefs-d'œuvre comme les couverts personnels de l'impératrice ***Marie-Thérèse,*** le service de table en or de Napoléon Ier, le service à dessert *Minton* offert par la reine ***Victoria*** à François-Joseph, ou le service de voyage de l'impératrice Sissi. En tout, quelque 6 000 objets, intelligemment mis en scène, qui redonnent vie à toute une époque. La vaisselle impériale a été utilisée pour les dîners d'État jusqu'à l'acquisition récente, au début de ce XXIe s, d'un service plus républicain.
– ***Sisi Museum*** *(musée Sissi)* **:** il est devenu, en l'espace d'une dizaine d'années, un des plus visités de la ville, et ne cesse de faire l'objet de réaménagements, en fonction de l'arrivée de nouveaux documents, rachetés à la famille ou aux collectionneurs... Cet espace muséographique s'ouvre, tel un film en flash-back, sur l'assassinat qui allait faire entrer dans la légende une impératrice qui n'avait pas eu, sa vie durant, les médias de son côté pour faire parler d'elle. Documents d'époque et reconstitutions actuelles évoquent la vie privée d'Élisabeth, de ses années d'insouciance en Bavière jusqu'à son assassinat à Genève, au travers d'objets lui ayant appartenu : robe qu'elle portait la veille de ses noces, portraits, robe de chambre, ombrelles et éventails, masque funéraire.
La muséographie, très lyrique, nous fait entrer dans l'intimité d'une inconnue célèbre, d'une femme solitaire (ses poèmes, ses lettres permettent de la redécouvrir), attachée à une certaine idée de la liberté. La machine à remonter le temps tourne à plein régime, on se laisse emporter par le destin de celle que chaque époque aura su utiliser pour alimenter les rêves. Entre opérette, comédie musicale et opéra, entre images de films et objets cultes, une introduction souvent émouvante, parfois amusante, à la visite d'une Vienne qu'on ne peut croire éternelle.

Ce musée aborde donc le mythe de Sissi (ou plutôt Sisi, pour lui redonner son nom tel qu'il est partout écrit !) avec un regard tendre et critique à la fois : l'évasion d'Élisabeth dans le culte de la beauté, son obsession de la minceur, ses extrêmes exaltations, son rejet de la Cour et le rapport particulier à ses enfants et à son mari.
Il a fallu attendre sa mort pour que naisse un mythe qu'elle avait déjà contribué à alimenter par sa conduite indépendante et non conformiste. Sissi, contrairement à son époux, ne fut pas particulièrement populaire de son vivant. Elle ne l'a pas vraiment cherché, d'ailleurs, s'étant retirée fort tôt de la vie publique, passant son temps en voyages, en croisières, en séjours plus ou moins prolongés loin de Vienne (plus facile de voyager incognito hors de l'Autriche). Les derniers portraits d'elle ont été brossés d'après des modèles anciens et remontent à ses 42 ans, en 1879, où elle était encore très belle. Durant près de 20 ans, jusqu'à sa mort en septembre 1898, bien peu parmi ses contemporains purent se vanter d'avoir vu le véritable visage de cette dame en noir, se déplaçant caparaçonnée d'éventails, de voiles, de parasols...

SISSI ANOREXIQUE ?

En représentation permanente au sein d'une Cour où la futilité dominait, Sissi avait l'obsession de la taille fine. Elle pesait à peine 50 kg pour 1,72 m. En plus des régimes amaigrissants plutôt étranges (essentiellement lait, bouillons et oranges), elle s'astreignait à une gymnastique de nageuse chinoise. C'était son unique moyen d'entrer en rébellion contre une étiquette surannée... et contre sa belle-mère, l'archiduchesse Sophie, dont on disait qu'elle était « le seul homme de la famille ».

– ***Kaiserappartements*** *(appartements impériaux)* **:** après le musée Sissi, on entre directement dans les *appartements de François-Joseph,* sobrement aménagés, en passant par la salle des gardes, la chambre d'audience, le cabinet de travail, la chambre à coucher de l'empereur, le grand salon puis le petit salon. Des pièces toutes imprégnées d'une certaine dignité mais n'affichant aucun faste dispendieux. Quant aux *appartements de l'impératrice Élisabeth,* ils témoignent de la véritable personnalité de l'impératrice (le cabinet de toilette et sa petite salle de gymnastique pour garder la ligne, la salle de bains moderne, etc.). La visite se termine par les ***appartements du tsar Alexandre Ier,*** qui y demeura lors du congrès de Vienne en 1815.

Innerer Burghof ou In der Burg *(cour centrale ; zoom, D3)* **:** après la rotonde, accès à cette vaste cour, où trône au centre le monument de François II. Au XVIe s, elle servait aux tournois. Côté rotonde, somptueuse aile de la Chancellerie édifiée en 1723. On notera la longue façade rythmée par les fenêtres ouvragées et les pilastres cannelés. Sur le toit, statues, blasons et trophées. Au fond de la cour, la façade de l'*Amalienburg,* construite en 3 étapes du XVIe au XVIIIe s. Au milieu, un petit clocheton à bulbe avec horloge. En face de l'aile de la Chancellerie, celle de Léopold. Construite en 1547, puis modifiée en baroque en 1660, elle abrite aujourd'hui les bureaux du président de la République.

Café Hofburg : *dans la cour.* ☎ *241-004-20. Tlj 10h-18h.* En terrasse ou en salle. Idéal pour se ressourcer devant une part d'*Apfelstrudel,* ou plus si affinités.

Schweizerhof *(cour des Suisses ; zoom, D3)* **:** la partie la plus ancienne de la Hofburg (elle date de 1279), bâtie par ***Ottokar II,*** roi de Bohême. La cour fut profondément remaniée à la Renaissance. Élégante porte des Suisses (1522) en brique rouge et ornée de lettres d'or. Vous pensez à la garde du Vatican ? Vous n'avez pas tort !

De la cour des Suisses, accès à la ***Hofburgkapelle*** *(chapelle impériale ; zoom, D3-4),* datant de 1449. ☎ *533-99-27.* • *hofmusikkapelle.gv.at* • *Lun-mar 10h-14h, ven 11h-13h. Messe dim (sauf juil-août) à 9h15. Places assises à partir de 12 € et* *jusqu'à 38 €. Résas par tél et en ligne. Billets à retirer ven 11h-13h, 15h-17h ; dim 8h-8h45.* Attention : pour les places réservées, on écoute les concerts depuis des loges aux 1er et 2e étages autour du chœur, donc sans voir la chapelle, sinon via un écran. On aura une meilleure chance de participer à la messe chantée dans la chapelle en faisant la queue patiemment le matin même. En principe, il y a toujours des places assises libres au rez-de-chaussée. Mais que ne ferait-on pas pour voir et écouter les ***Petits Chanteurs de Vienne,*** un chœur créé en 1498 par l'empereur Maximilien Ier. Le plus célèbre (et le plus vieux) des chœurs d'enfants a désormais sa propre salle de concerts, le *MuTh,* à l'entrée du *Augarten* (voir la rubrique « À voir encore autour du Ring. De l'autre côté du Donaukanal »).

Kaiserliche Schatzkammer *(Trésor impérial des Habsbourg ; zoom, D3) :* *accès par la cour des Suisses. ☎ 525-24-0. • kaiserliche-schatzkammer.at • Mer-lun 9h-17h30. Entrée : 12 € ; réduc ; gratuit moins de 19 ans. Billet combiné « Schätze der Habsburger » (avec le musée des Beaux-Arts et ceux de la Neue Burg) : 20 €. Audioguide en français : 5 €. Visite guidée en anglais tlj à 16h. Consigne payante obligatoire pour les sacs.*
Une des plus fascinantes collections d'art sacré et profane du monde. 2 épaisses portes blindées donnent accès à une dizaine de salles plongées dans la pénombre. Prendre l'audioguide pour découvrir l'histoire des pièces maîtresses, comme la fameuse couronne de l'empereur Rodolphe II qui fut réalisée à Prague en 1602. Elle rappelle par sa forme et par la pureté de ses diamants l'origine divine du pouvoir impérial. Seigneur du monde et maître de la terre, l'empereur était aussi le vicaire du Christ, son bras droit en somme (tout cela déplaisait aux papes de l'époque). Prendre le temps de remonter le temps, justement, car ces objets nous parlent d'un monde que les moins de 500 ans ne peuvent pas comprendre. Des panneaux permettent heureusement de se replacer dans le contexte de l'époque, et des arbres généalogiques de se repérer. S'il y a des groupes, se faufiler dans les salles suivantes, et revenir ensuite pour admirer tranquillement les pièces maîtresses.

Les plus étonnantes n'étant pas forcément les plus visibles, il faudra mener l'enquête (plaisir de la balade) pour découvrir de bien curieuses reliques, une écharde et un clou de la croix du Christ, ainsi qu'un des 3 voiles de Véronique, la sainte femme qui aurait essuyé le visage du Christ lors de la montée au Calvaire. Et, plus énigmatique, une dent de saint Pierre, encastrée dans un grand ostensoir !

Difficile d'échapper aux œuvres les plus célèbres, comme le berceau en argent de l'***Aiglon,*** le fils de Napoléon. Offert par la Ville de Paris, il pèse 280 kg. Noter les abeilles d'or, symboles chers à Napoléon, qui en avait fait son emblème pour remplacer les fleurs de lys des Bourbons. Ou encore la superbe coupe en agate taillée dans un seul bloc de 75 cm de large. Elle serait la plus grande de ce genre dans le monde. Réalisée à Constantinople, probablement vers le IVe s de l'ère chrétienne, elle fut longtemps considérée comme le Saint-Graal ! Autre pièce intéressante, celle que l'on présenta longtemps comme la corne d'une licorne, animal mythique qui fit fantasmer l'Europe pendant des siècles : en fait, une étonnante défense torsadée de narval (2,43 m de long) !

Incontournable, le ***Trésor ecclésiastique*** : objets liturgiques, reliques et parements utilisés naguère à la cour impériale et à la chapelle de la Hofburg. Mais pas le plus passionnant.

ADOLF SE PIQUAIT D'OCCULTISME

Le Führer était fasciné par la relique de la lance de la Hofburg, utilisée par le centurion Longinus pour percer le flanc du Christ en croix. Adepte des théories fumeuses qui garantissaient la maîtrise du monde à son possesseur, Adolf la fit transporter par train spécial à Nuremberg en 1938. Depuis, elle a tranquillement retrouvé sa place parmi les autres pseudo-reliques, une datation au carbone 14 l'ayant fait remonter au VIIIe s... apr. J.-C. !

Nos coups de cœur : une collection, très rare, de vêtements et d'habits impériaux, dont un manteau de couronnement datant de l'an 1133, fait à Palerme du temps des rois normands. Il y a aussi une robe blanche, brodée d'or, portant une inscription arabe et latine de 1181. Voilà probablement la plus vieille garde-robe du monde !
Une des pièces les plus célèbres du trésor est cette somptueuse couronne du Saint Empire romain germanique, réalisée pour le couronnement de l'empereur ***Otton Ier*** en 962. Ses 8 plaques d'or garnies de pierres précieuses et de perles représentent les 8 portes de la Jérusalem céleste, et les 12 pierres précieuses les 12 apôtres. On a cru longtemps que c'était celle de Charlemagne, mais celui-ci était mort bien avant sa réalisation.
Temps fort de la visite, qui justifierait à lui seul le prix d'entrée : l'héritage bourguignon, qui attire beaucoup de monde, autour de la Toison d'or. Emblème d'un prestigieux ordre de chevalerie fondé par ***Philippe le Bon*** au XVe s, la Toison d'or était attachée à un large collier composé de pierres à feu et de briquets qui symbolisaient le feu et la passion des actes valeureux (des « hauts faits »). À la mort du dernier des ducs de Bourgogne, ***Charles le Téméraire,*** sa fille Marie ayant épousé un Habsbourg, leurs fiefs passèrent entre les mains de l'illustre famille, ce qui fut à l'origine de leur montée en puissance.

VIENNE

👁👁 ***Neue Burg*** *(Nouveau Palais ; zoom, C-D4)* **:** *Heldenplatz, Neue Burg. ☎ 525-24-0. • khm.at • Entrée située au niveau de la statue du Prince Eugène de Savoie. Mar-dim 10h-18h (21h jeu) (tlj juin-août). Entrée : 16 € (valable aussi pour le KHM, heureusement) ; réduc ; gratuit moins de 19 ans. Billet combiné avec le Trésor impérial : 22 €. Audioguide gratuit (en allemand, en anglais et en italien).*
La partie de la Hofburg appelée communément ***Neue Burg*** abrite divers musées et collections dépendant du *Kunsthistorisches Museum,* qui ne suscitent pas l'enthousiasme des foules, et l'on se sent souvent bien seul en traversant ces immenses salles... Vaste aile, concave en son milieu, de style néo-Renaissance italienne, ce fut la dernière réalisation des Habsbourg. Sa construction s'étendit de 1869 à 1913.

UN SOLDAT INCONNU HÉSITANT

Une découverte a quelque peu terni l'image de la tombe du Soldat gisant sur la Heldenplatz, hommage aux soldats austro-hongrois tombés en 1914-1918. Sculptée en 1935, la tombe recelait un message pronazi, célébrant « la force éternelle du peuple allemand » et souhaitant un rattachement de l'Autriche à l'Allemagne pour « conduire au plus haut [leur] peuple uni sous le signe du soleil noir ». L'assistant du sculpteur aurait, quant à lui, laissé un message pacifiste totalement contradictoire. Faudrait s'entendre !

– L'***Ephesos Museum*** présente, comme son nom l'indique, des pièces trouvées par les missions archéologiques autrichiennes sur le site d'Éphèse et autres lieux d'Asie Mineure, ainsi que dans les îles grecques. Une immense galerie de style néogrec du XIXe s abrite une collection de statues, de fragments de frise, de chapiteaux corinthiens, de mosaïques. Bas-reliefs, dont le monument des Parthes (frise de 40 m de long). À l'entresol, restes pathétiques de l'autel du sanctuaire d'Éphèse dédié à la déesse Artémis (IVe s avant l'ère chrétienne). Ce fameux temple était classé dans l'Antiquité parmi les Sept Merveilles du monde. La statue d'***Artémis*** présentée ici est une copie. L'original (qui doit coûter la peau d'Éphèse, comme le faisait remarquer un visiteur moqueur) est au musée de Selçuk en Turquie.
– À l'étage supérieur, ***Hofjagd und Rüstkammer*** *(collection d'armes et d'armures).* Une des collections les plus importantes au monde. On peut voir les armures d'apparat de Charles Quint, de François Ier et de Henri III de France, ainsi que quelques pièces bizarres : armures à jupons avec protubérances exagérées, etc.

– Enfin, d'immenses salles abritent une ***Sammlung alter Musikinstrumente*** *(musée des Instruments de musique),* essentiellement Renaissance, qui intéressera surtout les amateurs. D'étranges guitares doubles côtoient des épinettes, des cithares et des violes sculptées.

Weltmuseum *(musée du Monde ; zoom, C-D4)* **:** *accès par la Heldenplatz. ☎ 534-30-50-52. • weltmuseumwien.at • Tlj sauf mer 10h-18h. Entrée : 12 € ; réduc ; gratuit moins de 19 ans. Billet également valable pour l'Armurerie impériale et le KHM.*
Installé dans le splendide corps de logis du ***Neue Burg,*** avec son atrium lumineux soutenu par une foule de colonnes de marbre et ses plafonds peints, le prestigieux musée ethnologique de Vienne a rouvert ses portes après 3 ans de travaux. À travers une scénographie très originale, il présente les chefs-d'œuvre issus de ses riches collections, contenant plus de... 200 000 objets ! Les 14 salles du parcours thématique invitent le visiteur à découvrir des trésors venus de tous les continents, mais le poussent également à s'interroger sur la légitimité de les exposer, l'héritage colonial ou la rapacité des collectionneurs.

Difficile de décrire toutes les merveilles qu'il contient. L'immense ***coiffe aztèque*** en plumes de quetzal, oiseau rare, est incontestablement la pièce la plus emblématique du musée. Parfait état de conservation et couleurs sublimes. Les ***collections brésiliennes*** sont également remarquables : elles proviennent pour la plupart de l'expédition du naturaliste *Johann Natterer,* qui explora le pays de 1817 à 1835, pour le compte de l'Empire autrichien. L'***Océanie*** est quant à elle richement représentée grâce aux centaines d'objets issus de l'expédition du capitaine ***James Cook.*** Saisissante figure du dieu de la Guerre, avec sa rangée de dents et ses grands yeux, en provenance des îles d'Hawaï.
Nombreuses *expositions temporaires,* qui n'hésitent pas à confronter les collections avec des œuvres ou installations contemporaines.
Enfin le 3e étage du musée, qui abrite l'***Armurerie impériale,*** a quant à lui peu évolué. Avis aux amateurs.

Volksgarten *(jardin du Peuple ; zoom, C3-4)* **:** dessiné en 1819. Belles perspectives. Superbe roseraie vers le *Burgtheater* (voir plus loin l'escapade le long du Ring). On y trouve le mémorial de ***Sissi*** (l'impératrice Élisabeth, pour ceux qui ne suivraient pas !), ainsi que le temple de Thésée, véritable imitation des temples grecs du Ve s av. J.-C. On y organise souvent des expos d'art contemporain.

Pour une pause côté jardin, arrêtez-vous au café ***Le Pavillon,*** avec sa terrasse courue dès les 1ers rayons du soleil. Sinon, retraversez la Hofburg pour continuer la visite.

Josefsplatz *(zoom, D3-4)* **:** considérée, à juste titre, comme la plus harmonieuse place viennoise. Réalisée au XVIIIe s, de style baroque tardif. Entourée de magnifiques palais, dont le palais Pallavicini avec ses doubles atlantes (1783, n° 5), de la Bibliothèque nationale (lever les yeux pour admirer les globes se détachant dans un ciel qu'on vous souhaite sans nuage, tenus à droite par Gaïa, à gauche par Atlas) et du Manège espagnol. Au milieu, la statue de Joseph II.

Nationalbibliothek *(Bibliothèque nationale ; zoom, D4)* **:** *Josefsplatz 1. ☎ 534-10. • onb.ac.at • Grande salle tlj 10h-18h (21h jeu). Fermé lun oct-mai. Entrée : 8 € ; réduc. Gratuit moins de 19 ans.* Édifiée en 1723, cette célébrissime bibliothèque possède plus de 2 millions de livres dont 8 000 incunables, parmi lesquels une ***bible de Gutenberg*** et le livre d'heures de Charles le Téméraire. Le visiteur n'a accès qu'aux (!) 200 000 exemplaires exposés dans la superbe grande salle d'apparat baroque *(Prunksaal),* construite par *Fischer von Erlach,* qui fait toute la longueur de la place. Beau trompe-l'œil ornant la coupole centrale encadrée de très hautes colonnes. Festival de dorures, boiseries et marbres. Si vous êtes un collectionneur de globes terrestres et célestes, ceux qui appartenaient autrefois à la bibliothèque ont désormais un musée rien qu'à eux, le ***Globenmuseum*** *(Herrengasse 9 ; voir plus loin).*

Spanische Hofreitschule *(Manège espagnol ; zoom, D3) : Michaelerplatz 1. ☎ 533-90-31-0. • srs.at • Tlj 9h-16h (19h ven si projection). Fermé lun janv-fév.*
– Visite guidée (en allemand et en anglais ; en français sur demande) du manège et des écuries tlj à 14h, 15h et 16h ; résa conseillée : ☎ 533-90-31 ; 18 €/pers.
– Séance d'entraînement matinal en musique mar-ven à 10h (selon mois, également lun et sam) ; 15 €, réduc ; billet combiné avec la salle du Trésor : 23 € ou avec la visite guidée du manège : 31 €.
– Représentations dim à 11h (sauf juil) ; 25 €, réduc.
– Consulter le tableau à l'entrée, côté Michaelerplatz ; ou • srs.at • Résas : • tickets@srs.at •
Construit en 1729. Immense et magnifique salle baroque à colonnes (55 m de long, 17 m de haut) où se déroulent aujourd'hui les célèbres spectacles de l'École d'équitation espagnole fondée en 1572. Le manège fut le lieu, tout au long de l'histoire, de grands événements politiques ou mondains. Notamment le dîner de gala du mariage de Napoléon et Marie-Louise, les fêtes du congrès de Vienne, les réunions en 1848 de la 1re Assemblée constituante d'Autriche.
C'est au XVIe s que furent fondés à Lipica (Slovénie) les haras qui fournissaient les chevaux pour le manège. Les 1ers chevaux venaient d'ailleurs d'Espagne. L'une des principales caractéristiques des lipizzans est le changement de couleur de leur robe. À la naissance, le poulain est noir pour virer progressivement au gris et devenir tout blanc vers l'âge de 8 ans. Les haras sont à Piber depuis 1920.

Augustinerkirche *(église des Augustins ; zoom, D4) : Augustinerstr. 3. Donne sur la Josefsplatz.* Dans la crypte sont entreposées 52 urnes contenant les cœurs des membres de la famille impériale, charmante coutume qui s'est arrêtée avec François-Joseph *(visites seulement sur rdv au ☎ 533-70-99)*. Construite au XIVe s, l'église fut « baroquisée », puis « néogothicisée ». Bancs sculptés et orgues sur lesquels fut créée la *Messe en fa mineur* d'**Anton Bruckner.** Splendide cénotaphe pyramidal de **Canova** en marbre blanc (1801) construit à la mémoire d'une fille de l'impératrice Marie-Thérèse. Noter le pathos très lyrique des personnages. Tombeau de Léopold II (vide également, car il repose, comme les autres, dans la crypte de l'église des Capucins).

HABSBOURG TOUJOURS

Décédé à 98 ans en 2011, Otto de Habsbourg, le dernier chef de la famille dynastique, ne s'était toujours pas fait à la disparition de l'Empire austro-hongrois. Un jour où on lui parlait d'un match de foot Autriche-Hongrie, sa réponse fusa : « Bien, bien, mais contre qui ? »

Schmetterlinghaus *(Maison des papillons ; zoom, D4) : dans le Burggarten, derrière l'Augustinerkirche. • schmetterlinghaus.at • Avr-oct, tlj 10h-16h45 (18h15 w-e) ; nov-mars, tlj 10h-15h45. Entrée : 7 € ; réduc.* Magnifiques serres *Jugendstil* dessinées par *Friedrich Ohmann*. Elles abritent aujourd'hui une collection de papillons du monde entier, sans grand intérêt par elle-même, mais si vous voyagez avec un chasseur de papillons, vous n'y échapperez pas !

Profitez plutôt de la tranquillité des lieux en vous désaltérant à la terrasse du **Palmenhaus** *(zoom, D4, **187**)*, un café qui occupe l'aile droite des serres (voir « Où boire un verre tout en grignotant ? Où sortir ? Où écouter de la musique ? »).

Albertina *(zoom, D4) : Albertinaplatz 1. ☎ 534-830. • albertina.at • Tlj 9h-18h (21h mer et ven). Entrée : 17,90 € ; réduc ; gratuit moins de 19 ans. Audioguide en français (présentation du lieu et de certaines expos temporaires) : 4 €.* Situé dans un ancien hôtel particulier des Habsbourg, ce superbe musée présente avant tout la collection privée du couple suisse Batliner, l'une des plus prestigieuses représentations d'arts graphiques en Europe. Les œuvres vont de l'impressionnisme français et allemand aux œuvres d'artistes issus des groupes ***Die Brücke*** ou ***Der***

VIENNE

Blaue Reiter. Pas vraiment de collection permanente, mais, lors de votre passage à Vienne, il y a fort à parier que l'amateur d'art en vous trouvera son bonheur dans l'une des expos temporaires.

Petit café ***Do & Co*** pour faire une pause autour d'une pâtisserie de chez *Demel.* Jolie terrasse donnant sur le *Burggarten.*

Albertinaplatz *(zoom, D4)* **:** en sortant de l'Albertina, prenez le temps de méditer, sur la place, devant la sculpture monumentale qui commémore toutes les victimes de la guerre et du fascisme. Les Alliés ayant pris l'Opéra pour une gare, l'immeuble d'habitation voisin fut entièrement détruit (il servait en fait d'abri). L'Opéra (voir plus loin l'escapade au long du Ring) fut, lui, démoli aux 2/3 et reconstruit à l'identique, et l'on choisit, plutôt que de reconstruire sur le charnier, de laisser la place vide, avec ce seul monument en tant que témoin. Profitez de votre passage pour faire un tour à l'office de tourisme, juste en face, et une pause au ***Würstelstand*** très couru, tout à côté, avant de remonter le long de la *Hofburg,* jusqu'à la *Michaelerplatz,* pour la suite de la balade.

VIENNE

Au nord du centre historique, entre Hofburg et Donaukanal *(zoom, C-D3)*

Autour de la Hofburg, arrêtez-vous dans un des célèbres cafés viennois (*Demel, Sacher, Mozart,* etc. ; voir plus haut la rubrique « Les plus fameux cafés viennois ») avant de remonter la *Herrengasse* en direction du *Schottenring.* C'est encore un autre visage de la ville que vous allez découvrir, de place en place : ***Freyung, Am Hof, Judenplatz...***

Looshaus *(maison Loos ; zoom D3)* **:** *Michaelerplatz 3 (à l'angle de Kohlmarkt). Visite possible en sem 9h-15h (17h30 jeu).* Réalisée en 1909, c'est l'une des œuvres les plus marquantes du grand architecte Adolf Loos ; elle déclencha l'une des plus grandes polémiques architecturales du début du XXe s. Après le ***Jugendstil,*** le style Sécession, Loos imposa, en réaction au conformisme architectural de l'époque (le style prétentieux du Ring, notamment), encore plus d'austérité et de pureté dans les lignes et les formes. Surnommé la *maison sans sourcils* en raison de l'absence d'auvents au-dessus des fenêtres, cette maison fut considérée par beaucoup comme une provocation face à l'orgueilleuse façade de la *Hofburg,* celle néoclassique de l'église Saint-Michel et les demeures baroques environnantes.

L'édifice donna lieu à une âpre bataille à toutes les étapes de sa construction (concours des architectes, polémique sur la nudité de la façade à laquelle la municipalité souhaitait intégrer un décor), relayée par la presse et l'opinion publique : arrêts de chantier, plaintes en justice et nouveau concours pour la façade. Finalement, en 1911, Loos gagna la partie. Son unique compromis fut l'installation, dans l'entrée monumentale, de 4 colonnes pour répondre à celles de l'église Saint-Michel.

LA BAGNOLE ÉTAIT REINE

En 1938, le constructeur automobile Opel obtint des autorités nazies le droit d'exposer ses nouveaux modèles dans l'immeuble Loos. Comme les voitures n'y entraient pas, on détruisit sans se poser de questions l'extraordinaire décor de bois rare conçu par Loos. Quelques années plus tard, il fallut aller jusqu'en Angleterre pour reconstituer ce décor mythique à l'identique.

Dans la *Wallnerstraße (zoom, D3),* au n° 4, le ***palais Esterházy*** du XVIIe s. Haydn y donna pendant 30 ans de nombreux concerts. Au n° 8, le ***palais Caprara-Geymüller*** de la fin du XVIIe s. Beau portail à atlantes.

Herrengasse *(zoom, D3)* **:** au nº 3, le **palais Porcia,** construit en 1546, un des rares palais de la Renaissance. Façade classique avec blason doré. Suivent, au nº 5, le **palais Wilczek** du XVIIIᵉ s et, au nº 7, un ancien palais du XVIᵉ s, modifié au début du XIXᵉ. Au nº 9, le **palais Mollard-Clary** (de 1689). À l'intérieur, puits avec grille en fer forgé du XVIᵉ s. Au nº 13, l'ancienne **maison Liechtenstein.**
Nos lecteurs globe-trotters peuvent aller visiter, dans le palais Mollard, le **Globenmuseum** *(musée des Globes)* **:** *☎ 534-107-10. ● onb.ac.at ● Tlj (sauf lun hors saison) 10h-18h (21h jeu). Entrée : 5 € pour les 3 musées ; réduc ; gratuit moins de 19 ans.* Le seul musée au monde qui collectionne les globes terrestres anciens... Vous êtes en fait dans une « annexe » de la Bibliothèque nationale, où un espace a été aménagé pour accueillir l'**Esperantomuseum** et le **Papyrusmuseum.**

Le palais Ferstel (zoom, D3) **:** *Strauchgasse 4, entrée sur Herrengasse 14. Autre entrée au Freyung 2.* Étonnant palais construit en 1856 par **Heinrich von Ferstel,** à voir surtout pour l'architecture intérieure où fusionnent sans heurt le néo-Renaissance italien et le néo-roman, avec des échappées de perspectives à travers cours et escaliers, vraiment audacieuses. Le tout jouant abondamment avec la lumière. Empruntez le superbe passage qui traverse le bâtiment de part en part avec sa fontaine aux personnages de bronze.
On y trouve aussi le célèbre **Café Central** (zoom, D3, **167** ; voir plus haut la rubrique « Les plus fameux cafés viennois »).

Minoritenkirche *(église des Frères-Mineurs ; zoom, C-D3)* **:** *Minoritenplatz. Tlj 7h30h-19h (17h en hiver).* Fortement endommagée durant le siège de 1683 par les Turcs, l'église érigée au XIVᵉ s fut transformée fin XVIIᵉ s en une très baroque « église-halle ». Façade-pignon avec beau portail et une curieuse abside avec tour octogonale à l'italienne. À l'intérieur, copie en mosaïque de *La Cène* de Léonard de Vinci.

Schreyvogelgasse 8 *(zoom, C3)* **:** lieu emblématique du *Troisième Homme* (voir la rubrique « Cinéma. Sur les traces du *Troisième Homme* » dans le chapitre « Hommes, culture, environnement »). Carol Reed avait choisi l'un des plus beaux coins de l'Innere Stadt, au pied de la **Beethovenhaus** *(Mölker Bastei 8 ; tlj sauf lun ; entrée : 5 €).* Une des maisons de musiciens que vous pouvez retrouver dans la plaquette en français les regroupant (à l'office de tourisme) ou sur le site *● wien museum.at ●*

Schottenkirche *(église Notre-Dame-des-Écossais ; zoom, D3)* **:** *Freyung et Herrengasse.* D'abord il ne s'agit pas d'Écossais, mais de moines irlandais venus sur le continent à partir du VIIIᵉ s pour évangéliser l'Europe de l'Est. À l'époque, s'agissant de l'Irlande, on disait parfois Nouvelle-Écosse. L'église fut édifiée au XIIᵉ s, modifiée à l'ère du style gothique, puis « baroquisée » et encore remaniée au XIXᵉ s. Élégant clocher à bulbe. À l'intérieur se trouve la plus ancienne statue de la Vierge de Vienne (XIIIᵉ s) et de superbes retables. Fresques au plafond (scènes de la Passion). Une anecdote : le 15 juin 1809 eut lieu ici une cérémonie funèbre à la mémoire de **Haydn** (enterré quelques jours plus tôt sous les bombardements napoléoniens). Dans l'assistance, un certain *Henri Beyle,* inconnu du grand public. Très ému, il écrivit par la suite son 1ᵉʳ livre, *Lettres sur Haydn.* Celui qui prit comme pseudonyme **Stendhal** devait en écrire beaucoup d'autres.

Museum im Schottenstift *(musée de l'abbaye des Écossais ; zoom, D3)* **:** *Freyung 6. ☎ 534-98-600. ● schottenstift.at ● Mar-sam 11h-16h30. Entrée : 8 € ; réduc. Audioguide en anglais : 3 €.* Possibilité de visiter la galerie de peinture qui présente d'intéressantes œuvres allant du XVIᵉ au XIXᵉ s. La pièce la plus connue, le retable des Écossais, vous plongera dans une Vienne médiévale à souhait, servant de décor à des scènes de la vie du Christ.
Dans la cour-jardin *(Schottenhof),* très agréable salon de thé.

Freyung *(zoom, D3)* **:** cette place triangulaire est bordée d'imposants palais qui comptent parmi les plus beaux de la ville. « Freyung » vient du mot *frei* (« libre »)

VIENNE

et rappelle le droit d'asile accordé aux gens en fuite et autres routards du Moyen Âge (on aime bien ramener tout à nous !). Au n° 7, jeter un œil sur la fameuse ***Commode,*** ancien prieuré du couvent ainsi nommé en clin d'œil au meuble de style Biedermeier. Au n° 4 de la Renngasse, admirez la fine décoration de la façade du ***palais Schönborn-Batthyány*** (de 1698).

– Le ***palais Kinsky*** *(Freyung 4 et Herrengasse),* construit en 1713, demeure le plus élégant qu'on connaisse. Superbe façade dont tous les éléments s'harmonisent avec subtilité. Remarquable porte monumentale avec colonnes et atlantes.

– Le ***palais Harrach*** *(Herrengasse 16)* abrite des galeries et magasins de luxe derrière ses belles portes rococo.

Marché bio et paysan très sympathique, pour grignoter sur le pouce et se poser sur un banc près d'un stand si le cœur vous en dit *(ven-sam 9h-18h).* Vous pourrez goûter ici les produits de la ***Simply Raw Bakery*** voisine *(Drahtgasse 2, Am Hof ; lun-sam 9h-18h)* : smoothies, cupcakes, tartes, gâteaux. Du 100 % bio et vegan.

VIENNE

Au n° 8, au centre de la Freyung, le ***Kunstforum Wien*** *• kunstforumwien.at • ; tlj 10h-19h (21h ven) ; entrée : 11 €, réduc.* Présente des expositions internationales remarquables.

Am Hof *(zoom, D3)* **:** large et charmante place, située à l'emplacement d'un ancien camp romain. Prenant des teintes dorées au soleil couchant, l'une des plus anciennes places de Vienne a retrouvé tout son charme après une belle rénovation. Au milieu, ***colonne de la Vierge*** *(Mariensäule)* de 1667. Sur les flancs, les 4 malheurs qui frappèrent Vienne : la Famine (symbolisée par un dragon), la Guerre (un lion), la Peste (un reptile de légende) et l'Hérésie (un serpent).

Kirche am Hof *(église des Neuf-Chœurs-des-Anges ; zoom, D3)* **:** *Am Hof.* De la fin du XIVe s et « baroquisée » au début du XVIIe s. Longtemps église de jésuites, aujourd'hui catholique croate. Une curiosité, la belle façade en retrait dont les 2 ailes abritent des habitations qui relient bien l'ensemble au reste de la place. À l'intérieur, jolies fresques de Maulbertsch. Dans les chapelles à droite de la nef, au fond, celles de saint Ignace et de saint Pie X méritent un petit détour. Magnifique buffet d'orgue baroque au-dessus du porche.

Le palais Collalto *(zoom, D3)* **:** *Am Hof 13, à gauche de l'église.* Édifié aux alentours de 1680. C'est ici que Mozart donna, à 6 ans, son 1er concert public (avant *Schönbrunn*). À côté, au n° 12, jolie maison bourgeoise baroque de 1730. Fenêtres finement décorées.

Bürgerliches Zeughaus *(zoom, D3)* **:** *Am Hof 10.* Une des plus séduisantes casernes de pompiers que l'on connaisse. C'est l'ancien arsenal des Bourgeois, construit au XVe s, remanié au temps du baroque. Abondance de statues sur la façade. Petit ***Feuerwehrmuseum*** *(musée des Pompiers ; dim 9h-12h, plus mar 14h-17h ; GRATUIT).* Pas de quoi fantasmer...

Uhrenmuseum *(musée de l'Horlogerie ; zoom, D3)* **:** *Schulhof 2. ☎ 533-22-65. • wienmuseum.at • Mar-dim 10h-18h. Entrée : 7 € ; réduc ; gratuit moins de 19 ans et pour ts le 1er dim du mois.* Ruelle passant sous une voûte, à côté de l'église des Neuf-Chœurs-des-Anges. Installé dans le palais Obizzi de 1690. 6 siècles de production de montres, pendules et horloges, certaines vraiment magnifiques. Considérée comme la plus importante collection au monde. Horloge de tour de guet du XVe s, pendules astronomiques, cartels Empire, montres *Biedermeier* et à gousset, pendules à carillon, rares horloges japonaises du XVIIIe s, etc.

Judenplatz *(place des Juifs ; zoom, D3)* **:** cette place piétonne était le quartier juif aux XIIIe et XIVe s. En 1421, lors de l'expulsion de la communauté juive, la synagogue fut détruite. Reste, au n° 8, la maison Misrachi, le siège de la corporation des tailleurs, transformée en musée de l'Histoire juive.

– ***Museum Judenplatz :*** ☎ *535-04-31.* ● *jmw.at* ● *Dim-ven 10h-18h (17h ven). Entrée (comprenant un accès, dans les 3 j., au Jüdisches Museum) : 12 € ; réduc ; gratuit moins de 19 ans.* Passé et présent réunis. Un musée consacré à l'histoire juive du Moyen Âge. Banque de données en accès libre recensant les 65 000 juifs déportés par les nazis.
– Au n° 2, la maison du grand Jordan *(Haus zum Großen Jordan)* date du XVe s. Au centre, imposant ***mémorial de la déportation,*** œuvre de *Rachel Whiteread*. Chaque brique de ce monument représente un livre, symbole de l'existence disparue des déportés.
– Mozart vécut aux nos 3 et 4, juste après son mariage avec Constanze Weber en 1782.
– À l'angle de la place et de *Wipplingerstraße* s'élève l'ancienne ***Böhmische Hofkanzlei*** (*chancellerie de Bohême* ; 1709-1714), œuvre de *Fischer von Erlach*. Façade côté *Wipplingerstraße* encore plus jolie que côté *Judenplatz.* Portail à 3 portes dessiné comme un arc de triomphe. Balcon porté par des atlantes et abondante statuaire. C'est depuis ce bâtiment que les empereurs d'Autriche administraient leurs possessions de Bohême et de Moravie.
– Ravissante *Kurrentgasse,* avec son alignement de demeures du XVIIIe s.
– Dans la *Wipplingerstraße,* jeter un œil, au n° 6, sur l'***Altes Rathaus,*** l'ancien hôtel de ville où se réunirent les édiles viennois, de 1699 à 1885. Beau rythme du décor de la façade avec ses fenêtres s'arrêtant à mi-baie et ses entablements de colonnes obliques. Ne pas rater dans la cour la jolie fontaine d'Andromède. Exquis travail de fer forgé supporté par 4 amours.

Salvatorkapelle *(chapelle du Saint-Sauveur ; zoom, D3)* **:** *Salvatorgasse 5.* Splendide portail Renaissance (un des rares subsistant à Vienne). Accès à la chapelle proprement dite par l'ancien hôtel de ville, sur la *Wipplingerstraße.*

Kirche Maria am Gestade *(église Notre-Dame-du-Rivage ; zoom, D3)* **:** *Salvatorgasse 12.* Intéressante perspective du *Tiefer Graben,* le « fossé profond » qui servit de lit autrefois à un affluent du Danube. Ruelle se finissant en goulot. Sur la droite, 2 maisons du XVIe s. Au fond, la façade de l'église s'insère avec précision et harmonie dans ce cadre restreint. D'abord église romane, à laquelle succéda au XIVe s cette construction gothique bien intéressante, en particulier pour son élégante tour en poivrière polygonale. Façade de moins de 10 m de large donnant une admirable impression d'élévation, à partir de l'auvent en forme de dais superbement orné, prolongé d'une longue verrière s'achevant sur un pignon à la balustrade délicatement ajourée. À l'intérieur, une originalité : la nef et le chœur sont d'égale longueur, mais pas dans le même axe (l'architecte épousa le tracé médiéval des rues). De même, ce sentimental n'osa pas abattre les maisons du voisinage pour construire les transepts. Très belle voûte de la nef. Tribune d'orgue Renaissance ainsi que l'autel de la chapelle Saint-Jean (à droite du chœur). Vitraux du chœur des XIVe et XVe s. C'est l'église de la communauté tchèque de Vienne.

Hoher Markt *(haut marché ; zoom, D3)* **:** cette place, entièrement reconstruite après les bombardements de 1945, ne possède pas de charme par elle-même. Pourquoi attire-t-elle autant la foule le midi ? Pas seulement pour un déjeuner dans un des stands du *Merkur* voisin. Jeter plutôt un œil sur l'***Ankeruhr*** (1913), horloge de l'époque *Jugendstil* reliant 2 immeubles. À midi, défilé des personnages historiques (Marc Aurèle, Charlemagne...) qui sont passés par ici, sur un fond musical très couleur locale.
– Au milieu de la place, la ***fontaine du Mariage de la Vierge*** (1729) avec son baldaquin de bronze.
Plusieurs stands gourmands se partagent les faveurs du grand magasin *Merkur* voisin, et pour conclure café au 1er étage, chez ***Dallmayr.***

Römermuseum *(Musée romain ; zoom, D3)* **:** *Hoher Markt 3.* ☎ *535-56-06. Mar-dim 9h-18h. Entrée : 7 € ; réduc ; gratuit moins de 19 ans et pour ts le 1er dim du mois.* Un espace intelligemment conçu autour de la vie (et de la mort) de

VIENNE

Vindobona. Vestiges de 2 maisons romaines (IIIe s apr. J.-C.). Silence impressionnant, interrompu seulement par le passage des chevaux dans la rue au-dessus. Dans les étages supérieurs, objets, films d'animation.

Ruprechtskirche *(église Saint-Rupert ; zoom, E3)* **:** *Ruprechtsplatz. Lun-ven 10h-12h, plus lun, mer et ven 15h-17h ; sam 11h30-15h30 ; visite de nuit possible ven 21h-minuit.* La plus ancienne église de Vienne, située sur une butte. Avec ses petites tuiles moussues et son lierre, elle ressemble à une église de campagne. Tour et nef romanes du XIIe s. Dans la fenêtre centrale du chœur, vitrail du XIIIe s (là aussi, le plus ancien de la ville). C'est l'église des Français de Vienne.

Stadttempel *(grande synagogue ; zoom, E3)* **:** *Seitenstettengasse 4. ☎ 53-1-04-0. Ⓜ Schwedenplatz (U1 ou U4). Visites guidées seulement, lun-jeu à 11h30 et 14h, sur présentation d'une pièce d'identité.* Sous *Joseph II,* si les religions non catholiques possédaient le droit de s'exprimer, en revanche, leurs lieux de culte ne devaient pas se voir de la rue. C'est pourquoi la synagogue se trouve à l'intérieur des bâtiments de la communauté juive. Elle fut édifiée en 1826 et demeure la seule parmi la vingtaine de synagogues de Vienne qui ait échappé aux destructions de la sinistre *Nuit de cristal* du 9 novembre 1938, quelques mois après l'*Anschluss.*

VIENNE

Balade à l'est du centre historique, entre Donaukanal et Stadtpark *(zoom, E2-3)*

Avant de quitter le centre ancien, agréable balade dans ces ruelles romantiques, de superbes palais en hôtels particuliers. Tous les chemins mènent au *Stadtpark,* où on peut se poser avant l'escapade au long du Ring en partant notamment de la **Schwedenplatz,** bien desservie par le métro, et entamer le tour du Ring en tram. Pour y arriver, balade le long du Donaukanal en longeant le quai *Franz-Josefs-Kai,* trait d'union entre le *Schottenring,* à l'ouest, et le *Stubenring,* à l'est.

Donaukanal et alentour *(zoom, E2-3)* **:** tout près de la *Schwedenplatz,* petit tour de chaque côté du *Donaukanal* pour découvrir un autre aspect de la Vienne actuelle, surtout à la belle saison. Plage aménagée, bars et restos très tendance, dont le *Motto am Fluss,* au nouvel embarcadère de *Wien City (zoom, E3),* terminal des bateaux d'excursions sur le Danube et des catamarans pour Bratislava. L'embarcadère, dessiné par les architectes *Fuchs & Fasch,* a des allures de transatlantique. Pour ceux qui auraient envie de découvrir ce quartier tendance, entre l'*Augarten* et le *Prater,* rendez-vous pour la visite dans « À voir encore autour du Ring. De l'autre côté du Donaukanal ».

En buvant un verre sur le pont supérieur du *Motto am Fluss (zoom, E3,* ***206****),* en terrasse, on découvre de l'autre côté du canal le *Sofitel Vienna,* conçu en 2010 par Jean Nouvel, et qui bénéficie d'une vue imprenable quand on est attablé au *Loft (zoom, E3,* ***108****).*

Et puisqu'on parle cuisine, pourquoi ne pas passer le pont pour aller déjeuner sur l'un des marchés actuellement les plus courus de Vienne, le ***Karmelitermarkt*** *(plan, E2 ; Wien 2 ; en cas de fatigue, il y a le tram no 2 jusqu'à Karmeliterplatz – 2 stations).*

Fleischmarkt et alentour *(zoom, E3)* **:** l'une des plus anciennes places du centre. En 1220, elle était déjà signalée comme celle des bouchers. Plus tard, fuyant les Turcs, une petite colonie grecque vint s'y installer. Au no 14, un beau décor *Jugendstil* à feuillages, arbres et stucs dorés (de 1898). À l'angle du *Fleischmarkt* et de la *Rotenturmstraße,* le *Reinerhof,* bel immeuble de bureaux de 1909 (de A. Baron). Au no 3, du même architecte, le *Steyrermühl,* autre édifice à usage commercial avec 3 bow-windows d'une grande élégance.

Griechische Kirche *(église des Grecs ; zoom, E3)* **:** *Fleischmarkt 11-13. Lun-ven 10h-15h, sam 10h-13h, dim messe à 9h.* L'église de la Sainte-Trinité fut habillée en 1861 d'une élégante façade en brique, enrichie d'ornementations dorées et d'un clocher de style néo-romano-byzantin. À côté, une belle demeure du XVIe s abrite l'auberge ***Griechenbeisl,*** une institution certes charmante et fort ancienne, mais très chère, d'une qualité inégale et trop touristique à notre goût. Au milieu, la *Griechengasse,* ruelle médiévale typique avec ses gros pavés et bornes anti-carrosses, dont le nom rappelle l'arrivée des marchands grecs dans le quartier au XVIIIe s.

Heiligenkreuzerhof *(zoom, E3)* **:** *accès par la Grashofgasse ou par Schönlaterngasse 5.* Vaste cour entourée d'édifices du XVIIe s (mais son plan datait déjà du XIIe s). Atmosphère de calme et de sérénité qui inspira les urbanistes de la Vienne rouge des années 1920.

Schönlaterngasse *(rue de la Belle-Lanterne ; zoom, E3)* **:** une de nos rues préférées. Délicieusement romantique la nuit. Beaucoup de demeures médiévales dont les façades ont été baroquisées au XVIIIe s. Au n° 6, maison avec lanterne en fer forgé de 1680 (à l'origine du nom de la rue). Au n° 7, la ***Basilikenhaus*** (voir encadré). À côté habita *Robert Schumann.* Au n° 9, ancien atelier de forgeron (qui ne ferma qu'en 1974), aujourd'hui lieu de rencontres culturelles. Se balader ensuite le long de la *Sonnenfelsgasse* (au n° 15, beau porche Renaissance) et de la *Bäckerstraße* (au n° 7, jolie cour à arcades), bordées d'intéressantes habitations.

UNE BESTIOLE RÉPUGNANTE

La Basilikenhaus évoque non pas une plante, mais un reptile mythique très méchant sorti d'un œuf pondu par un coq et couvé par un crapaud (tous les fans de Harry Potter savent ça !). La légende dit qu'il peut tuer par le regard, mais aussi par son souffle à l'haleine fétide, ou même par le contact de sa peau, puisqu'il sécrète du venin. On dit que la seule façon d'en venir à bout est de lui présenter un miroir, puisqu'il est effrayé par sa propre image.

Jesuitenkirche *(ancienne église des Jésuites ; zoom, E3)* **:** *Dr.-Ignaz-Seipel-Platz. Tlj 7h-18h30 (10h30 dim). Messe lun-sam à 7h et lun-ven à 18h30 (seulement mer juil-août).* Une des plus belles églises d'Autriche. Haute façade encadrée de clochetons à bulbe. À l'intérieur, tout le faste baroque de la Contre-Réforme. S'il y a une église à visiter, c'est bien celle-là, qui représente dans son genre le sommet de cet art du trompe-l'œil, œuvre du jésuite *Andrea Pozzo !* Chaire époustouflante incrustée de nacre, retable monumental coiffé d'une couronne gigantesque, arches de la nef avec balcons, énormes colonnes torsadées (dis, Sigmund, quelle interprétation à ce sujet ?). L'ensemble est couvert de fresques. Poussez votre visite jusque dans la sacristie.

Dominikanerkirche *(église des Dominicains ; zoom, E3)* **:** *Salzstraße 10.* Succédant à une église gothique (victime d'un siège par les Turcs en 1529), cette importante église baroque fut élevée en 1631. Décor incroyablement chargé. Le moindre emplacement libre possède sa fresque. Tribune d'orgue particulièrement ornementée. Belle chaire. Chapelle Saint-Vincent avec retable du XVIIIe s (*Couronnement d'épines* et, au-dessus, *Saint Vincent accomplissant un miracle*). Belle grille en fer forgé.

ESCAPADE LE LONG DU RING (zoom)

Quittons le centre historique et remontons le ***Ring,*** bordé des monuments civils les plus marquants de Vienne. Un Ring qui a fêté ses 150 ans en 2015. Plus que jamais, l'occasion de revenir sur le projet urbanistique le plus important de l'histoire de Vienne, qui créa, en son temps, la jonction entre l'*Innere Stadt* (la ville intérieure), occupée majoritairement par la résidence impériale et ses palais aristocratiques, et les faubourgs où la petite bourgeoisie s'était implantée. Une

opération à la mesure de l'explosion démographique de Vienne, dont la population augmenta de 30 % après 1865, date de l'inauguration officielle du Ring, allant jusqu'à dépasser le million d'habitants en 1890.
C'est en 1857 que ***François-Joseph*** décide la destruction de l'ancienne enceinte de la ville, de ses bastions dont Napoléon Ier avait prouvé qu'ils ne servaient pas à grand-chose. C'était dans l'air du temps : à Paris, à l'époque, *Haussmann* défonçait les vieux quartiers. Célébrant la gloire impériale, la construction du Ring faisait en outre écho à la montée irrésistible, en Europe, de la grande bourgeoisie commerçante et industrielle, avide d'une architecture de prestige à l'image de son pouvoir, de ses ambitions et de ses goûts. Sans oublier quelques arrière-pensées d'ordre stratégique, puisque ces boulevards larges de 56 m devaient aussi permettre le déplacement rapide des troupes en cas d'émeutes populaires (le traumatisme du soulèvement de 1848 était encore bien vivace dans les mémoires).

Une histoire de l'architecture en 3D

Les espaces qui n'avaient été impartis ni aux édifices publics, ni aux rues, ni aux parcs furent mis en vente à prix d'or. Parmi les familles qui firent bâtir leurs hôtels particuliers le long du boulevard, citons simplement les *Ephrussi,* banquiers originaires d'Ukraine, les *Epstein,* issus de la riche bourgeoisie juive de Prague, et les *Todesco,* de grands négociants roumains.
Question style architectural, le Ring fut digne du conformisme de l'époque et de son manque d'audace. On eut droit à toutes les variétés dans la veine « néo », ce qu'on appela le « ***style historiciste*** ». Néobaroque pour le *Burgtheater,* néo-Renaissance pour l'Opéra ou les musées, néogothique pour la *Votivkirche...* Il s'agissait de choisir le modèle historique se rapprochant le plus de la vocation de l'édifice : le temple grec pour le Parlement ou le forum antique pour la résidence impériale.
Un forum impérial devait relier la *Hofburg* aux musées jumeaux que vous découvrirez de l'autre côté de la *Burgtor,* le musée des Beaux-Arts et le musée d'Histoire naturelle, construits pour accueillir les collections impériales et se prolonger jusqu'aux écuries de la cour (l'actuel complexe culturel du MuseumsQuartier, voir plus loin).
Adolf Loos, adepte du minimalisme, clama son mépris pour le résultat final. ***Otto Wagner*** le trouva ridicule, mais certains édifices construits quelques décennies plus tard porteront sa signature.

Hôtels et cafés célèbres, lieux historiques et endroits fatidiques

À l'origine, aucun hôtel n'était prévu sur la ***Ringstraße,*** mais l'Exposition universelle de 1873 changea la donne. Ainsi naîtront le ***Sacher*** et le ***Grand Hôtel,*** rendez-vous prisés de l'aristocratie. 150 ans plus tard, on note une nette reprise de l'activité, les grands groupes ayant investi ces derniers temps nombre d'immeubles pour créer une hôtellerie de luxe...
En revanche, sur les 27 grands cafés que comptait le Ring autrefois, peu existent encore aujourd'hui. Parmi les plus emblématiques, citons le *Prückel,* le *Schwarzenberg* et le *Landtmann* (voir plus haut la rubrique « Les plus fameux cafés viennois »).
Avec un peu de chance, on peut assister à l'un des nombreux festivals qui rythment les saisons ici : film musical sur la *Rathausplatz,* retransmission sur écran géant des spectacles devant l'Opéra national (avril-juin et septembre), marathon de Vienne en avril... Ou encore, dans un autre genre, le *Life Ball,* avec son défilé de mode spectaculaire sur la *Rathausplatz,* qui précède sur le calendrier la parade arc-en-ciel et la *Vienna Pride* de juin ou la *Streetparade* d'août ou septembre. En octobre, c'est le design qui est à l'honneur, avant de laisser la place aux plaisirs d'hiver : marchés de Noël, patinoire et bals en tout genre.

Artère encombrée et oasis paisibles

C'est dans le sens des aiguilles d'une montre que nous allons décrire les principaux monuments, qu'on voit défiler derrière les vitres du tramway. La circulation se fait dans ce sens. Un tour que l'on peut aussi faire à vélo, à l'ombre des érables, tilleuls, micocouliers, platanes et autres marronniers. Les parcs et jardins qui longent le Ring sont chers aux Viennois, et on peut s'y aventurer en toute sérénité.
La partie la plus spectaculaire du Ring (qui fait 4 km dans toute sa longueur) se situe entre l'Opéra *(zoom D4)* et la ***Votivkirche*** *(zoom, C2).* Pour admirer les *kolossale* pièces montées que sont les musées des Beaux-Arts (KHM) et des Sciences naturelles, le palais de justice, le Parlement, l'hôtel de ville, le ***Burgtheater*** et l'université, prendre successivement les ***trams nos 1 et 2.*** Autre possibilité : le ***Ring Tram,*** qui fait le tour du Ring ; mais il est plus cher. Ce parcours permet bien sûr de découvrir les principaux monuments tout le long du Ring, mais aussi quelques curiosités à l'écart du Ring comme la maison de ***Hundertwasser.*** La *Ringstraße* et le centre de Vienne ont rejoint Schönbrunn sur la liste du Patrimoine mondial de l'Unesco.

MAK – Österreichisches Museum für angewandte Kunst *(musée autrichien des Arts appliqués ; plan, E3)* **:** *Stubenring 5. ☎ 711-360. • mak.at • Ⓜ Landstr. (U4) ou Stubentor (U3). Tram no 2 ; bus no 74A. Mar-dim 10h-18h (22h mar). Entrée : 14 € ; réduc ; gratuit moins de 19 ans et pour ts mar 18h-22h : 5 €. Traduction des textes en anglais. Visite guidée sam à 11h (en allemand) et dim à 12h (en anglais) : 3,50 €.*
Dans son genre, un des plus anciens d'Europe. Il occupe depuis 1871 un pompeux édifice néo-Renaissance italienne, bien dans la veine historiciste de l'époque. En 1993 eut lieu une restauration complète de l'aménagement, où l'on eut la bonne idée de confier chaque section à un artiste différent. L'aménagement, très innovant, met les objets magistralement en valeur. Plan d'orientation distribué.

Le grand hall et le rez-de-chaussée
– Le rez-de-chaussée abrite d'intéressantes collections permanentes. Dans la section Baroque-rococo-classicisme *(Barock-Rokoko-Klassizismus),* le concepteur a joué une carte minimaliste. Au milieu de la pièce, difficile de ne pas se focaliser sur la reconstitution d'un salon du *palais Dubsky* de Brno, en Moravie (porcelaine et mobilier du XVIIIe s). Au mur, une peinture chinoise sur papier de lin. À droite de cette section, étonnante présentation des riches collections asiatiques. C'est *Tadashi Kawamata* qui a conçu la scénographie, « enveloppant » les objets avec des caisses façon déménagement en cours et des vitrines labyrinthiques. Pas toujours simple de lire les cartels. Superbes objets japonais, comme ce *mont Fuji* en céramique ou cette nature morte dorée d'une finesse extraordinaire.
De l'autre côté du hall, sur la gauche, la salle consacrée à la période du Moyen Âge et de la Renaissance contient des vitrines de dentelles et une série de verres et vases en cristal de Bohême finement ciselés. Cette même salle ouvre sur celle consacrée à l'Empire et à la période ***Biedermeier,*** particulièrement intéressante : elle illustre par le mobilier cette fameuse période, allant de 1815 (congrès de Vienne) à 1848 (révolution), qui constitue le sommet du « goût bourgeois » pour le cocooning et la vie de famille (en apparence du moins, car on tend à revenir sur cette vision simpliste de la période). Meubles de bois précieux au dessin confortable avec en vedette un sofa en merisier à la tapisserie rouge du plus bel effet. Belle mise en scène due à l'inventivité de *Barbara Bloomberg,* l'artiste qui a

UNE RÉPUTATION BIEN ASSISE

Véritable icône du mobilier industriel, la chaise no 14, toujours LA référence en matière de chaise de bistrot, aurait été vendue à plus de 50 millions d'exemplaires dans le monde de 1859 à 1930. Son fabricant, August Thonet, jetait ses chaises du haut du toit de l'usine pour vérifier leur solidité. Au XIXe s, elle coûtait moins cher qu'une bouteille de vin !

réalisé la salle consacrée à l'historicisme et à l'Art nouveau, avec une allée centrale aux côtés tendus d'un voile sur lequel s'imprime en ombre chinoise la silhouette de dizaines de chaises, dont la célèbre ***chaise de bistrot de Michael Thonet,*** qui inventa le procédé du bois courbé à la vapeur. À côté, la salle conçue par un collectif d'artistes viennois (Gang Art) vous offre une plongée dans... l'Orient, avec une collection unique de somptueux tapis.

Le 1er étage

En haut des imposants escaliers, découverte des collections du XXe s et la passionnante expérience de la ***Wiener Werkstätte*** : en 1903, l'architecte ***Josef Hoffmann*** fonde avec le peintre ***Koloman Moser*** des ateliers dont le but (en phase avec les principes de la Sécession) est de promouvoir les arts décoratifs et de créer des objets d'art accessibles à tous en revalorisant, par ailleurs, le rôle de l'artisan dans la conception et la commercialisation du produit.

Les ateliers viennois ont créé jusqu'à leur disparition en 1933 une multitude d'objets utilitaires dans des domaines aussi variés que la verrerie, les bijoux, la vaisselle, les papiers peints ou les affiches en passant par la mosaïque, le vitrail, la reliure ou le timbre-poste !

La réalisation la plus achevée de ce courant demeure de loin le *palais Stoclet* de Bruxelles, conçu par Hoffmann entre 1905 et 1911, classé au Patrimoine de l'Unesco, et dont la salle à manger est décorée de fresques de Klimt. On peut en admirer les dessins d'étude au MAK, ainsi que les cartons et projets de *Klimt* ou de *Koloman Moser.* Les dernières salles sont consacrées aux classiques du design international du XXe s. Beau mobilier, comme ces fauteuils de ***Mies Van der Rohe*** ou de ***Gerrit Rietveld.***

Le sous-sol

– Terminer par le sous-sol, où l'on trouve une réjouissante rétrospective sur un siècle de ***design,*** vu par la lorgnette de créateurs ayant un humour indéniable. Une fantaisie autour de la cuisine, l'obsession du XXe s. Réflexion originale sur le temps qui passe, au travers de l'évolution des cafetières, des arts de la table ou des sièges, avec une question qui revient souvent : qu'est-ce que le luxe, au fond ?

– Enfin, la 2de partie du musée (accès du rez-de-chaussée) est consacrée aux ***expositions temporaires*** sur des sujets touchant à l'art, au design et à l'architecture.

En sortant, après avoir fait un tour dans une boutique très design, petite pause désaltérante ou restauration légère au café-restaurant du musée, le ***Salonplafond.*** Superbe décor où la modernité vient chatouiller le style pompeux du bâtiment. À moins de préférer le charme du ***Café Prückel,*** juste en face (voir plus haut la rubrique « Les plus fameux cafés viennois »).

Postsparkassenamt *(plan, E3)* **:** Georg-Coch-Platz 2. Lun-ven 8h-17h30. • ottowagner.com • Gratuit pour les salles des guichets. Occupant tout un pâté de maisons, de l'autre côté du Ring, la Caisse d'Épargne postale dessinée par Otto Wagner en 1904 est l'un des édifices emblématiques de la modernité viennoise. La salle des guichets est un joyau du *Jugendstil.* Le petit ***musée*** (lun-ven 10h-17h30 ; 12 €) met l'accent sur le génie architectural de Wagner (Otto, bien sûr !). À réserver aux admirateurs de l'architecte.

À 2 pas, de l'autre côté de la *Weiskirchnerstraße,* commence le ***Stadtpark,*** le plus vieux parc public de Vienne, inauguré en 1862. Rien n'a vraiment changé depuis : sentiers qui serpentent bordés d'arbustes décoratifs, pelouses et bassins, statues en tout genre, dont la plus célèbre est la statue dorée en pied du « roi de la valse », ***Johann Strauss junior.*** Remarquez l'élégance de la ***station de métro*** de l'autre côté de la rivière Vienne, réalisée par Otto Wagner.

Une des meilleures tables de la ville se cache de l'autre côté du parc, le ***Steirereck.*** Réservez une table en terrasse, de la partie bistrot : ***Meierei im Stadtpark*** (voir plus haut « Où manger ? »), avec vue sur la Vienne qui coule à vos pieds (quand il y a du débit).

Café Schwarzenberg *(zoom, D-E4)* **:** *Kärtner Ring 17. Tlj 7h30 (8h30 w-e)-minuit.* Un des cafés légendaires du Ring, qui porte le même nom depuis 1902. Très joli décor, où le marbre est omniprésent. Celui d'origine ne survécut pas à la présence de l'Armée rouge, qui avait choisi le café comme lieu de fêtes (et de beuveries). Très agréable terrasse, qui permet d'observer l'animation du Ring et le balai des tramways. *Josef Hoffmann,* le fondateur des *Wiener Werkstätte* (voir MAK, plus loin), avait l'habitude d'y déjeuner et d'y travailler. Il conçut ainsi plusieurs de ses projets attablé ici.

Staatsoper *(Opéra national ; zoom, D4)* **:** *Opernring 2. ☎ 514-44-2250 ou 7880. • wiener-staatsoper.at • Visites guidées quasi tlj, ttes les heures 14h-15h, parfois 13h, et 11h-12h, consulter le calendrier sur le site. Tarif : 9 € ; réduc. Durée : 35 mn.*

Construit en 1861 en style néo-Renaissance et 1er monument public du Ring après la destruction des remparts de ville, son architecture controversée fut critiquée vertement par François-Joseph, décidément réfractaire à toute innovation.

L'inauguration de l'Opéra en 1869 se fit avec le ***Don Giovanni*** de **Mozart.** Tremblement de terre musical avec la création des *Maîtres chanteurs de Nuremberg* en 1870. Cruelle ironie de l'histoire, le dernier opéra joué en juin 1944 fut *Le Crépuscule des dieux* !

Le *Staatsoper* fut quasiment détruit lors des bombardements de 1945 (à l'exception du grand escalier et du foyer). Sa reconstruction et son inauguration en 1955 furent fêtées de façon grandiose et coïncidèrent avec le départ des 4 armées d'occupation et l'indépendance recouvrée de l'Autriche. Plus qu'un symbole pour les Viennois, une véritable fête nationale ! *Karl Böhm* rouvrit l'Opéra avec *Fidelio* de Beethoven.

L'Opéra hébergea les plus prestigieux chefs d'orchestre du monde : le stakhanoviste **Gustav Mahler** y régna 10 ans, de 1897 à 1907, affrontant la montée du ressentiment de toute une partie de la population envers les artistes comme lui, politiquement peu corrects. Véritable boulimique de travail, il fit monter 124 opéras. Puis il y eut Richard Strauss, Bruno Walter, Karl Böhm. De 1957 à 1964, Herbert von Karajan ; de 1982 à 1984, Lorin Maazel ; de 1986 à 1991, Claudio Abbado. Leur autorité était parfois quasi divine, excluant toute contestation. Karajan y acquit une réputation de « François-Joseph de la musique ». Depuis 2010, c'est le Français Dominique Meyer, ancien directeur du théâtre des Champs-Élysées, qui préside aux destinées de l'Opéra. 2020 sera pour lui la dernière saison.

Aujourd'hui, l'Opéra de Vienne est l'un des rares au monde à posséder sa troupe permanente de chanteurs, attachés sentimentalement à l'Opéra. Aux ponts d'or d'une carrière internationale, beaucoup préfèrent l'affection de leur public. En outre, l'Opéra possède une programmation plus longue, plus régulière. Pas de saisons, comme à l'Opéra de Paris. Ici, on privilégie un répertoire constant. Sur les 300 opéras, 60 sont choisis chaque saison, ce qui permet d'afficher chaque soir un opéra différent. Bien entendu, moins de créations ou d'innovations qu'à Paris-Bastille, par exemple, moins de décors d'avant-garde, mais l'assurance de voir de solides spectacles bien rodés.

Aller à l'Opéra à Vienne est une ***expérience unique,*** quasiment hors du temps. La salle, les costumes, l'atmosphère... Tout un ensemble grandiose qui ne peut laisser indifférent.

Il y a toujours la possibilité d'acheter au guichet des places debout (1h20 maximum avant le début de la représentation) pour un prix allant de 3,50 à 14 €. Bien sûr, il ne faut pas rêver, on est au poulailler ! Si vous arrivez en avance, vous

REMORDS IMPÉRIAUX

Profondément blessé par les critiques de François-Joseph, l'un des 2 architectes de l'Opéra, Eduard Van der Nüll, se suicida, et l'autre déprima puis mourut peu après. L'empereur culpabilisa tellement que, jusqu'à la fin de sa vie, il se contentait de répéter la même phrase à chaque fois qu'on lui demandait une opinion sur quelque chose : « C'est très beau, ça m'a beaucoup plu ! »

pourrez choisir votre place et la réserver en accrochant un foulard à la rambarde, le temps de faire un tour et être sûr de retrouver votre place libre. Pour assister à un spectacle, voir plus haut « Adresses et infos utiles. Écouter un concert ou assister à un opéra : où, quand, comment ? ». Prix des places très variable *(entre 30 et 240 € !).*

– Pour se mettre en appétit, possibilité d'assister sur la place, si le temps le permet, à une ***retransmission en direct*** à 19h, d'avril à juin ainsi qu'en septembre, sur grand écran. Malgré les voitures qui passent, ça donne déjà une idée de la mise en scène et de la qualité des spectacles programmés. Du coup, en cas de faim, pas la peine d'attendre l'entracte pour aller chercher une saucisse chaude au stand le plus proche !

***Hotel Sacher** (zoom, D4, **162**) : Philharmonikerstr. 4. ☎ 514-560.*
Du temps des Habsbourg, le neveu de François-Joseph, l'***archiduc Otto,*** qui menait une vie passablement dissolue, y fit une apparition entièrement nu, ne portant qu'un ceinturon et un sabre. Divine décadence ! Des années après, à l'hiver 1948, l'écrivain anglais ***Graham Greene*** séjourna 15 jours à l'hôtel *Sacher,* ce luxueux palace encore réservé aux officiers britanniques en transit après la 2de Guerre mondiale. Lui n'était pas nu mais chaudement vêtu, et ne se séparait jamais de son stylo ni de son carnet. Il découvrit la capitale autrichienne ravagée par la guerre, et divisée en secteurs russe, américain, anglais et français.
Pendant le tournage du film *Le Troisième Homme* (voir la rubrique « Cinéma. Sur les traces du *Troisième Homme* » dans le chapitre « Hommes, culture, environnement »), l'acteur **Orson Welles** logeait à l'hôtel *Astoria* mais venait régulièrement au bar du *Sacher* siroter des *bloody mary,* repoussant le moment d'aller se salir dans les égouts de la ville.

À 2 pas, l'***Hotel Bristol*** *(Kärntner Ring 1),* un palace 5 étoiles où descendait l'écrivain Scott Fitzgerald.

***Kunsthistorisches Museum – KHM** (musée des Beaux-Arts ; zoom, C4) : Maria-Theresien-Platz 5. ☎ 525-240. • khm.at • Ⓜ MuseumsQuartier (U2). Tlj 10h-18h (21h jeu), sauf lun sept-nov et janv-mai. Entrée : 16 € ; réduc de 1 € avec la* Vienna City Card *; gratuit moins de 19 ans. Audioguide : 4 €. Billet combiné avec l'entrée au Trésor impérial : 20 €. Compter plusieurs heures pour tout visiter (et encore, au pas de course !). Consignes bien pratiques.*
Un musée impressionnant, comptant parmi les 10 plus grandes collections d'œuvres d'art au monde. Construit de 1872 à 1891, comme le musée d'Histoire naturelle, son symétrique vis-à-vis, en un style pompeux néo-Renaissance italienne. Longue façade rythmée de pilastres à chapiteaux ioniques et surmontée d'un dôme avec 4 clochetons.
Majestueux grand escalier avec la *Victoire de Thésée sur le Minotaure* de ***Canova.*** Monumentale rotonde au décor particulièrement chargé. Ors, marbres polychromes, imposantes colonnes (les personnages dans les arches surplombant l'escalier monumental ont été peintes par Klimt, entre autres, dans sa jeunesse), pilastres et chapiteaux corinthiens, sculptures diverses, c'est une débauche de luxe, étrange pour un empire qui commençait déjà à se désagréger, mais à la hauteur des fabuleuses collections présentées ici.
Les collections sont essentiellement nées du goût pour l'art de plusieurs souverains de la dynastie des Habsbourg. Parmi ces mécènes avisés figurent l'archiduc ***Ferdinand II,*** qui, au XVIe s, accumula les trésors dans son château d'Ambras près d'Innsbruck, son neveu l'empereur ***Rodolphe II,*** collectionneur impénitent depuis Prague, et surtout l'archiduc ***Léopold-Guillaume,*** qui, en sa qualité de gouverneur des Pays-Bas espagnols de 1647 à 1656, fit main basse à Bruxelles sur les trésors des peintures hollandaises et flamandes ainsi que sur les Tintoret et Titien de Charles Quint et de Philippe II, qui font la réputation du musée. ***Marie-Thérèse,*** elle, profita de la dissolution de l'ordre des Jésuites pour rafler les retables d'autel. Le choix des œuvres reflète évidemment les goûts des princes qui

les rassemblèrent. C'est pourquoi, si les écoles de peinture nordique, italienne et espagnole sont bien représentées, la France et l'Angleterre sont un peu les parents pauvres du musée.
Autrefois dispersées, les collections furent rassemblées ici en 1891 à l'initiative d'un François-Joseph désireux de leur donner un écrin digne de la grandeur impériale.

Galerie de peinture : à la recherche de Bruegel l'Ancien
La galerie occupe, en théorie, le 1er étage et se subdivise en grandes salles centrales (numérotées en chiffres romains) et petites salles en pourtour (référencées en chiffres arabes). Se munir du plan gratuit pour s'y retrouver car, comme souvent dans les musées viennois, les œuvres changent fréquemment de place (quand elles ne sont pas prêtées pour une exposition) !
– Pour suivre un ordre chronologique, une fois en haut des escaliers, partez derrière vous sur la droite. On commence par les primitifs flamands (salle 14).
– Dans la salle XV, consacrée à l'école allemande, on ne peut manquer *L'Adoration de la Sainte-Trinité* (1511) d'***Albrecht Dürer,*** retable à la composition très élaborée et à la palette de couleurs chatoyantes, où Dürer s'est lui-même représenté dans le coin inférieur droit. De lui, également, une petite *Vierge à l'Enfant* (1512), dont la sensibilité et la plastique sont d'indéniables tributs à la Renaissance italienne, ainsi qu'un magnifique *Portrait de l'empereur Maximilien Ier* (1519), avec son nez fort et son menton prognathe qui seront la marque de fabrique de la famille Habsbourg. Dans la même salle, la fantastique *Judith* (1530) de ***Lucas Cranach l'Ancien,*** dont la virginale innocence du visage contraste avec la tête fraîchement coupée de l'infortuné Holopherne. ***Hans Holbein le Jeune,*** peintre officiel à la cour d'Angleterre, nous donne également de beaux portraits, dont celui un peu revêche de *Jane Seymour* (1536), une des épouses d'Henri VIII.
– Retour à la salle IX, où sont rassemblés quelques peintres flamands.
– La salle X constitue un des clous de la visite avec 12 toiles de ***Pieter Bruegel l'Ancien*** sur les 45 répertoriées actuellement dans le monde. C'est pour lui seul qu'il vous faut venir passer une heure au musée, dans cette salle regroupant les toiles les plus mythiques du maître brabançon. Tendresse et ironie se mêlent dans le coup de pinceau expressif décrivant des personnages dont il se sentait très proche. Son observation des mœurs campagnardes ne donne nullement l'impression de vouloir se moquer de ses sujets. Un grand moment d'émotion. Le regard amusé de Bruegel, reconnu pour être l'un des principaux peintres européens, descend sans cesse sur les hommes : exactitude dans le détail et réalisme du décor. *Chasseurs dans la neige,* son chef-d'œuvre, appartient à la série consacrée aux saisons. Paysages flamand et alpestre se mêlent harmonieusement. Les 3 chasseurs s'en reviennent avec un seul lapin pour prix de leurs efforts. Les 4 arbres de gauche accentuent la perspective plongeante vers le village que ces hommes sont sans doute impatients de rejoindre. Là-bas, les villageois s'amusent sur le lac gelé. Comme toujours chez Bruegel, la dureté de la condition paysanne est traitée avec sa contrepartie de joies simples. Dans une époque douloureusement troublée (les guerres de Religion et la répression de l'armée d'occupation espagnole), il trouve dans la sagesse populaire des raisons de ne pas désespérer de la condition humaine.
D'autres chefs-d'œuvre encore dans cette salle absolument exceptionnelle, telle la fameuse *Tour de Babel* (1563), allégorie magistrale de la vanité humaine à vouloir réaliser le dessein divin.
– Dans la salle XI, un siècle plus tard, avec *Le roi boit,* ***Jacob Jordaens*** illustre par une description plutôt triviale la coutume du repas de l'Épiphanie.
– Avec les tableaux de la salle XI, la transition vers ***Rubens*** se fait avec son plus fidèle disciple, ***Anton Van Dyck,*** élégant peintre de cour et auteur de monumentaux tableaux d'autels bien dans la veine du maître.
– ***Pierre-Paul Rubens*** règne en majesté dans les salles 23, XIII et XIV. *La Petite Pelisse,* son œuvre la plus touchante par la vibrante sensualité qui s'en dégage, est

le portrait en pied de sa 2de femme, *Hélène Fourment,* à la fois pudique et offerte malgré la pelisse dont elle s'entoure. L'*Autoportrait,* qui date de la même époque, le représente en grand seigneur arrivé et pétri de l'élégance des princes que ses missions diplomatiques lui avaient fait côtoyer. Effrayante tête de *Méduse.*
– Un petit bijou, salle 18 : *L'Atelier du peintre* du fascinant ***Johannes Vermeer*** de Delft, virtuose de la lumière et créateur de mystère à partir de sujets qui frisent la banalité. Salle 17, c'est plusieurs autoportraits de ***Rembrandt*** qui vous attendent.
– La salle 23 brosse un panorama de l'école hollandaise, avec des portraitistes comme ***Frans Hals*** ou des moralistes comme ***Jan Steen*** – et son édifiant *Monde renversé.*

La visite continue : changement d'aile et d'esthétique...
– Au même étage, changement d'aile et surtout d'esthétique avec les écoles espagnole, italienne et française.
Salle I (en arrivant en haut de l'escalier, prendre à gauche derrière vous) : ***Titien,*** peintre vénitien fécond, généreusement représenté avec des sujets aussi divers que des portraits (*Jacopo da Strada, Isabelle d'Este,* le pape *Paul III*) ou des thèmes mythologiques *(Danaé)* ou religieux *(Vierge des gitans à l'Enfant, Ecce Homo).* Sa carrière fut particulièrement longue, et on décèle dans son œuvre tous les courants qui influencèrent la peinture du XVIe s.
– Dans les petites salles (1 et 2) attenantes, d'autres peintres vénitiens célèbres : ***Bellini, Giorgione*** (voir les *Trois philosophes* à la poésie nimbée de mystère : qui sont-ils, que font-ils ?).
– ***Véronèse, le Tintoret*** *(Suzanne et les vieillards),* ***Bordone*** et ***Bassano*** se partagent les murs des grandes salles II et III, avec des réalisations d'inégale valeur.
– Suite des maîtres italiens dans les salles 3 à 9 et IV avec, dans le désordre, quelques coups de cœur, comme les toiles mythologiques pleines de suavité du ***Corrège,*** *Jupiter et Io, Ganymède* (salle 3). La *Vierge dans la verdure* et une *Sainte Marguerite* au dragon hideux, toutes 2 de ***Raphaël*** (salle 4).
– Dans la salle 10, on aborde l'école espagnole à son apogée avec ***Vélasquez*** et ses remarquables portraits de *Philippe IV* et de l'infante *Marguerite-Thérèse* à 5 ans (en blanc) et à 8 ans (en bleu).
– Salle 11, un ***Poussin,*** *La Destruction du Temple de Jérusalem,* défend les couleurs de l'école française, tandis qu'une pietà d'***Annibal Carrache*** surprend par la vivacité de ses bleus. Les salles 12 et 13 nous promènent au cœur d'une école vénitienne florissante aux XVIIe et XVIIIe s : ***Strozzi, Fetti, Guardi*** et, si la présentation des œuvres n'a pas changé, ***Canaletto*** avec des vues de la Cité des Doges.
– Les salles V, VI et VII abritent des compositions de grande taille d'une école italienne friande de sujets bibliques : *David tenant la tête de Goliath* du ***Caravage,*** ou *Repos durant la fuite en Égypte* de ***Gentileschi,*** avec un Joseph bien fourbu et un Enfant Jésus bien goulu.
– Bouclons la boucle en ne ratant pas, salle VII, les vues de Vienne, en particulier *Le Belvédère et ses jardins* et *La Freyung et son marché* du neveu de Canaletto, ***Bernardo Bellotto.***

Cabinet des monnaies
Le 2e étage abrite dans l'aile droite l'une des plus fabuleuses collections de numismatique du monde : 500 000 pièces, pas moins ! Toutes les monnaies en usage depuis la haute Antiquité jusqu'à notre époque s'y trouvent, depuis les pierres d'Océanie destinées au troc jusqu'aux billets de banque contemporains en passant par les monnaies égyptiennes, celtes, romaines, byzantines, médiévales et Renaissance. Un millier de petits portraits en médaillon complètent ce véritable trésor.

Cabinet d'art (Kunstkammer)
À l'entresol, aile gauche. Un musée à l'intérieur du musée : prévoir du temps.
Avec plus de 2 000 objets exposés, la *Kunstkammer* est, sans aucun doute, la collection la plus importante de son genre dans le monde. Elle se répartit dans une vingtaine de salles et galeries, et invite à découvrir un monde fait de curiosité et d'émerveillement.

4 collectionneurs ont joué un rôle décisif dans la constitution de cet ensemble. ***Ferdinand II*** (1529-1595) a préservé l'héritage des empereurs ***Fréderic III, Maximilien Ier*** et ***Ferdinand Ier*** en le dotant d'armes. Ensuite, ***Rodolphe II*** (1552-1612) a ajouté de nombreuses œuvres d'orfèvrerie datant de 1600, ainsi que des bronzes. L'archiduc ***Léopold-Guillaume*** (1614-1662) a apporté son penchant pour les peintures de la Renaissance italienne, des bronzes et de petites sculptures en pierre et en bois.

De la fin du Moyen Âge au baroque donc, les souverains Habsbourg ont rassemblé des matériaux rares et exotiques auxquels ils attribuaient des pouvoirs magiques, comme des pierres précieuses, des œufs d'autruche, des coraux, des cornes de rhinocéros, des nacres, des ivoires et des dents de requin, ainsi que des *glossopètres,* considérées comme des restes de dragons alors que ce sont tout simplement des dents de requins fossilisées. À partir de ces éléments naturels, les artistes travaillant pour leur compte ont créé des œuvres d'art d'une inventivité et d'une richesse incomparables.

Parmi les joyaux que vous pourrez admirer : plats d'or incrustés de diamants et de pierres précieuses d'Anvers, statuettes en bronze, nécessaire de toilette de l'empereur Franz III, incroyable plateau en or (Nuremberg), émaux de Limoges du XVIe s, jeu sculpté en palissandre et acajou d'une grande finesse d'exécution, astrolabes du XVIIe s, globes, boussoles, instruments de mesure, montres serties de pierres, clepsydres, modèles réduits de bateaux et galères en ivoire, en or ciselé ou en cuivre martelé.

Un coup de cœur pour les ***automates*** dont on peut admirer la mécanique de précision en mode animé sur des tablettes numériques enchâssées dans les banquettes qui bordent la salle.

Le fleuron de la collection reste la merveilleuse salière en or incrustée d'émeraudes, réalisée par ***Benvenuto Cellini*** en 1540 pour le roi de France *François Ier*, représentant Neptune avec Cérès (la déesse des Moissons). Dans la même salle, une tapisserie de Fontainebleau avec *François Ier* en empereur romain.

UNE HISTOIRE QUI NE MANQUE PAS DE SEL

La salière de Benvenuto Cellini, volée dans le musée en 2005, a été retrouvée un peu plus tard, en bon état. Estimée à 50 millions d'euros et compte tenu de son immense célébrité, elle était totalement invendable, mais on pouvait craindre qu'elle ne fût fondue pour en récupérer l'or. Finalement, le voleur se rendit lui-même à la police après la diffusion des photos de son visage prises par une caméra de sécurité, et la salière retrouva sa vitrine.

Salles égyptiennes et collections d'antiquités grecques et romaines

Ne manquez pas en tout cas la visite de ces salles qui bénéficient tout à la fois d'une muséographie intelligente, d'une mise en lumière savamment étudiée et d'une atmosphère bien particulière. Les salles I à VIII, à l'entresol, à droite de l'accueil, abritent tout d'abord un très intéressant département d'égyptologie.

Les salles suivantes sont consacrées aux antiquités étrusques, romaines et grecques : sculptures, sarcophages, mosaïques romaines (Thésée et Ariane), bronzes étrusques, urnes funéraires, vases, cratères, amphores grecques, tanagras, diplômes militaires romains en bronze, bijoux, stèles votives en mosaïque ou terre cuite, vases en or, etc. Belle mise en espace et en lumière, là encore.

On termine par l'Antiquité tardive, l'art paléochrétien, les bijoux et tissus coptes, slaves et byzantins, et une magnifique vaisselle d'or découverte en Roumanie.

Pause salée-sucrée de rigueur au ***café-restaurant*** *(mar-dim 10h-18h ; dîner possible le jeu sur résa),* sous la coupole, au 1er étage. Un cadre hors du temps, un must du genre. Dommage que le brunch dominical *(servi 11h-14h30)* soit autour de 40 € !

Naturhistorisches Museum *(musée d'Histoire naturelle ; zoom, C4) : Maria-Theresien-Platz. ☎ 521-770. • nhm-wien.ac.at • En face du Kunsthistorisches Museum. Mer-lun 9h-18h30 (21h mer). Entrée : 12 € ; réduc ; gratuit moins de 19 ans.* Un musée qui devrait beaucoup plaire aux enfants, avec ses immenses collections d'animaux empaillés, ses impressionnants squelettes de dinosaures et autres bestioles préhistoriques. Fondé par l'empereur ***François Ier de Lorraine,*** l'époux de Marie-Thérèse, en 1765. Une quarantaine de salles abritent d'impressionnantes collections de minéralogie (parmi les plus importantes au monde), de préhistoire, de paléontologie, d'anthropologie et de zoologie. Parmi les musts : une magnifique topaze de 117 kg (un peu lourd pour un pendentif !), des météorites et fossiles divers, un moulage de la fameuse ***Vénus de Willendorf,*** déesse de la Fertilité (25 000 ans av. J.-C.), un planétarium, une immense salle aux crocodiles et un gigantesque crabe du Japon de 2 m d'envergure. Très riches collections d'oiseaux.

VIENNE

Burgtor *(zoom, C4)* **:** porte monumentale édifiée en 1821 à l'emplacement de l'ancienne enceinte de la ville. Aujourd'hui, mémorial de la Guerre. Elle communique avec la Hofburg (voir la rubrique « À voir “en ville”. Dans le centre historique »).

Parlament *(zoom, C3)* **:** *Dr.-Karl-Renner-Ring 3. ☎ 401-10-24-00. • parlament.gv.at •* Pompeux édifice d'inspiration grecque, construit en 1873 pour accueillir le Parlement regroupant tous les représentants des pays qui composent l'empire. Fronton richement orné (montrant la Constitution accordée par François-Joseph) et abondance de colonnes. Au pied de la rampe, statue de Pallas Athéna. Le thème de la Grèce avait été choisi pour démontrer les intentions démocratiques de l'empire. On imagine aisément à l'époque la cacophonie des pays s'exprimant chacun dans leurs langues respectives au sein de l'assemblée. Durant les travaux, l'assemblée nationale prend ses quartiers dans une salle du *Neue Burg.*

Rathaus *(hôtel de ville ; zoom, C3)* **:** *Friedrich-Schmidt-Platz 1. Face au Burgtheater.* Le style néogothique rappellera à certains les hôtels de ville de Bruxelles et de Munich. Cependant, Friedrich Schmidt, l'architecte, s'est contenté d'y faire vaguement référence. Architecture assez académique, que l'on découvre en empruntant la ruelle intérieure qui traverse l'édifice. La cour centrale, avec son jardin et ses colonnades, a un certain charme. Haut beffroi de près de 100 m, surmonté du *Rathausmann* (l'homme de fer), symbole de la ville. Zone de wifi gratuit autour du Rathaus.

- En juillet-août, ***festival du Film musical.*** *Ts les soirs, projections d'opéras et de concerts sur écran géant. Programme sur • wien-event.at • Séances gratuites et bancs à la disposition des spectateurs.* Un rendez-vous incontournable en été. Juste à côté, toutes sortes de petits stands de cuisine pris d'assaut entre 2 séances. Une bonne soirée en perspective.
- De mi-novembre à fin décembre s'y tient le ***Christkindlmarkt,*** l'un des plus célèbres marchés de Noël de la ville, où l'on peut acheter des jouets en bois ainsi que des confiseries traditionnelles, comme les fameux pains d'épice de Noël. Vin chaud pour les amateurs ! Et une vaste patinoire, à condition que l'expérience soit renouvelée. *• christkindlmarkt.at •*

Dans la *Felderstraße,* en face du Rathaus, le ***MUSA*** présente de nombreuses expositions d'art contemporain *(mar-dim 10h-18h ; GRATUIT).* Belle série de sculptures modernes devant l'entrée.

Burgtheater *(Théâtre national ; zoom, C3)* **:** *Universitätsring 2. ☎ 514-44-41-40. • burgtheater.at • Visite guidée en allemand tlj à 15h (avec résumé en anglais, et visite en anglais complète ven-dim). Entrée : 8 € ; réduc.* Construit en 1874, terriblement ravagé lors de la dernière guerre, puis complètement restauré, il a rouvert ses portes en 1955. La « Comédie-Française » de Vienne. Mélange architectural des styles néo-Renaissance et baroque, avec un zeste de 2d Empire français. Escaliers latéraux monumentaux (à l'époque, l'un pour le public, l'autre pour la cour impériale) qui échappèrent aux destructions de la dernière guerre. Ainsi peut-on admirer au plafond des fresques de ***Klimt*** et de ***Matsch.***

Universität *(université ; zoom, C2-3)* **:** *Universitätsring 1.* Édifiée dans le style néo-Renaissance italienne (en hommage à ce qui annonçait l'âge d'or du savoir). Fondée en 1365, c'est la plus ancienne université de langue allemande. *Anton Bruckner, Sigmund Freud, Marie von Ebner-Eschenbach, Karl Landsteiner* (Prix Nobel de médecine) y furent professeurs.

Votivkirche *(église votive ; zoom, C2)* **:** *mar-sam 10h-18h, dim 9h-13h.* Construite à partir de 1856 pour commémorer l'échec de l'attentat contre l'empereur François-Joseph 3 ans plus tôt. Style néogothique avec un plan de cathédrale française (2 flèches joliment ajourées, 3 nefs) et une façade de style gothique germanique. À l'intérieur, beau retable d'Anvers, du XVe s.

À VOIR ENCORE AUTOUR DU RING

Entre le Ring et les Gürtel, ces boulevards circulaires qui enserrent les anciens faubourgs dans un 2d anneau protecteur, de nombreux musées, sites et quartiers entiers méritent d'être découverts. Et même si la ville se reconstruit au sud du Belvédère, autour de la nouvelle gare centrale, c'est au nord, côté *Donaukanal,* que débute cette 2de balade dans le sens des aiguilles d'une montre, à pied, en tram et en métro, cette fois.

DE L'AUTRE CÔTÉ DU DONAUKANAL (2e arr.)

Le 2e arrondissement *(Leopoldstadt)* a beau n'être séparé de la vieille ville que par le canal du Danube, cet ancien quartier ouvrier fut longtemps oublié des circuits touristiques. Départ près de la *Schwedenplatz* pour prendre, pour 2 stations, la ligne de tram no 2 jusqu'à *Karmeliterplatz (plan, E2).* Un quartier devenu un des lieux de rencontres favoris des Viennois. On peut y aller à pied en traversant une partie de l'ancien quartier juif.

Les environs du marché du *Karmelitermarkt* doivent en partie leur vitalité à des ***bistrots*** et des ***boutiques de créateurs*** qui attirent ici toute une clientèle bobo qui se fait plaisir, entre le brunch dominical (et bio, souvent) à l'un des stands du marché et la visite chez *Nagy,* dans la *Krummbaumgasse,* qui assemble ses propres pulls et robes à partir d'étoffes tricotées produites sur place, ou chez *Taschenausgabe,* dans la *Haidgasse,* qui collectionne les labels rares.

Karmelitermarkt *(plan, E2)* **:** *tlj sauf dim.* Autour d'un mignonnet marché où les petits producteurs du coin viennent vendre leurs produits, plein de stands plus séduisants les uns que les autres. Très bio, tout ça. Le samedi matin, on s'y retrouve pour bruncher après avoir fait son marché. Voir plus haut la rubrique « Où manger ? ».

Kriminalmuseum *(musée du Crime ; plan, E2)* **:** *Große Sperlgasse 24. 664-300-56-77. • kriminalmuseum.at • Ⓜ Taborstr. (U2). Tram no 1 ; bus no 5A, arrêt Karmeliterplatz. Situé dans le quartier de Leopold, au nord-est du centre historique. Mer-dim 10h-17h. Entrée : 6 € ; réduc.* Installé dans une élégante demeure ancienne, avec ses portes à volets verts caractéristiques, un musée de la criminologie plutôt que du crime, si l'on veut pinailler, mais bon... Sur plusieurs niveaux, exposition des plus grands crimes du Moyen Âge à nos jours et histoire des Landru et autres Dr Petiot autrichiens. Avalanche de détails sur les méthodes d'exécution, photos, articles de presse, comptes rendus de procès, d'attentats. Plus on s'enfonce dans le sous-sol, plus les affaires exposées deviennent sordides et certaines photos insoutenables. Il faut reconnaître que tout cela est remarquablement présenté, mais ne conviendra qu'aux amateurs du genre (germanophones de préférence, car tout est en allemand).

Augarten *(plan, D-E1)* **:** le plus vieux parc baroque de Vienne. Ses jardins couvrent une surface de près de 42 ha et abritent la plus ancienne manufacture de porcelaine d'Europe, ainsi que le ***Porzellanmuseum*** *(musée de la Porcelaine ; plan, E1 ; lun-sam 10h-18h ; entrée : 7 €).* La manufacture a toujours cherché à collaborer avec des artistes contemporains, et continue de le faire, ainsi qu'on peut le voir au travers des quelque 150 pièces exposées. Faites une pause dans le café-restaurant ***Décor*** pour profiter tout à la fois du calme du parc et du service en porcelaine. Terrasses avec vue, comme il se doit.
À la sortie du parc s'est installé le plus vieux « groupe de garçons » du monde : les ***Petits Chanteurs de Vienne*** ont maintenant une salle de concerts qui est un pur joyau technique, le ***MuTh*** *(Am Augartenspitz 1 ; • muth.at • ; M Taborstr. (U2) ; Tram n° 31).*
Pour les amateurs de contrastes, petit tour dans les jardins du *Filmarchiv,* tout à côté, dans ce coin du parc repris en main par un collectif qui y vit quasiment à demeure. C'est là aussi que les amoureux du cinéma en plein air se retrouvent les soirs d'été.

VIENNE

Le Prater *(plan, F-G2-3)* **:** *• prater.at • M Praterstern (U1 ou U2) ; Tram n° 5 depuis la Westbahnhof (direct). Accès libre au parc et attractions payantes (env 3-11 €).*
Un des parcs d'attractions populaires les plus fameux au monde. L'ancienne réserve de chasse, créée au XVIe s par Maximilien II, fut ouverte au public en 1766 par ***Joseph II*** et transformée en parc (cette décision libérale, conforme au Siècle des lumières, fut violemment critiquée par l'aristocratie). Très rapidement apparurent les 1res baraques de foire, suivies par les attractions et, au XIXe s, les cafés-concerts. En 1791 s'y envola la 1re montgolfière.
En vedette, la célébrissime ***Riesenrad*** (voir ci-après) bien sûr, mais il règne ici une atmosphère qui incite à prolonger la visite. Beaucoup d'autres attractions populaires (train miniature, train fantôme, théâtre de marionnettes, etc.) attendent petits et grands. On trouve au Prater les montagnes russes en bois les plus anciennes d'Europe, mais aussi une étonnante simulation de vol qui démarre dans une canalisation et mène jusqu'au centre de Vienne par d'étroites ruelles. À l'inverse, de vieilles attractions, type carrousel avec vrais chevaux de bois, ont été rénovées. Et bien d'autres choses encore qui permettent aux nostalgiques de trouver matière à s'émouvoir, et aux friands du grand frisson de faire grimper leur taux d'adrénaline.

Riesenrad *(grande roue ; plan, G2)* **:** *dans le Prater. ☎ 729-54-30. • wienerriesenrad.com • Horaires très fluctuants : grosso modo 9h-22h45 en hte saison et 10h-19h45 (ou 21h45) en basse saison. Superbe en nocturne ! Fermé 3 sem début janv. Le tour : 12 € ; réduc ; gratuit moins de 3 ans. En préambule, petite expo sur l'histoire de la roue.*
En 1896, la *Riesenrad* fut construite par un ingénieur anglais, *Walter Basset,* à l'occasion de l'Exposition universelle. Très en vogue à l'époque, d'autres grandes roues furent réalisées à Paris,

LA ROUE TOURNE

Si vous visitez le Prater avec des enfants, vous risquez de dépenser pas mal d'argent avec les nouvelles attractions, géniales pour des ados adeptes du grand frisson. Sauf une, qui vous fera passer pour un vieux cinéphile si vous évoquez Le Troisième Homme, *film qu'ils ne connaissent évidemment pas. Sur la grande roue, ils trouveront Vienne vue du ciel sans intérêt et la cabine ringarde. Revenez sans eux, la nuit, pour retrouver un peu de la magie du film… même si vous savez que cette scène a été tournée en studio… à Londres.*

Blackpool, Chicago, Londres (toutes disparues depuis). Sérieusement endommagée durant les bombardements de 1945, elle fut cependant réparée et demeure ainsi la dernière survivante. Quelques chiffres : l'axe central en acier mesure 50 cm de diamètre, 120 rayons très fins soutiennent la roue, les cabines culminent à 65 m, l'ensemble pèse 430 t, le tour complet dure 20 mn...

Schweizerhaus : *de mi-mars à oct, tlj 11h-23h.* Une des grandes attractions, si l'on peut dire, du Prater, que ce *Biergarten* haut en couleur local. Ne pas manquer de déguster, accompagné d'une bière maison, un jarret grillé *(Schweinsstelze),* ou une saucisse si vous manquez d'appétit.

Donaukanal *(plan, D-E-F-G1-2-3)* **:** incontournable balade le long d'un canal dont on a déjà eu un aperçu précédemment côté centre historique. Idéal pour prendre l'air aux beaux jours, l'air du temps, bien sûr. Petite surprise à côté de l'*Augartenbrüke,* où un bâtiment d'Otto Wagner au style quelque peu balnéaire se reflète dans le canal. Il s'agit de la **Schützenhaus,** réalisée entre 1906 et 1908. Elle devait faire partie d'un dispositif régulant le cours du canal qui ne fut jamais achevé. Beau point de vue depuis la terrasse du ***Tel Aviv Beach*** et ses chaises longues. De mai à septembre (voir « Piscines, plages et thermes » dans « Adresses et infos utiles »), les berges du canal du Danube se métamorphosent en plages urbaines avec bars, cafés, restaurants, discos. Au programme, en journée, transats et même une possibilité de baignade : le bateau-piscine-bar *(Badeschiff Wien).* Cette ancienne péniche danubienne, aménagée avec bassin de natation et pont supérieur pour bronzette, est amarrée entre la *Schwedenplatz* et l'***Urania*** *(plan, F3),* élégant observatoire datant de 1910. À la hauteur de l'*Urania* ambiance plage réussie au ***Strandbar Herrmann.*** Barbecue spectaculaire pas loin de là avec ***Adria Wien.***

VIENNE

À L'EST DU RING (3e arr.)

Hundertwasserhaus *(maison de Hundertwasser ; plan, G3)* **:** *Löwengasse et Kegelgasse. • hundertwasser-haus.info • Ⓜ Schwedenplatz (U1 ou U4) ou Landstr.-Wien Mitte (U3 ou U4), puis tram n° 1 (arrêt à quelques dizaines de mètres).* Pour les amoureux d'architecture insolite, visite obligatoire. Hundertwasser (né à Vienne en 1928, mort en 2000), peintre et plasticien non conformiste, imagina et construisit en 1983, cet ensemble HLM de 50 appartements, occupés par des habitants aux revenus modestes. Aujourd'hui, il n'y a plus guère de controverse, tant l'édifice a contribué au renom de l'architecture moderne à Vienne. Dans un décor assez délirant, Hundertwasser a imaginé confronter entre eux les masses de couleurs, les décrochements d'étages, les éléments végétaux, les surfaces de béton et de céramique, les angles de toutes ouvertures, les fenêtres de toutes tailles, les planchers qui ondulent... Bref, une anarchie de formes et de couleurs ludique, écolo et rafraîchissante. Il disait : « Un sol inégal est une mélodie divine pour les pieds. » Ou encore : « Cette jungle de lignes droites, qui nous enferment comme dans une prison, nous devons la supprimer. » Effectivement, on voit ici que les surfaces gondolent dans un désordre chromatique réjouissant. Effet pervers prévisible, la maison a eu tant de succès qu'il n'est plus possible d'en admirer l'architecture intérieure, les locataires excédés tenant maintenant (avec quelques raisons) à la tranquillité de leur vie privée. Terrasse en mezzanine. Jardins suspendus.

Au rez-de-chaussée, boutique avec produits dérivés et ouvrages consacrés au peintre architecte. Les couleurs ont mieux vieilli sur papier qu'en réalité. *Pâques-Toussaint, tlj 8h45-19h45 ; le reste de l'année, tlj 9h-17h.*

En face, ***Village Gallery,*** complexe de boutiques sans complexe et snacks conçus par Hundertwasser lui-même. Un pastiche commercial bien moins réussi. Le traverser pour rejoindre l'*Untere Weißgerberstraße* et marcher 5 mn pour rejoindre la *Kunst Haus Wien.*

Kunst Haus Wien – Museum Hundertwasser *(Maison de l'art ; plan, G3)* **:** *Untere Weißgerberstr. 13. ☎ 712-04-91. • kunsthauswien.com • Ⓜ Schwedenplatz (U1 ou U4), puis tram n° 1, direction Radetzkyplatz. Au nord de la maison de Hundertwasser (suivre les panneaux). Tlj 10h-18h. Entrée : 11 € ; réduc ; gratuit moins de 10 ans. Billet combiné avec l'expo temporaire : 12 €. Audioguide (en allemand et en anglais) : 3 €. Accès au toit sur demande.*

Musée passionnant, qui permet de découvrir l'univers iconoclaste de *Friedrich Stowasser,* plus connu sous le nom de *Hundertwasser.* Bâtiment forcément très original, conçu par l'artiste lui-même : formes organiques presque maladroites, façade en céramique tantôt sobre tantôt colorée, arbres et plantes qui s'invitent dans les étages et sur le toit... L'intérieur n'est pas moins étonnant avec ses sols qui ondulent et ses espaces hétéroclites, qui s'organisent sans heurts. Dans la cour intérieure dotée d'une fontaine, nombreux arbres et plantes qui viennent même s'inviter au cœur des salles d'exposition !

Mais l'intérêt de ce musée réside surtout dans la collection de peintures, aquarelles, maquettes ou dessins du maître, visibles nulle part ailleurs. D'abord influencé par le symbolisme d'un Klimt *(Singing Steamer in Ultramarine III)* ou par le chromatisme d'un Van Gogh *(La Styrie verte),* Hundertwasser a flirté avec le surréalisme, la veine psychédélique *(Le Chemin vers toi)* ou le pop art, traçant sa propre route. Au 2e étage, place à ses projets architecturaux. Écolo avant la lettre, sorte de Merlin l'Enchanteur de l'architecture contemporaine, Hundertwasser était capable de transformer un incinérateur, une vieille église ou une HLM en feu d'artifice de formes et de couleurs. « Si l'Homme est créatif, il se rapproche de Dieu », plaidait-il. Ses projets de drapeaux néo-zélandais-australien ou israélo-palestinien témoignent également de son engagement politique constant. On adore ! Ne manquez pas le petit film **Regentag,** tourné en 1971, qui donne un bon aperçu du bonhomme.

Café Kunst Haus Wien : *Untere Weißgerberlände 14. Au rdc du musée. Tlj 10h-19h.* Fabuleux décor végétal dans une débauche de couleurs et de formes. Tables de formes diverses, chaises toutes différentes, nappes à la palette bariolée, le tout posé presque au hasard sur un carrelage ondulant au damier noir et blanc. Terrasse très rafraîchissante en été. Petite carte de brasserie internationale privilégiant la légèreté. Dommage d'avoir le trafic routier en fond sonore.

Le passage Sünnhof *(plan, F4)* **:** *Landstraßer Hauptstr. 28. Dans le même quartier que la maison Hundertwasser.* Long et pittoresque passage à travers un *Hof* du XVIIIe s (idéal pour déjeuner tranquille). Côté rue, façade période *Biedermeier* (1823). En revenant sur la *Landstraßer Hauptstraße,* pour prendre le métro, on coupe la *Kundmanngasse.* Au n° 9, une maison construite en 1926, imaginée par le philosophe Ludwig Wittgenstein, dans l'esprit de Loos : simplicité et dépouillement.

AU SUD-EST DU RING

Autour de la Karlsplatz *(1er et 4e arr.)*

Gemäldegalerie der Akademie der bildenden Künste *(galerie de peinture de l'Académie des beaux-arts ; zoom, D4)* **:** *Lobkowitzplatz 2. ☎ 588-16-22-01. • akademiegalerie.at • Ⓜ Stephansplatz (U1, U2 ou U3). Tlj sauf mar 10h-18h. Entrée : 12 € ; réduc.* **Réouverture en 2020, après travaux.** Une école d'art, comme son nom l'indique, qui aurait mieux fait d'accepter un jeune peintre de 17 ans du nom d'Adolf Hitler, en 1907, au lieu de le recaler ! L'histoire du XXe s s'en serait sans doute mieux portée. L'Académie des beaux-arts fut créée en 1692 pour réunir les œuvres admises par les membres de l'Académie ou celles couronnées d'un prix. L'Académie fut transformée en galerie en 1822, lorsqu'elle s'enrichit de l'importante et précieuse collection du comte **Anton de Lamberg-Sprinzenstein.**

Secession (pavillon de la Sécession ; zoom, D4) : *Friedrichstr. 12 (Wien 1). ☎ 587-53-07. • secession.at • Ⓜ Karlsplatz (U1, U2 ou U4). Mar-dim 10h-18h. Entrée : 9,50 € pour l'expo temporaire + la frise Beethoven ; si pas d'expo temporaire 6 € ; réduc. Un peu cher si on ne souhaite voir que la frise Beethoven. Visite guidée sam à 11h (en anglais) et 14h (en allemand) ou audioguide (en allemand et en anglais) : 3 €.*
Œuvre de **Joseph Maria Olbrich,** ce pavillon se voulait l'antithèse des édifices académiques et pompeux du Ring. De dimensions modestes, il constitue cependant l'un des plus fascinants exemples de ce mouvement de contestation de la fin du XIXe s. On y trouve toutes sortes de clins d'œil. Notamment cette référence à la blancheur méditerranéenne opposée à la grisaille du Ring. Lorsque l'on est face à l'escalier, on savoure les remarquables proportions de l'édifice et l'élégante économie de la décoration florale. Superbe dôme constitué d'un treillis de feuilles de laurier en l'honneur de l'Art nouveau. À côté de l'inscription « *Ver sacrum* » (Printemps sacré), la devise sur la façade donne le ton : *À chaque temps son art, à l'art sa liberté...*
Au sous-sol, **Beethoven,** l'admirable fresque de Klimt sur le thème de la *Neuvième symphonie,* considérée comme un must de l'Art nouveau. Son chef-d'œuvre absolu en hommage au compositeur... mais dont il ne subsiste que 2 fragments qui illuminent l'atmosphère monacale de la pièce ! Il faut dire que la frise était censée être démontée et détruite après l'exposition de 1902, pour laquelle **Klimt** l'avait réalisée. La pièce où elle se trouve a été spécialement conçue pour l'accueillir. Des expositions temporaires d'art contemporain sont présentées au rez-de-chaussée dans ces mêmes lieux.
Amusant : la *Secession* étant toujours une association d'artistes (comme à ses origines), les thèmes et artistes exposés sont désignés démocratiquement.

VIENNE

Karlsplatz (plan et zoom, D4) : très grande place centrale agrémentée d'espaces verts et de bassins, avec une statue de ***Henry Moore*** qui ne passe pas inaperçue et une autre de *Weyr* consacrée à Brahms, plus cachée, au cœur du *Resselpark.* Certains pique-niquent sur un banc, d'autres s'attablent sous les arbres, dans une sympathique guinguette. Ne pas rater les pavillons du métro, l'église Saint-Charles, le musée d'Histoire de la Ville de Vienne. La balade peut ensuite s'articuler avec la visite du Belvédère. À moins que vous ne décidiez de partir à pied, ou via le métro, sur les pas... d'Otto Wagner. Celui-ci avait été chargé de réaliser une trentaine de stations à l'aube du XXe s. On peut rêver à la Vienne souterraine qui aurait pu voir le jour.

Les pavillons du métro Karlsplatz (zoom, D4) : de petits chefs-d'œuvre d'***Otto Wagner,*** superbement restaurés et classés Monuments historiques. L'un abrite une petite salle d'exposition sur Otto Wagner *(seulement avr-oct, mar-dim 10h-18h ; entrée : 5,50 €, gratuit moins de 19 ans et pour ts le 1er dim du mois),* et l'autre un café avec terrasse pour en apprécier la vue. Exemples achevés du *Jugendstil,* ils présentent une admirable délicatesse, un raffinement du décor et une harmonie des proportions. Otto Wagner fut particulièrement sensible à leur insertion face à l'imposante et tyrannique église Saint-Charles. Procurez-vous, à cette occasion, le « Otto Wagner, Wienplan » *(en allemand et en anglais ; payant),* qui répertorie sur une carte l'ensemble des bâtiments dus au célèbre architecte.

Künstlerhaus (zoom, D4) : *Karlsplatz 5 (Wien 1). ☎ 587-96-63. • k-haus.at • Mar-ven 14h (11h sam)-18h (21h jeu). Entrée : 5 € ; gratuit moins de 19 ans.* Expositions temporaires de peinture, sculpture et arts appliqués, généralement de qualité.

Musikverein (Maison des amis de la musique ; zoom, D4) : *Musikvereinsplatz 1. Visite guidée lun-sam à 13h (en anglais) et 13h45 (en allemand) : 8,50 € ; réduc ; gratuit moins de 12 ans.* On trouve dans ce bâtiment de style néo-Renaissance la plus belle salle de concerts de la ville, bien connue des téléspectateurs qui chaque année se pressent devant leur poste pour applaudir *La Marche de Radetzky* ou danser la valse du *Beau Danube bleu* (voir la rubrique « Écouter un concert ou assister à un opéra : où, quand, comment ? » dans « Adresses et infos utiles »).

★★★ ***Karlskirche*** *(église Saint-Charles ; plan, D5) : Karlsplatz (Wien 4) • karlskirche.at • Lun-sam 9h-18h, dim 12h-19h. Messe tlj à 18h, plus dim à 9h et 11h. Entrée (église + ascenseur) : 8 € ; réduc ; gratuit moins de 10 ans. Audioguide en français.*
Édifiée de 1716 à 1737. Encore un acquis des grandes épidémies de peste ! En effet, elle fut construite pour célébrer la fin de celle de 1713. Pour être sûr que la catastrophe ne se renouvellerait pas et pour attirer efficacement l'attention de Dieu le Père, ***Johann Bernhard Fischer von Erlach,*** qui gagna le concours pour la construction, mit le paquet. Certes, on peut la considérer aujourd'hui comme une énorme pâtisserie terriblement kitsch ou encore comme le chef-d'œuvre absolu de la monarchie impériale, dont elle exalterait la puissance à son zénith. Il est clair que, si l'architecture est le reflet culturel et idéologique de son époque, l'église Saint-Charles de Vienne, bien au contraire, se révèle un exemple parfait de la magnificence européenne du XVIIIe s.
D'ailleurs, à y regarder de près, malgré un décor plutôt chargé, tout est logique et fort bien équilibré. Ainsi tous les éléments stylistiques composant la façade furent-ils interprétés, et les admirateurs de Saint-Charles y virent de nombreux symboles : à l'édifice baroque proprement dit vient ainsi se superposer le temple antique à colonnes, proche du temple romain de Jupiter et de la Paix (on venait de signer le traité de Rastadt). Les 2 colonnes aux fresques en spirale s'inspirent de celles de Trajan à Rome, mais évoquent également des minarets (la victoire ultime sur les Turcs en 1683 n'était guère loin !). Les pavillons latéraux rappellent les pagodes chinoises, très à la mode à cette époque.
L'intérieur se révèle tout aussi époustouflant. Plan en croix grecque avec une immense nef en ellipse au milieu. Coupole culminant à 72 m avec une extraordinaire impression d'élévation. Justement, à propos d'élévation, grâce aux travaux de rénovation des fresques de ***Rottmayr*** (le grand spécialiste), on peut profiter d'un ascenseur qui permet de s'approcher au plus près des peintures de la coupole. Une expérience rare. À éviter, néanmoins, si vous êtes sujet au vertige.
Au-dessus de la chapelle centrale de gauche, propagande papiste pas absente des fresques, puisqu'on aperçoit un ange brûler un tas d'écrits et de bibles de Luther. Remarquable maître-autel rococo. Sur fond de marbre s'élèvent en tourbillonnant des volutes de nuages portant ***saint Charles-Borromée*** vers la Trinité rayonnante. L'église possède une fort belle acoustique, et de grands concerts y sont d'ailleurs régulièrement organisés (programme à l'entrée).

★★ **Wien Museum** *(musée de la Ville de Vienne ; plan, D4-5) : Karlsplatz 4 (Wien 4). ☎ 505-87-47. • wienmuseum.at • À gauche de l'église (lorsqu'on lui fait face). Le musée est* ***fermé pour travaux de rénovation.***
Entre l'église et le musée, jetez un œil en face sur l'***ambassade de France*** *(Schwarzenbergplatz 4).* Art nouveau typique (1901) avec des réminiscences architecturales françaises.

★ Pour ceux qui ne prendront pas le tram pour atteindre directement le Belvédère supérieur, petit détour par le Rennweg (l'ancienne route de sortie vers la Hongrie) : au no 2, on devine la silhouette du ***palais Schwarzenberg*** *(plan, E5),* érigé en 1697 par Johann L. von Hildebrandt. Au no 3, le ***palais Hoyos*** est l'une des 1res œuvres d'Otto Wagner. Aujourd'hui occupé par l'ambassade de Croatie, il présente une façade remarquable.

DEUX MONUMENTS ANTAGONISTES

Au centre de la place Schwarzenberg se dresse la fière statue équestre du maréchal du même nom, vainqueur de Napoléon à Leipzig en 1813. En face, masqué par un jet d'eau, le monument à la gloire de l'Armée rouge, libératrice de Vienne en 1945. Les Viennois, qui n'ont que très peu apprécié la présence des Soviétiques pendant 10 ans, l'ont malicieusement rebaptisée « monument au pillard inconnu ».

Le Belvédère (3e et 4e arr.)

L'un des ensembles architecturaux baroques les plus séduisants d'Europe. Composé de 2 palais conçus dès le départ comme résidence d'été : le ***Belvédère inférieur*** (château de plaisance destiné à l'habitation) et le ***Belvédère supérieur*** (destiné aux réceptions). Entre les 2, un splendide jardin à la française en terrasses. Édifié à partir de 1714 par *Johann L. von Hildebrandt* pour le prince ***Eugène de Savoie*** (voir la rubrique « Personnages » dans le chapitre « Hommes, culture, environnement »), grand (si l'on peut dire, vu sa taille) vainqueur des Turcs, esthète et humaniste. Conçu sur le modèle de Versailles pour se venger de Louis XIV, car le prince garda toute sa vie une dent contre l'ancien amant de sa mère, qui lui avait refusé une charge militaire sous prétexte qu'Olympe Mancini aurait eu la main lourde avec des poisons (la belle affaire !).
Quand le prince mourut en 1736, le Belvédère fut acheté par les Habsbourg. ***Marie-Thérèse*** et son époux ne vécurent jamais dans ce palais, qui ne connut en fait qu'une seule grande nuit de folie pour la célébration, en 1770, du mariage de Marie-Antoinette avec le futur Louis XVI (16 000 invités pour un immense bal masqué !). Il abrita ensuite les collections de peinture de l'Empire jusqu'à la construction du musée des Beaux-Arts, sur le Ring, et les jardins furent ouverts au public par Marie-Thérèse. L'archiduc François-Ferdinand y habita à partir de 1894. C'est d'ici qu'il partit en juin 1914 vers son tragique destin.
L'empereur François-Joseph y avait offert un appartement à ***Anton Bruckner*** (où il mourut d'ailleurs). Enfin, après une restauration rendue nécessaire par les dégâts causés par la 2de Guerre mondiale, c'est au Belvédère supérieur que fut signé, le 15 mai 1955, le traité d'indépendance de l'Autriche (avec Antoine Pinay, John Foster Dulles, Harold Macmillan et Molotov… un sacré cocktail).

Oberes Belvedere *(Belvédère supérieur ; plan, E6)* **:** *Prinz-Eugen-Str. 27 (Wien 3). ☎ 795-570. • belvedere.at • Ⓣ Belvedere (D). Tlj 9h-18h (21h ven). Entrée : 16 € ; réduc ; gratuit moins de 19 ans. Audioguide en français : 4 €. Achat en ligne conseillé.*
Le Belvédère supérieur héberge une remarquable collection de peintures et de sculptures, du retable médiéval jusqu'à l'art moderne en passant par le baroque agonisant. Du jardin, remarquable façade, fort bien équilibrée et dont les toits se détachent joliment dans le ciel. Encore une réminiscence des Turcs, leurs formes rappelleraient des tentes ottomanes. Bien sûr, abondance de sculptures et ornementations.

Rez-de-chaussée
Le rez-de-chaussée s'ouvre sur la décoration intérieure majestueuse de la ***Sala Terrena,*** habitée d'atlantes supportant des colonnes sur voûtes. À droite, la section consacrée à l'***art médiéval*** débute par la salle de marbre décorée par Carlone de fresques en trompe l'œil qui mettent les sculptures en valeur (il ne reste évidemment plus rien du somptueux aménagement intérieur des palais). Suivent les retables d'autel aux chatoyantes couleurs : admirable *Wiener Schnitzaltar,* en bois sculpté polychrome de 1440. Noter la position originale des larrons. Effets de foule étonnants au pied de la croix.
L'art de la ***Renaissance*** pointe déjà dans la belle *Crucifixion* (1449) de *Conrad Laib* ou dans l'œuvre du Tyrolien *Michael Pacher,* montrant le pape Sixte prenant congé de saint Laurent (étonnantes armures). Remarquables grands tableaux de *Rueland Frueauf* (*Assomption de la Vierge,* datant de 1490). En tout, une soixantaine de chefs-d'œuvre, le reste pouvant être admiré au dépôt du Belvédère inférieur. Au bout de la galerie, une rotonde décorée de grotesques baroques contraste avec 3 statues polychromes de priants de très belle facture, statues de bois de *Hans Klockner.*
Autre époque et tout autre ambiance dans les quelques salles à droite de la boutique. Belle collection de ***toiles expressionnistes,*** des paysages alpins de *Kirchner* aux portraits tourmentés de *Kokoschka.*

1er étage

On l'aborde par l'escalier monumental en 2 volées, qui offre une perspective sur les jardins de l'arrière. Au centre, la grande ***salle des marbres*** où fut signé le traité de 1955 mettant un terme à l'occupation de l'Autriche par les Alliés. Lustres de cristal, abondance de porphyres et miroirs judicieusement posés au sol qui permettent d'admirer, sans se tordre le cou, les fresques du plafond dues à *Carlone,* sur le thème de la gloire du prince.

– Un ***art baroque*** que l'on retrouve dans l'***aile droite,*** avec, en vedette incontournable, défiant le temps, l'extraordinaire série de bustes grimaçants de ***Franz Xaver Messerschmidt*** réalisés à la fin du XVIIIe s et passant en revue toutes les facettes de l'expression humaine. D'une agressivité, d'un modernisme fascinants. Le même réalisa également (avant sa folie) la statue emphatique au possible de l'impératrice Marie-Thérèse et le buste de son mari François Ier de Lorraine. Outre les portraits de cour, nombre de natures mortes, dans ces salles, ainsi que des œuvres majeures traitant de l'histoire religieuse et mythologique. Magnifiques paysages danubiens bien sûr, dont ceux peints par *Brand* avec Vienne en arrière-plan. Jetez un œil à la ***chapelle privée*** du Prince Eugène, décorée de stucs délicats entourant une *Résurrection* due au peintre baroque napolitain Francesco Solimena.

Également quelques toiles de l'époque où l'éclectisme est la norme. Préimpressionnisme avec *Emil Jakob Schindler (Embarcadère des vapeurs en face de Kaisermühlen).* Réalisme de *Carl Moll (Naschmarkt à Vienne).* Historicisme avec une *Entrée de Charles Quint à Anvers.* Orientalisme avec Léopold *Carl Müller (Marché au Caire)* et célébrissime *Bonaparte au col du Saint-Bernard* de ***Gérard David*** ; un détail : gravés dans la pierre au pied de son cheval, les noms de ses prédécesseurs, Hannibal et Charlemagne (qui tendent à s'effacer, cela dit).

– Dans l'autre aile, superbe présentation sur la ***Sécession*** : ***Gustav Klimt*** en majesté ! Toujours beaucoup de monde pour admirer *Le Baiser* (1902), l'œuvre emblématique du *Cycle d'or* du peintre, celle aussi qui réunit toutes ses influences. Ce couple s'embrassant sur un tapis de fleurs, enveloppé dans 2 capes richement ornementées d'or et d'une mosaïque de motifs géométriques, dégage une puissance émotionnelle et esthétique bouleversante. *Judith* est une œuvre de jeunesse où il donne au personnage de l'Ancien Testament les traits d'une Viennoise sensuelle à l'allure de femme fatale. Dans un autre genre que Klimt affectionnait aussi, la nature, notre préférence va à *L'Allée du parc au château de Kammer,* qui laisse deviner l'influence de Van Gogh.

COQUIN DE KLIMT

Il créa avec La Viennoise *un nouveau type féminin idéal : la femme moderne d'une sveltesse d'éphèbe dotée d'un charme énigmatique. De même avec* L'Espoir, *il n'hésita pas à peindre le ventre gonflé par la grossesse de son modèle préféré, Herma, qu'il faisait poser malgré son état. Sa générosité lui valut d'être considéré comme un dieu par les femmes et comme suppôt du diable par la bonne société. Dans son atelier, il s'entourait en permanence de modèles qu'il utilisait corps et âme... On lui prête 14 paternités non reconnues !*

Le début du XXe s est encore illustré par une très belle *Nuit d'été sur la plage* de ***Munch.*** Avec ***Egon Schiele*** et ***Oskar Kokoschka,*** on aborde une période foisonnante de la peinture en Autriche : la veine expressionniste s'initialise dans le sillage de la Sécession. Autodérision avec l'*Autoportrait riant* de ***Richard Gerstl,*** qui se suicida à 25 ans. Magnifique série de Schiele aussi dont les incandescents *Quatre arbres* et le pathétique *La Famille* peint quelque temps avant la mort de l'artiste et de sa femme enceinte, frappés tous 2 par l'épidémie de grippe espagnole de 1918. Kokoschka éclabousse de ses gros traits de couleur le *Portrait de la mère de l'artiste,* et ***Emil Nolde*** rejoint le mouvement fauve avec *Joseph racontant ses rêves.*

Quelques sculptures de *Maillol, Constantin Meunier* et *Rodin* tiennent compagnie à une troublante nymphe rousse *Vivien,* un plâtre peint de ***Fernand Khnopff,*** plus connu pour sa peinture. Le personnage serait inspiré de la légende du roi Arthur.

2e étage
Le 2e étage abrite l'époque ***Biedermeier,*** l'***impressionnisme,*** le ***classicisme*** et le ***romantisme.***
Là aussi, les tableaux que vous découvrirez lors de votre passage ne ressembleront plus forcément à ceux que nous vous signalons, le jeu des chaises musicales s'appliquant ici comme partout.
– Peinture officielle avec l'*Entrée triomphale de l'empereur François Ier après la paix de Paris en 1814* de *Johann Peter Krafft. La Mort de Germanicus* de *Heinrich Friedrich Füger* est représentative du goût prononcé de l'époque pour la dramatisation romantique de l'histoire. Avec ***Caspar David Friedrich*** *(Plage dans le brouillard),* on aborde les paysagistes au talent certain. Sort du lot également *Carl Blechen (Début d'après-midi à Capri).*
– Dans l'aile opposée, le style Biedermeier est largement représenté par une abondance de peintures de genre et d'apologies du goût bourgeois. Scènes familiales, portraits cossus et charmes de la campagne illustrent le penchant apparent de cette époque pour le confort douillet et la douceur de vivre. On retiendra *Friedrich von Amerling (Joueuse de luth),* ou *Josef Danhauser* avec *(La Soupe au monastère). Ferdinand Georg Waldmüller* étant le plus intéressant du point de vue pictural avec un sens de la lumière qui annonce l'impressionnisme *(Matin de la Fête-Dieu).*
– Enfin, place aux vedettes de l'***impressionnisme,*** où les Français sont nombreux : **Corot** *(Madame Legois)* ; **Courbet** *(Homme blessé)* ; **Degas** *(Arlequin et Colombine)* ; **Millet** ; **Manet** ; **Renoir** *(Après le bain) ;* et un très beau **Monet** *(Sentier dans le jardin de Giverny).* En prime, un **Van Gogh** *(La Plaine à Auvers-sur-Oise).*
– Le musée possède aussi une collection d'œuvres allant de 1945 à nos jours, visible dans l'ancien pavillon d'exposition construit pour l'Expo universelle de 1958 à Bruxelles *(« 21er Haus »).*
🍷 ***Café-bar Menagerie*** pour reprendre des forces, au rez-de-chaussée.

Unteres Belvedere *(Belvédère inférieur ; plan, E5)* **:** Rennweg 6 (Wien 3). ☎ 795-570. • belvedere.at • *Tlj 10h-18h (21h ven). Entrée : 14 € ; réduc ; gratuit moins de 19 ans.* Il est consacré aux grandes expositions temporaires. Ceux qui viennent du Belvédère supérieur vont pouvoir redescendre par les jardins à la française. Quelques belles salles historiques, comme le cabinet doré et le vestibule d'entrée, couvert de grotesques. L'***Orangerie*** sert également aux expos temporaires.

🍽 🍷 ***Café-bar*** avec une belle terrasse côté cour, face aux jardins. Pour ceux qui en auraient assez d'avaler un « Melange » sur le pouce, il suffit de ressortir côté Rennweg et de pousser la porte suivante, pour découvrir ***Salm Bräu,*** une brasserie haute en couleur, dans l'ancien cloître mitoyen (*plan, E5,* ***140*** ; voir la rubrique « Où manger ? »).

À la sortie du Belvédère, prendre sur la droite plutôt que de monter directement dans le tramway. Ceux qui auraient envie de se mettre au vert peuvent faire une balade dans le ***Botanischer Garten*** *(Jardin botanique ; plan, E-F6),* à moitié sauvage, qui est parallèle aux jardins du Belvédère (accès par une petite porte). Nombreuses plantes et essences d'arbres originales.

Autour de la Hauptbahnhof

Un peu plus au sud du Belvédère, en bordure du *Wiedner Gürtel,* tout le quartier est en fin d'aménagement autour de la nouvelle ***Hauptbahnhof,*** qui devient la plaque tournante du trafic ferroviaire des grandes lignes. Cette impressionnante gare ultramoderne, couverte d'un toit d'acier de 40 000 m², abrite également un centre commercial de 90 magasins. Autour, les architectes s'en sont donné à cœur joie pour faire émerger un nouveau quartier d'une centaine d'hectares, l'équivalent de la superficie du 8e arrondissement, le plus petit de la ville il est vrai.

Heeresgeschichtliches Museum – HGM *(musée d'Histoire militaire ; plan, F6) : Arsenal, Objekt 1 (Wien 3). ☎ 795-610. • hgm.or.at • Ⓣ Fasangasse (nº 18) ; bus nº 69A. Près de la gare principale (Hauptbahnhof), pas très loin du Belvédère. Tlj 9h-17h. Entrée : 7 € ; réduc ; gratuit moins de 19 ans et pour ts le 1er dim du mois. Audioguide : 2 €.*

Un des plus importants du genre en Europe avec l'*Imperial War Museum* de Londres et le *musée des Invalides* à Paris. Installé dans le complexe de bâtiments de l'arsenal à l'extravagant style byzantino-mauresque teinté de néogothique, il retrace l'histoire militaire de la monarchie austro-hongroise en 4 grandes périodes de la fin du XVIe s à 1918. La richesse des collections concernant 1914-1918 a permis de commémorer par une rénovation bienvenue le souvenir de la Grande Guerre. Présentation chronologique, focus géographiques et thématiques, et pièces rares autant qu'émouvantes, comme l'automobile dans laquelle le prince héritier ***François-Ferdinand*** fut assassiné à Sarajevo, et son uniforme.

– Pour qui voudrait suivre l'ordre chronologique, monter d'abord au 1er étage vers l'aile qui englobe la période de la guerre de Trente Ans, qui opposa dans un contexte de conflits religieux la couronne de France aux Habsbourg (entre autres nations). Naissance des uniformes jusque-là inconnus et exaltation des figures de ***Wallenstein*** et de ***Piccolomini,*** généralissimes au service des Habsbourg.

Place aux guerres austro-turques qui voient le grand vizir *Kara Mustapha* mettre le siège devant les murs de Vienne en 1683. Chatoyants uniformes des redoutables janissaires et bannières prises à ceux-ci lors de la délivrance de Vienne par les troupes polonaises. Apparition du prince ***Eugène de Savoie,*** grand pourfendeur des Turcs et héros national pour l'éternité. Avec Charles VI et Marie-Thérèse, on revit l'histoire du XVIIIe s jusqu'à la Révolution française. Évocation des guerres de succession d'Espagne, mettant aux prises Français et Autrichiens, les dernières guerres contre les Turcs, la guerre de succession polonaise suivie du conflit de la succession d'Autriche opposant ***Marie-Thérèse*** à ***Frédéric de Prusse,*** puis la guerre de Sept ans avec, cette fois-ci, les Français et les Russes comme alliés contre les Prussiens.

MACHO, LE FREDO !

Frédéric II de Prusse fut le souverain qui marqua le plus le XVIIIe s en Europe. En fait, ses seuls vrais rivaux étaient des souveraines : la grande Catherine II de Russie et Marie-Thérèse d'Autriche. Au sujet de cette dernière, il déclara : « Pour une fois que chez les Habsbourg on a affaire à un homme, il a fallu que ce soit une femme » !

Grande tente ornementale d'audience turque et illustration de la guerre en dentelles avec une surprenante série de porcelaines figurant les soldats de Marie-Thérèse.

– On retraverse le grand hall du 1er étage pour parcourir, en face, toutes les salles jusqu'au fond et aborder celles consacrées aux guerres napoléoniennes. Une visite toujours de circonstance, en ces temps de commémorations multiples et variées.

– En supplément, de l'autre côté du hall, après la cafétéria, une section concernant la période 1918-1945, notamment l'Anschluss, avec un cliché du cadavre du chancelier ***Dollfuß,*** éliminé par les nazis, puis l'occupation soviétique et, à la suite, celle consacrée à la marine de guerre autrichienne dont le kiosque rouillé d'un sous-marin et la maquette du *Viribus Unitis*.

– Derrière le musée, pour les mordus, un parc de blindés avec des chars allemands et russes qui auraient grand besoin d'un coup de peinture antirouille.

VIENNE

AU SUD-OUEST DU RING (4e, 5e et 6e arr.)

Le long des Linke et Rechte Wienzeile (plan, C4-5)

Une des balades les plus étonnantes à faire de jour et surtout de nuit, le long de la rivière Vienne. De part et d'autre du célébrissime ***Naschmarkt,*** puis le long des rives d'une rivière qui n'a plus peur de se montrer, 2 boulevards bordés de fascinants immeubles *Jugendstil* ou historicistes. Un parcours indispensable pour les amoureux d'architecture et d'insolite.
Accès par les stations de métro de la ligne U4 : les stations *Pilgramgasse, Margaretengürtel* et *Kettenbrückengasse* sont l'œuvre d'***Otto Wagner.*** Tous les détails décoratifs sont conçus dans un sens utile, avec un souci aigu de la « forme nécessaire ». En venant directement du pavillon de la Sécession, on a déjà entamé le périple *Jugendstil* autour de la Karlsplatz (voir plus haut), et on le poursuit avec, aux nos 2 et 4 *Linke Wienzeile,* 2 ***immeubles caractéristiques du style.*** Au no 20, sur la *Kettenbrückengasse,* belle demeure de 1912 (hall d'entrée néoclassique).

VIENNE

Pause musicale, *Linke Wienzeile 6,* devant le très couru ***Theater an der Wien*** (*plan, C4-5* ; voir plus haut « Adresses et infos utiles. Écouter un concert ou assister à un opéra : où, quand, comment ? »). Construit en 1800 par l'auteur du livret de *La Flûte enchantée* : ***Emmanuel Schikaneder.*** Beethoven y fit jouer *Fidelio.* Consacré longtemps aux comédies musicales, ce théâtre a profité du 250e anniversaire de la naissance de Mozart pour relancer un programme riche en opéras et œuvres lyriques remarquables d'hier et d'aujourd'hui.

Pause plus poétique devant la ***Majolikahaus,*** œuvre d'Otto Wagner de 1898 *(Maison des majoliques ; plan, C5 ; Linke Wienzeile 40).* Difficile de ne pas éprouver un coup de cœur pour cette maison qui propose une somptueuse ornementation florale. Beau travail de fer forgé sur les balcons articulant les 2 immeubles. Ravissante cage d'escalier à l'intérieur.

Au 36, de l'autre côté de la rue, au rez-de-chaussée d'un intéressant immeuble au décor haussmannien historiciste (avec les indispensables atlantes), le ***Café Savoy*** avec un bien joli décor (*plan, C5,* ***172*** ; voir la rubrique « Les plus fameux cafés viennois »).

Rendez-vous ensuite devant *Linke Wienzeile 38* : cet immeuble d'angle dit « ***maison aux médaillons*** » se révèle comme l'un des plus beaux exemples d'architecture sociale qu'on connaisse (1898). ***Otto Wagner*** (encore lui !) atteint ici la quasi-perfection. L'équilibre, l'harmonie des formes et des volumes de l'angle de rue tiennent du génie. Superbe décor de stucs dorés dus à ***Koloman Moser.***
Pour les amateurs, d'autres édifices intéressants dans les rues alentour. Dans la *Köstlergasse,* au no 3, autre œuvre d'Otto Wagner (belle cage d'escalier). En face, immeuble de 1910 avec loggias très ornementées.

Avant de faire un détour par le ***Naschmarkt*** voisin, d'autres immeubles méritent toute l'attention, comme l'ancien ***Institut de la prévoyance,*** *Linke Wienzeile 48 et 52.* À mi-chemin du style néoclassique et du réalisme socialiste. Édifié en 1913. Dernier étage à colonnes doriques, frises en bronze et statues de pierre. Aux nos 60 et 64, d'autres immeubles *Jugendstil.*

Entre la *Rechte Wienzeile* et la *Hamburgerstraße,* exceptionnelle série d'édifices Art nouveau. Notamment côté *Rechte Wienzeile* au no 55, au no 59, au no 63 (immeuble construit par le génial architecte slovène ***Jože Plečnik***). À l'angle des 2 rues, la ***maison-café Rüdigerhof*** *(plan, B-C5)* et sa façade particulièrement originale.

Le Naschmarkt *(plan, C5)* **:** Ⓜ *Kettenbrückengasse (U4).* Le plus célèbre marché de Vienne. À articuler bien entendu, avec la visite du marché aux puces le samedi. Délicieusement cosmopolite et éminemment sympathique. Petite porte de l'Orient, il propose le paprika hongrois, les yaourts et fromages blancs bulgares, le

pain turc et toutes sortes de produits exotiques. Nombreuses spécialités à déguster sur le pouce, mais les stands d'hier ont fait place à des dizaines de restaurants et bistrots courus jour et nuit, au point que la municipalité a dû limiter leur extension aussi bien en largeur qu'en hauteur. Voir aussi la rubrique « Où manger ? ».
– Le samedi matin se tient, dans son prolongement, le ***Flohmarkt,*** plus riche ***marché aux puces*** de Vienne. Arriver tôt pour chiner tranquillement et réaliser de bonnes affaires. Beaucoup de bibelots, porcelaines, cartes postales, vieux bouquins, vêtements. Prix tout à fait raisonnables.

Dritte-Mann-Museum *(plan, C5)* **:** *Pressgasse 25 (Wien 4).* ☎ *586-48-72.* • *3mpc.net* • *Sam 14h-18h. Entrée : 8,90 € ; réduc.* Documents divers sur le tournage du *Troisième Homme* et expliquant le succès du film (plus de 2 000 originaux). Parmi les innombrables photos, affiches et objets exposés, on découvre la fameuse cithare d'*Anton Karas* ! Pour plus d'infos, voir la rubrique « Cinéma » dans le chapitre « Hommes, culture, environnement ». Une autre partie est consacrée à la vie quotidienne de l'après-guerre à Vienne.

Schubert Sterbewohnung *(maison de la mort de Schubert ; plan, C5)* **:** *Kettenbrückengasse 6 (Wien 4).* ☎ *581-67-30.* Ⓜ *Kettenbrückengasse (U4). Bus n° 59A, arrêt Große Neugasse ou Heumühlgasse. Mer-jeu seulement 10h-13h, 14h-18h. Entrée : 5 € ; réduc ; gratuit moins de 19 ans.*
Du 1er septembre 1828 jusqu'à sa mort, le 19 novembre (il n'avait pas 32 ans !), Franz Schubert habita chez son frère Ferdinand, au 2e étage de cette maison. C'est ici qu'il écrivit ses dernières compositions, les dernières sonates pour piano et son ultime lied. Parmi les quelques objets exposés, le piano de son frère Ferdinand et des documents qui retracent les derniers jours du musicien malade du typhus. Il fut enterré à côté de Beethoven, le musicien qu'il admirait le plus, dans le petit cimetière situé aujourd'hui parc Schubert *(Währinger Schubertpark).* Leurs sépultures furent ensuite déplacées au cimetière central de Vienne, où elles sont toujours. Schubert ne connaîtra pas la consécration : elle ne vint qu'après sa mort.

SCHUBERT LE MAL-AIMÉ

Petit, timide et complexé, Schubert menait à Vienne une vie de bohème ponctuée de réunions musicales et littéraires où l'on riait et dansait sur des musiques qu'il improvisait, les fameuses « schubertiades ». En 1823, il attrapa la syphilis auprès d'une prostituée. C'est dans l'indifférence qu'il mourut du typhus à seulement 31 ans.

Les trekkeurs urbains avides de découvrir de nouveaux espaces de vie s'aventureront dans le ***quartier de Margareten*** dans le 5e arrondissement *(plan, B-C6),* qui s'étend au sud tout au long de la rivière Wien. Quartier populaire, peu touristique, à l'atmosphère encore authentique. On y trouve quelques restos encore dans leur jus. Une curiosité : le ***Margaretenhof*** *(plan, C6),* à l'angle de la *Pilgramgasse* et de la *Margaretenstraße,* édifié en 1884. Avec resto dans la véranda (belle armature en fer forgé). Derrière, en coude, rue privée fermée par 2 grilles en fer forgé.
Au n° 100 de la *Margaretenstraße,* remarquable immeuble *Jugendstil.* Belle symétrie des éléments composant harmonieusement la façade, équilibre des lignes, grandes fenêtres en fer à cheval, élégant bow-window, dessin raffiné de la porte d'entrée. Voir aussi aux nos 78 et 82.
Revenir sur le *Naschmarkt* et le traverser pour partir à la découverte d'un autre quartier en pleine transformation, autour de la mode et du design.

Mariahilf *(plan, B-C4-5)*

Tout le quartier situé à gauche de la désormais piétonne ***Mariahilfer Straße*** est à conseiller d'emblée aux amateurs de boutiques et de bars branchés. Sympa, jeune, animé, la nuit surtout. Pousser jusqu'au ***parc Esterházy,*** en journée, avant de revenir visiter le *Möbel Museum* et le *MuseumsQuartier* (voir plus loin), dont la création a donné le coup d'envoi du renouveau du secteur.

Gumpendorfer Straße *(plan, B-C4-5)* **:** Ⓜ *Gumpendorfer Str. (U6).* Arpenter la rue, autour du fameux ***Café Sperl*** *(zoom, C4,* ***169****),* l'un des plus charmants de Vienne, vous permettra de découvrir galeries d'art, boutiques et bars en vogue. Des lieux conviviaux où l'on vient tout à la fois pour discuter, lire, manger, boire un verre. Outre des adresses devenues déjà des classiques comme ***Das Möbel,*** qui présente des créations de jeunes stylistes viennois et internationaux, ou la ***pharmacie Saint-Charles,*** avec ses produits naturels haut de gamme, vous trouverez ici tout ce qui fait la mode du moment. Une mode bio plutôt désinvolte, en règle générale.
Mobilier vintage au bar du ***Top Kino,*** qui fait aussi office de salle de cinéma (d'où son nom !), et déco particulièrement ludique au ***Puff*** *(Girardigasse 10 ; face au digne Café Sperl).* Un ancien lieu de plaisirs (« bordel » en v.f.) transformé en un bar pittoresque (voir la rubrique « Où boire un verre tout en grignotant ? Où sortir ? Où écouter de la musique ? »).

VIENNE

Flakturm *(plan, B5)* **:** *dans le parc Esterházy, qui longe la Gumpendorfer Str. (Wien 6).* C'est l'une des 6 tours massives de DCA dont la construction fut ordonnée par Hitler en 1942 pour défendre Vienne contre les attaques aériennes. Aujourd'hui, en plein centre, elle apparaît comme une énorme verrue de béton (avec des oreilles de Mickey) impossible à faire disparaître. On s'aperçut en effet, à la fin de la dernière guerre, qu'elle était indestructible ! Pas moyen de la faire sauter sans détruire à nouveau la moitié de la ville, ni bien entendu de la grignoter au marteau-piqueur (paraît-il, au moins un siècle de boulot !). Résultat, une espèce de punition architecturale *ad vitam æternam* pour rappeler aux générations futures de ne pas se jeter sans réfléchir dans les bras du prochain étudiant des beaux-arts raté... Au fait, ne les cherchez pas dans les autres guides, ces tours y figurent rarement, malgré leur aspect étrange, particulièrement insolite, sauf pour signaler qu'elles abritent un aquarium.

Haus des Meeres *(Maison de la mer ; plan, B5)* **:** *Fritz-Grünbaum-Platz 1 (Wien 6). ☎ 587-14-17. • haus-des-meeres.at • Tlj 9h-18h (21h jeu). Entrée : 18,90 € ; réduc.* Ce monstre bétonné cache un aquarium géant et toute une jungle en folie. Crocodiles, requins et autres bestioles à qui on n'a pas laissé le choix des armes. Assez angoissant quand on se retrouve au milieu des serpents, assez bluffant quand les oiseaux et les singes viennent voir comment vous passez un pont de lianes, assez éducatif surtout pour une famille même si comme toujours il vaut mieux comprendre l'allemand ou l'anglais pour se repérer.

Au milieu du parc Esterházy, le ***Foltermuseum*** *(musée de la Torture) • folter.at • Tlj 10h-18h ; entrée : 6 € ; réduc.* Installé dans un ancien bunker nazi, présente des objets du Moyen Âge au XIXe s dans des mises en scène d'un goût plutôt douteux. Quoique... les ados adorent, les « gothiques » se régalent, et les fans de séries pleines de vampires et de loups-garous trouvent enfin ici une atmosphère qui les inspire.

À L'OUEST DU RING (7e et 8e arr.)

MuseumsQuartier (zoom, C4)

Ouvert en 2001, le ***MuseumsQuartier*** *(MQ)* est l'un des 10 plus vastes espaces culturels du monde. Ce projet, longtemps controversé, fut l'occasion de réaliser une véritable prouesse architecturale en réussissant avec brio le mariage improbable du baroque et de l'architecture ultra-contemporaine. Les frères *Ortner* ont ainsi réussi à donner une 2de vie aux anciennes écuries impériales, chef-d'œuvre de ***Fischer von Erlach.***

Le *MuseumsQuartier* est bien plus qu'un simple espace d'exposition, c'est un véritable lieu de vie (avec de nombreux cafés et terrasses où il fait très bon ne rien faire !) et d'expression, mais aussi un lieu d'échange et de confrontation entre les différentes disciplines. Ici, danse, théâtre, cinéma et sculpture côtoient peinture et architecture, modernité et tradition... Une cinquantaine d'institutions culturelles cohabitent désormais sur 60 000 m², attirant plus de 3 millions de visiteurs par an. Un espace artistico-culturel remarquable, étape incontournable du périple viennois. *– Museumsplatz 1. • mqw.at • Ⓜ MuseumsQuartier (U2). Ⓣ nos 46 ou 49. Plusieurs possibilités de billets combinés selon vos centres d'intérêt : duo MUMOK-Leopold Museum, 20,50 € ; duo Kunsthistorisches Museum-Leopold Museum, 24 € ; duo Leopold Museum-MAK, 21 €. Se renseigner à la caisse, située à l'entrée du MuseumsQuartier, ☎ 523-58-81-1734 ; tlj 10h-19h. Boutique à côté.*

***Leopold Museum** (musée Leopold ; zoom, C4) **:** dans le MQ. ☎ 525-70-0. • leopoldmuseum.org • Tlj sauf mar 10h-18h (21h jeu). Entrée : 14 € ; réduc ; gratuit moins de 7 ans. Audioguide en français : 4 €. Visite guidée en anglais sam-dim à 15h : 3 €.*

C'est le grand cube de calcaire blanc situé à gauche en entrant dans le complexe. Les quelque 5 000 œuvres des XIXe et XXe s, collectionnées toute sa vie par le Dr Rudolf Leopold et acquises par l'État autrichien en 1994, sont présentées par roulement et généreusement exposées dans ce bâtiment lumineux et spacieux. Le but de ce musée : montrer l'évolution progressive de l'art autrichien, du ***Jugendstil*** à l'expressionnisme, en s'appuyant sur des tableaux majeurs.

Le 4e étage

Commencez la visite par le haut, qui abrite une exposition permanente remarquable sur le thème de ***Vienne 1900.*** Riche présentation du bouillonnement culturel de l'époque, à travers une dizaine de salles thématiques qui explorent le *Jugendstil,* la Sécession et l'expressionnisme. Nombreuses peintures mais également des meubles, éléments décoratifs, objets, maquettes ou photos... Impressionnante série de chefs-d'œuvre de ***Klimt.*** Incontournable *Vie et Mort* (1910), toile magnétique qui oppose l'harmonie rêveuse des vivants à la crudité d'une mort attendant son heure. Dans la même pièce, mystérieuses peintures de paysages, réalisées lors de séjours estivaux dans le *Salzkammergut,* où *Emilie Flöge, son modèle préféré* avait une maison de campagne. *Attersee* est probablement la plus remarquable. Après la découverte de l'atelier de Klimt (dessiné par ***Josef Hoffmann***), on prend le temps de détailler la collection de meubles réalisés par les *Wiener Werkstätte* : superbe armoire marquetée et incrustée de nacre de ***Koloman Moser,*** chaises et fauteuils de Hoffmann, ***Otto Wagner*** ou ***Josef Maria Olbricht*** (qui dessina le bâtiment de la Sécession)... On a également beaucoup aimé la vitrine d'***Adolf Loos,*** d'une modernité saisissante avec sa vaisselle cristalline. Pour finir, très riche ensemble de peintures expressionnistes signées ***Oskar Kokoschka, Kirchner, Munch*** ou ***Liebermann...***

Le 3e étage

Au 3e, les œuvres d'***Egon Schiele*** ne sont à manquer sous aucun prétexte (il s'agit là de la collection privée des œuvres de l'artiste la plus importante au monde). Toiles bouleversantes d'intensité, à commencer par ses portraits et ses autoportraits, où le malaise n'est jamais loin. Quelques toiles mélancoliques nous transportent vers de petits villages d'Europe centrale, où les maisons se serrent les unes contre les autres (voir *Inselstadt,* l'île-ville). Le peintre semble trouver enfin un certain apaisement dans le superbe *Soleil couchant.* Quand on sait que Schiele est mort de la grippe espagnole en 1918 à l'âge de 28 ans, on n'ose à peine imaginer les merveilles qu'il aurait pu produire. Au moment où le Dr Leopold acquit ces quelque 220 tableaux et dessins, peu nombreux étaient ceux qui croyaient au talent du jeune peintre.

Les 1er et 2e sous-sols abritent des ***expositions temporaires.*** Boutique très bien fournie au 2e étage.

I●I 🍷 En sortant, prenez un verre au ***Café Leopold*** *(tlj 10h-2h),* toujours animé, côté salle comme côté terrasse, quelle que soit la saison. Accès possible en cours de visite, pour qui veut grignoter un plat du jour à tendance asiatique ; il suffit de montrer son ticket.

🚶🚶 ***MUMOK – Museum Moderner Kunst Stiftung Ludwig*** *(musée d'Art moderne Fondation Ludwig ; zoom, C4)* **:** *dans le MQ, grand bâtiment noir sur la droite. ☎ 525-00-0. • mumok.at • Lun 14h-19h, mar-dim 10h-19h (21h jeu). Entrée : 12 € ; réduc, moins cher le jeu à partir de 18h ; gratuit moins de 19 ans. Audioguide (en anglais) : 3,50 €. Assurez-vous avant d'entrer que les collections annoncées ci-après sont bien présentes, car le musée prête parfois ses collections.*

Ce bâtiment imposant en basalte noir est (au sens propre comme au figuré) à l'opposé du musée Léopold. Ce dernier, tout blanc, laisse entrer la lumière naturelle par de multiples ouvertures (d'où l'on a d'ailleurs de jolis points de vue sur la ville), alors que le musée d'Art moderne, noir, vit replié sur lui-même et n'a quasiment aucune fenêtre sur l'extérieur.

Ce musée rassemble sur 5 niveaux les œuvres de la Fondation Ludwig et celles du musée d'Art moderne de la Ville. Il met l'accent sur le ***pop art,*** le ***photoréalisme,*** le ***nouveau réalisme*** et l'***actionnisme viennois.*** Encore une fois, il nous est très difficile de vous décrire ce que vous y verrez, puisque les collections, qui contiennent pas moins de 10 000 œuvres, sont présentées par roulement et que les expositions temporaires changent régulièrement. Au niveau 2 (celui de l'entrée), on a pu admirer lors de notre passage des toiles de ***Gerhard Richter, David Hockney*** et ***Willem De Kooning,*** des photos de ***Nan Goldin, Araki*** ou ***August Sander...***

Théoriquement, le 4e étage (très belle vue depuis l'unique fenêtre) rend hommage à la sculpture figurative et à la peinture abstraite. On y retrouve des noms célèbres, comme ***Kandinsky, Magritte, Giacometti, Klee...*** Le 1er sous-sol est normalement consacré au mouvement pop art, mais celui-ci peut disparaître au profit d'expositions temporaires. Le 2e sous-sol est dédié au mouvement provocant des ***actionnistes viennois.***

I●I Original, le ***Café Aloha,*** sur la placette, avec son palmier à l'ombre du MUMOK. Il a même un terrain de pétanque. M'enfin !

🚶 ***Kunsthalle Wien*** *(halle d'Art ; zoom, C4)* **:** *dans l'ancien manège impérial, entrée sur la droite du MQ. ☎ 521-89-0. • kunsthallewien.at • Tlj 11h-19h (21h jeu). Entrée : 8 € ; réduc ; gratuit moins de 19 ans.*
Merveilleuse harmonie de la brique, de la pierre et du béton. Plusieurs salles abritent des expositions temporaires d'art contemporain autrichien. L'intérêt dépend de l'expo temporaire organisée. Très orienté vers les nouveaux médias, la vidéo et les performances, c'est la vitrine viennoise de l'art contemporain.

– Une *annexe* de la Kunsthalle Wien se trouve sur la Karlsplatz *(zoom, D4 ; même horaires que la Kunsthalle Wien ; 3 €),* presque en face du pavillon de la Sécession.

ENZI JE T'AIME, ENZI JE T'ADORE

Tous fous d'Enzi(s). C'est le nom donné par les Viennois aux étranges « canapés d'extérieur » posés sur toutes les places libres du quartier. Ils sont devenus un peu l'emblème de ces lieux qui connaissent, en été, une affluence record. Les Enzis du MuseumsQuartier sont pris d'assaut à toute heure du jour et de la nuit, le bronzage laissant place à d'autres activités selon les quartiers (de lune).

I●I 🍷 Un café jeune et bohémo-chic très sympa a été aménagé dans l'ancienne loge. Le ***Halle-Café*** *(tlj 10h-2h)* propose une cuisine légère aux accents méditerranéens. Terrasse juste devant le MUMOK.

Architekturzentrum Wien *(AzW ; Centre d'architecture de Vienne ; zoom, C4)* **:** *il occupe la cour intérieure à droite de l'entrée du MQ. ☎ 522-31-15. • azw.at • Tlj 10h-19h. Entrée : 9 € ; réduc.* Le Centre d'architecture de Vienne rassemble 2 salles d'exposition. Dans l'une, expo permanente sur l'architecture autrichienne du XXe s (un peu brouillonne... l'expo, pas l'architecture), et dans l'autre une expo temporaire.

Zoom Kindermuseum *(musée des Enfants ; zoom, C4)* **:** *le Zoom occupe l'aile gauche de la cour principale du MQ. ☎ 524-79-08. • kinder museum.at • Horaires d'ouverture et prix d'entrée variables selon expos et ateliers (en principe, autour de 6 €).* Le Zoom est à mi-chemin du palais de la Découverte et de la Cité des sciences de Paris. Les expositions temporaires s'adressent à tous les enfants, des nouveau-nés aux préados. Des ateliers et des labos leur permettent d'expérimenter les plaisirs des 5 sens, ou de jouer aux petits chimistes. Juste à côté, vous trouverez le *Wien-Xtra Kinder-Info,* toute l'information concernant les activités pour les enfants (voir la rubrique « Informations touristiques » dans « Adresses et infos utiles », au début du chapitre sur Vienne).

Le MQ loge encore nombre d'institutions et d'auditoriums. Ainsi le ***Tanzquartier*** abrite-t-il le centre chorégraphique de Vienne. *Rens : ☎ 581-35-91 ; • tqw.at •* Et le ***Dschungel*** propose des créations théâtrales résolument modernes à destination des 7-14 ans. *Rens : ☎ 522-07-20-20 ; • dschungelwien.at •*

Last but not least, comme disent les guides, réfugiez-vous au ***Glacis Beisl*** *(zoom, C4,* ***100*** *; tlj 11h-2h),* un amour de troquet un peu caché dans les hauteurs, si vous voulez changer de style de restauration, ou simplement grignoter en terrasse (voir la rubrique « Où manger ? »).

Neubau et Josefstadt *(plan, B-C3-4-5)*

Au nord de la *Mariahilfer Straße,* les quartiers de *Neubau* et *Josefstadt* (7e et 8e arrondissements) ne sont pas non plus dénués d'intérêt, loin de là : ça vit, ça bouge, par ici.

Hofmobiliendepot – Möbel Museum Wien *(musée du Meuble et dépôt du mobilier de la Cour ; plan, B5)* **:** *Andreasgasse 7 (Wien 7). ☎ 524-33-57. • hofmo biliendepot.at • Ⓜ Zieglergasse (U3), sortie Andreasgasse. Mar-dim 10h-18h. Entrée : 10,50 € ; réduc. Compris dans le « Sisi Ticket » (34 €). Petit livret en français, très bien fait, ainsi que des plans à chaque étage.*
Beaucoup de verre et d'acier derrière les vieux murs de cette belle bâtisse de l'époque *Biedermeier.* Ici se trouvent tout à la fois le musée du Meuble, le dépôt du mobilier de la Cour (où l'on vient chercher chaises, tapis rouges, etc., pour les grandes occasions) et l'atelier de restauration du mobilier. L'endroit est vaste, et c'est avec plaisir que l'on parcourt les pièces et les étages pour admirer les objets exposés qui retracent bien l'évolution du mobilier et de l'habitat autrichien depuis plus de 3 siècles.
Sont présentés là une importante collection *Biedermeier,* des objets et meubles ayant appartenu à la famille impériale (on trouve même des dessins du prince Rodolphe enfant !), une belle sélection de laques chinoises du XVIIIe s et la plus grande collection au monde de crachoirs ! Au dernier étage, belle collection de meubles Sécession et modernes : *Otto Wagner, Josef Hoffman* ou *Adolf Loos* sont bien représentés. Plusieurs pièces sont également reconstituées selon différentes époques. Intéressantes expos temporaires.

Volkskunde Museum *(musée des Arts et Traditions populaires ; plan, B3)* **:** *Laudongasse 15-19 (Wien 8). ☎ 406-89-05. • volkskundemuseum.at • Ⓣ nos 5 ou 33 ; bus no 13A, arrêt Laudongasse. Mar-dim 10h-17h (20h jeu). Entrée : 8 € ; réduc ; gratuit moins de 19 ans.* Le quartier de *Josefstadt* (en hommage à Joseph II) évoque immanquablement le XVIIIe s : petits palais, églises baroques et rues gentiment pittoresques. Le palais *Schönborn* dessiné au début du XVIIIe s par *Johan Lukas von Hildebrandt* abrite un intéressant musée un peu fourre-tout de toute la tradition populaire du XVIIe au XIXe s. Mobilier, costumes, jouets, accessoires de mode, ustensiles de cuisine, outils, masques de carnaval, vieux poêles de faïence, maquettes d'habitations et d'églises jalonnent les salles et rendent compte agréablement du mode de vie des provinces autrichiennes et des pays limitrophes. À l'étage, des expositions temporaires consacrées au folklore sont régulièrement proposées au public.

Spittelberg *(plan et zoom, B-C4)* **:** *entre les Siebensterngasse, Burggasse et Sigmundsgasse (Wien 7).*
Un quartier ancien restauré et qui a retrouvé magnifiquement tout son lustre d'antan. Situé sur une petite colline, il fut urbanisé au XVIIIe s. Un des rares exemples à Vienne d'un petit lacis de rues et ruelles homogènes architecturalement. Balade délicieuse de jour, encore plus de nuit, d'autant que tout le quartier a eu la bonne idée de se réserver aux piétons. Quelques cours intérieures méritent le coup d'œil. Pas mal de restos avec terrasse et de bars étudiants.
Nous n'allons pas décrire ici toutes les belles demeures baroques, mais voici les plus marquantes : sur la *Spittelbergasse,* au n° 20, christ sculpté sur la fenêtre centrale d'une maison de 1715. Au n° 18, élégant pignon baroque datant de 1708. Au n° 9, fenêtres ouvragées ravissantes, avec trompe-l'œil aux effets étonnants la nuit. Au n° 11, autres belles ouvertures et jolie Vierge dans une niche. En face, maison de 1695. Au n° 13, Vierge Marie en corniche *(Zum Heiligen Joseph).* La *Gutenberggasse* est également bordée de nobles édifices du XVIIIe s.

Sankt-Ulrichs-Platz *(plan, B4)* **:** Burggasse. L'église du début du XVIIIe s est environnée de jolies demeures bourgeoises. L'ensemble possède un certain charme. Ne pas manquer de jeter un œil sur la cour intérieure du n° 2 si elle est ouverte.

Encore 2 immeubles dus au grand Otto Wagner, aux nos 2 et 4 de la *Döblergasse (plan, B4),* une petite rue donnant entre la *Lerchenfelder Straße* et la *Neustiftgasse.* Œuvres plus tardives que celles de la *Linke Wienzeile.* Ici, le style de l'architecte s'est considérablement épuré, au point d'abandonner toute démarche décorative (ni stucs ni décors floraux) pour ne plus conserver que des lignes géométriques. Façades vraiment dépouillées.

Au n° 35 de la *Lerchenfelder Straße (plan, B4),* remarquable façade (de 1912) avec des fenêtres superbement dessinées et rythmées, formant un genre de frise.

Au n° 34 de la *Lange Gasse (plan, B4),* jolie maison baroque de 1696 avec porche richement ornementé (Trinité avec un Dieu le Père altier). C'est l'***Alte Backstube,*** la plus vieille boulangerie de Vienne, en activité de 1701 à 1963. Y sont encore réunis des ustensiles de boulanger, vieux de 3 siècles, servant de décor à un... bistrot japonais !

Piaristenkirche *(église des Piaristes ; plan, B3)* **:** Piaristengasse 43-45. Sur la placette en retrait, la façade aux 2 tours des frères piaristes, chargés de l'éducation des enfants pauvres, forme avec les bâtiments monastiques adjacents un ensemble à l'ordonnance bien classique. Devant le porche, une colonne votive, coiffée de la Vierge, rappelle l'épidémie de peste de 1713. À l'intérieur, *Franz Anton Maulbertsch* décora la coupole de fresques de couleurs chatoyantes. On lui doit également la *Crucifixion* ornant une chapelle à gauche du chœur.

Dans le quartier, à signaler également, le ***Theater in der Josefstadt*** (au n° 26 de la rue qui porte son nom), qui serait l'un des plus anciens de Vienne (il date de 1788) encore en activité. S'il propose aujourd'hui un répertoire de comédies légères, il connut une notoriété certaine en montant les pièces de *Max Reinhardt.*

AU NORD-OUEST DU RING (2e et 9e arr.)

Sigmund Freud Museum *(maison de Freud ; plan, C2)* **:** *Berggasse 19 (Wien 9). ☎ 319-15-96. • freud-museum.at • Ⓜ Schottentor-Universität (U2) ou Schottenring (U2 ou U4). Ⓣ Schlickgasse (nº 3) ou Schwarzspanierstraße (nºs 37, 38, 40, 41 ou 42) ; bus nº 40A, arrêt Berggasse. Tlj 10h-18h. Entrée : 9 € ; réduc. Réouverture en mai 2020, après travaux.*

Un lieu devenu mythique. Freud habita cet immeuble bourgeois durant 47 ans (du 20 septembre 1891 au 4 juin 1938). Visite émouvante, surtout aux yeux de ceux et celles qui connaissent l'œuvre, bien sûr, puisque seules de vieilles photos témoignent de l'aspect des lieux et de son mobilier, avant le départ de Freud pour Londres.

À l'intérieur de l'immeuble, l'atmosphère n'a guère changé. Très belle cage d'escalier avec glaces gravées pour monter jusqu'à l'appartement destiné aux consultations et la célèbre salle d'attente. Auparavant, c'était le cabinet du docteur ***Victor Adler,*** fondateur de la social-démocratie autrichienne. De 1902 à 1910 s'y tiendront, une fois par semaine, les réunions de la Société psychanalytique du mercredi. Freud fut l'un des derniers juifs à quitter l'Autriche le 4 juin 1938. Dès l'arrivée des nazis à Vienne, sa fille Anna est arrêtée par la Gestapo et détenue une journée. Il fallut que les SS perquisitionnent 2 fois le *19 Berggasse* pour que Freud (qui souffrait aussi d'un cancer de la mâchoire) se décidât enfin à s'exiler. La princesse ***Marie Bonaparte*** (disciple et amie de Freud, et l'une des 1res initiatrices de la psychanalyse en France) organisa le départ, et Freud passa sa 1re nuit d'exil à Paris.

FREUD ET SES CHÈRES COLLECTIONS

Le psychanalyste s'était constitué une jolie collection d'antiquités (près de 2 000 pièces) principalement égyptiennes, grecques et romaines, qu'il n'hésitait pas à montrer à ses patients. Devoir les abandonner pour fuir les nazis était pour lui un véritable crève-cœur. Son ami Hans Demel, directeur au musée des Beaux-Arts, lui fournit alors un inventaire chiffré sous-évaluant délibérément leur valeur. Ce subterfuge permit à Freud de les expédier à Londres, où il acheva sa vie.

Outre la salle d'attente, vous découvrirez 2 pièces qui présentent encore de nombreux souvenirs, notamment les petites antiquités de sa collection personnelle dont beaucoup décoraient son bureau. Importante présentation de documents, souvenirs et photographies, dont un certain nombre inédits. Entre autres : une photo dédicacée d'Yvette Guilbert, un exemplaire de *Paris-Soir,* daté du 25 septembre 1939 annonçant sa mort, et une boîte de tarots divinatoires. Beaucoup d'objets donnant au visiteur l'impression de pénétrer dans la vie quotidienne du célèbre psychanalyste qui par ailleurs menait une vie très tranquille entre ses patients et sa famille.

Bibliothèque à l'entrée, riche de 25 000 titres, accessible aux chercheurs. Publications de Freud dans leur édition originale. L'appartement est, rappelons-le, peu meublé. Vous ne verrez pas le célèbre divan, resté à Londres, comme le reste des meubles, en dehors de ceux de la salle d'attente. Diffusion assez émouvante de films des années 1930 où l'on voit l'auguste personnage en compagnie de ses proches.

De temps à autre, quelques expos temporaires.

Café Freud : *lun-sam 10h-18h.* Un petit café plein de charme, près du musée, à la déco et à l'ambiance seventies (tasses, meubles, sofas). Idéal pour relire quelques pages des *Carnets de Max Liebermann* faisant revivre un Freud étonnant (voir la rubrique « Livres de route » dans le chapitre « Autriche utile »).

Josephinum *(musée d'Histoire de la médecine ; plan, C2)* **:** *Währinger Str. 25 (Wien 9). ☎ 401-60-26-001. • josephinum.ac.at • Ⓜ Schottentor (U2).* ***Fermé pour travaux.***

Schubert Geburtshaus *(maison natale de Schubert ; plan, C1)* **:** *Nussdorfer Str. 54 (Wien 9). ☎ 317-36-01. • wienmuseum.at • Ⓣ Canisiusgasse (nos 37 ou 38). Mar-dim 10h-13h, 14h-18h. Entrée : 5 € ; réduc ; gratuit moins de 19 ans et pour ts le 1er dim du mois.* Schubert est né le 31 janvier 1797 dans cette *maison de l'Écrevisse rouge,* dans le faubourg de *Lichtental,* au nord de Vienne. « Je ne suis venu au monde que pour composer », disait-il. En 1801, ses parents s'installèrent dans la *maison du Cheval noir,* une demeure plus vaste. Péniblement acquise par son père *Theodor Schubert,* elle comportait 7 pièces pour l'école paroissiale qu'il dirigeait et un petit logement pour la famille dans lequel *Schwammerl* (le petit champignon), comme le surnommaient ses camarades de classe, vécut enfant (1801-1808). On y donne parfois quelques concerts.

SCHÖNBRUNN

• Plan *p. 143*

Le monument le plus visité d'Autriche ! À moins de 7 km du centre, la résidence d'été de *Marie-Thérèse* attire chaque année 2,6 millions de visiteurs, qui se pressent, le matin, devant les grilles du château. Un palais de style rococo qu'elle fit construire à la place du pavillon de chasse édifié par Léopold Ier après l'historique victoire de 1683 contre les Turcs (ceux-ci ayant détruit au passage un ancien château de plaisance appartenant déjà aux Habsbourg). Une réussite de l'architecture baroque avec ses 1 441 pièces ! Il fallait bien ça pour accueillir la Cour, durant les mois d'été que l'impératrice passait là (plus de 1 500 personnes).

Extérieurement, Schönbrunn possède une façade baroque sobre aux teintes jaunes et ocre, et un merveilleux jardin offrant une très séduisante promenade. À l'intérieur, la profusion de la décoration rococo et la présence d'objets personnels de *François-Joseph* et de *Sissi* rendent la visite particulièrement attachante. Sur les 1 441 pièces, une quarantaine sont aujourd'hui ouvertes, depuis les appartements datant du XIXe s, situés dans l'aile ouest, où résidaient François-Joseph et son épouse Élisabeth, en passant par les salles de réception, jusqu'aux luxueux appartements réservés aux hôtes étrangers. Au rez-de-chaussée, un musée pour enfants a été aménagé dans les appartements ornés de fresques de *Johann Bergl.* Quant aux jardins, au parc, ils ont retrouvé en grande partie leur allure d'origine.

Prévoir d'y passer une bonne demi-journée ici, avec la visite du zoo et celle du *musée des Carrosses,* les lieux de restauration étant multiples, et même variés. La mise en place d'un système de réservation permet d'éviter les files. Inutile de venir trop tôt, d'ailleurs. Inutile aussi de trop compter sur l'absence de groupes pour visiter tranquillement, mais essayez de vous glisser entre 2, avec votre audioguide. Si vous arrivez très tôt, ne vous étonnez pas de trouver déjà du monde dans le parc : on vient ici faire un jogging matinal, en voisin ou en locataire des lieux, car le 2e étage du château, tout comme les dépendances d'ailleurs, a été aménagé en appartements (heureux locataires !). Un petit plus qui s'ajoute aux chiffres impressionnants des (r)entrées... d'argent ! Et qui explique aussi la nouvelle destinée de ce château géré par un groupe privé (tout comme la *Hofburg* et le *Möbel Museum*) chargé de rassembler, par ses propres moyens, les fonds nécessaires à la conservation et à la restauration du château.

Un peu d'histoire

Au milieu du XVIIIe s, le château est devenu résidence d'été officielle de la famille impériale. Les héritiers de Marie-Thérèse ont chacun laissé leur empreinte, côté aménagement et décoration, notamment François-Joseph, né et décédé dans ce château après un règne de 68 ans.

C'est toute l'histoire de l'Autriche qui défile dans ces pièces, à travers les fresques et tableaux à la gloire de Marie-Thérèse et de ses enfants (dont une certaine ***Marie-Antoinette,*** que l'on voit en costume de chasse, avant de partir épouser le futur Louis XVI), jusqu'à la salle de bains installée en 1917 pour *Zita,* la dernière impératrice.

Napoléon y séjourna en 1805 (après la bataille d'Austerlitz) et en 1809 (après celle de Wagram). À travers lui, c'est surtout à son fils, le duc de Reichstadt, autrement dit l'***Aiglon,*** que les visiteurs s'intéressent (les manifestations en faveur de Napoléon n'ont jamais fait beaucoup d'entrées, à Vienne ; on se demande pourquoi !). Le château connaît son apogée en 1814-1815 durant le congrès de Vienne, qui va d'ailleurs obliger le petit garçon à grandir à l'écart de la vie politique. Le roi de Rome y meurt en 1832, à l'âge de 21 ans.

L'empereur ***François-Joseph,*** intronisé à l'âge de 18 ans, s'y installe de façon permanente en 1849. La visite commence d'ailleurs par la salle de billard, qui servait de salle d'attente pour ses audiences, et par son bureau, qui voyait défiler une centaine de visiteurs par matinée (il se levait tôt, à 4h !). Une audience au pas de course car on ne restait que 1 minute ou 2. C'est un des temps forts de la visite, qui fait qu'un léger embouteillage s'installe souvent, chacun voulant prendre le temps de voir aussi bien la chambre à coucher de l'empereur que le bureau de Sissi et son fameux cabinet de toilette, où elle se consacrait à ses soins de beauté. Quant à la salle à manger familiale, elle ne donne qu'une petite idée du protocole d'un empereur préférant la cuisine traditionnelle viennoise aux plats français, en face d'une impératrice (les rares fois où elle était présente) s'imposant des jeûnes constants pour garder la ligne.

La suite du « Tour impérial » permet de remonter dans le temps, et de découvrir la vie au château du temps de ***Marie-Thérèse*** et de son époux, ***François de Lorraine,*** qu'elle avait fait empereur du Saint Empire romain germanique. Ce financier hors pair, amoureux des sciences naturelles, laissa sa femme mener les affaires politiques, lui donnant d'ailleurs une quinzaine d'enfants appelés à se faire une place dans toutes les cours d'Europe.

HORMONES IMPÉRIALES

N'en déplaise aux fans de Sissi, Marie-Thérèse d'Autriche (1717-1780) reste l'impératrice la plus chère au cœur des Viennois. Son mariage d'amour avec François-Étienne de Lorraine est donné en exemple pour les 16 enfants (dont Marie-Antoinette) qu'elle lui donna. On oublie souvent en revanche la trentaine d'enfants naturels de son mari, en plus des officiels. Il mourut en 1765, et elle resta inconsolable. Elle ne dut pas être la seule...

On visite la salle des glaces, où le petit Mozart aurait grimpé sur les genoux de Sa Majesté, après son 1er grand concert, les salles de Rosa, la grande et la petite galerie, toutes riches en fresques et tableaux évocateurs, les cabinets chinois, la salle du carrousel.

En cas d'achat d'un billet pour un tour complet, on a l'occasion de revivre la fin du Saint Empire et l'arrivée de ***Napoléon*** en ces lieux, avant de terminer avec les trophées de chasse d'un François-Joseph vieillissant, et la vision, sur l'un des tableaux, du Schönbrunn d'antan.

Jetez au passage un œil sur le salon bleu chinois, d'une grande importance historique. ***Charles Ier,*** qui n'a régné que 2 ans, et appelé ironiquement *Charles Dernier*, y signe en 1918 la fin du pouvoir des Habsbourg. Menant en exil à Madère une vie familiale et pieuse, il a été béatifié par le Vatican en 2004.

Ensuite, c'est une autre histoire que le château pourrait raconter. En 1945, le haut-commissaire britannique y réside. En juin 1961 se déroule au château la rencontre historique entre *J. F. Kennedy* et *Khrouchtchev* pour discuter de la question allemande, et notamment celle de Berlin. Rien ne sera réglé et, 2 mois plus tard, l'édification du mur de Berlin commencera.

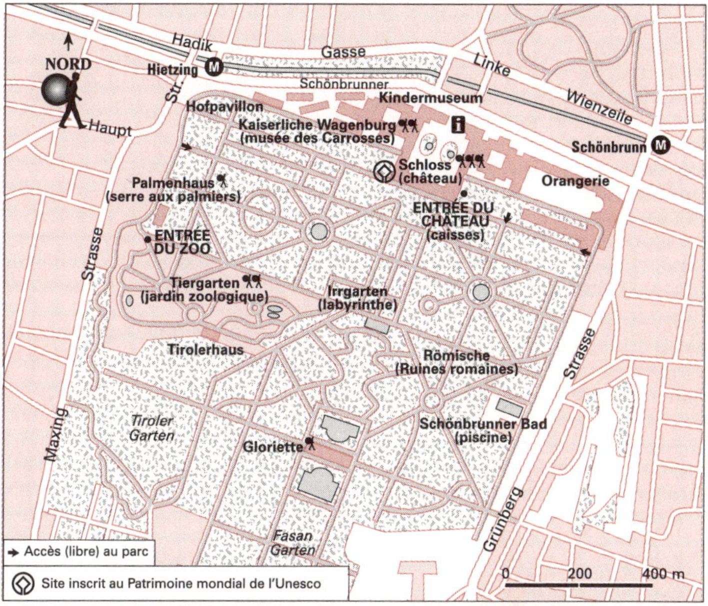

LE CHÂTEAU DE SCHÖNBRUNN

Schönbrunn, mode d'emploi

Bon à savoir : *le site du château est ouvert tlj de l'année, même les j. fériés, dès 8h et jusqu'à 18h30 en juil-août, 17h30 avr-juin et sept-oct et 17h nov-mars.*

– ***Schloss Schönbrunn*** *(château de Schönbrunn)* ***:*** *inscriptions pour les visites au ☎ 811-13-239. • schoenbrunn.at • Ⓜ Schönbrunn (U4). Ⓣ Schönbrunn (nº 58 ou 10) ; bus nº 10A. Compter 15 mn du centre puis 10 mn de marche depuis la station de métro. Voir plus bas les horaires détaillés.*

– ***Les 2 tours du château :*** *visite des appartements tlj 8h30-18h30 juil-août, 17h30 avr-juin et sept-oct, 17h nov-mars.* ***Imperial Tour*** *(visite de 22 pièces) : 16 € (avec audioguide).* ***Grand Tour*** *(plus intéressant, 40 pièces) : 20 € (avec audioguide) ; réduc. Prix 2019.* Bon plan : l'achat du *Sisi Ticket* à la Hofburg (voir la rubrique « À voir "en ville". Dans le centre historique. La Hofburg et alentour ») permet d'éviter de faire la queue à la caisse et entrer immédiatement dans le château. Sinon, ***achat en ligne, c'est encore plus facile.*** *Prix : 34 €. Valable 1 an à partir de la date d'émission ! L'idéal est de réserver une entrée très matinale.*

– ***Classic Pass :*** *de mi-mars à fin oct seulement. Pour 26,50 €, il donne accès au Grand Tour avec audioguide, mais aussi au jardin du prince héritier, à l'Orangerie, à la terrasse panoramique de la Gloriette et au labyrinthe. Achat en ligne possible bien sûr. Offre également des réducs sur les autres attractions du château. Prévoyez ½ journée si vous voulez tout visiter. Conseil : achetez votre bouteille d'eau avt l'entrée.*

– ***Kindermuseum*** *(musée des Enfants)* ***:*** *☎ 811-13-239. Pdt vac scol, tlj 10h-17h (fermeture du guichet à 16h). Résa conseillée. Entrée :*

9,50 € ; 7,50 € 3-18 ans ; billet familial (2 adultes et 3 enfants) : 26 €. Ce petit musée aménagé dans les appartements des enfants de la famille impériale est essentiellement destiné aux 5-12 ans pour leur faire découvrir la vie des enfants au château, leurs jeux, leur hygiène, leur alimentation et leur habillement. Possibilité également d'enfiler les tenues de l'époque (en taille enfant !). Musée interactif dont les textes sont traduits, normalement, en français. Un espace amusant et intéressant pour les plus jeunes.

– ***Concerts à l'Orangerie :*** *rens et résas au ☎ 812-50-04. • imagevienna.com • Tlj à 20h30. Visite de l'Orangerie : 4,50 € ; réduc.*

– **Schlosspark** (parc du château) **:** *tlj de 6h30 à la tombée de la nuit. Accès libre.*

– **Kronprinzengarten** (jardin du Prince héritier) **:** *tlj 9h-17h (18h juil-août, 16h nov). Entrée : 4,50 € ; réduc.*

– **Gloriette :** *accès à la terrasse panoramique tlj 9h-18h avr-juin et sept, 19h juil-août, 17h oct, 16h nov. Entrée : 4,50 €. Café au rdc avec terrasse côté jardin.*

– **Irrgarten** (Labyrinthe) **:** *mêmes horaires que la Gloriette. Entrée : 6 € ; réduc.*

– ***Tiergarten*** *(Jardin zoologique)* **:** *☎ 877-92-94-0. • zoovienna.at • Tlj 9h-18h30 avr-sept, 17h30 mars et oct, 17h fév, 16h30 nov-janv. Entrée : 20 € ; enfants 10 € ; gratuit moins de 6 ans. Billet couplé avec le Labyrinthe et le musée des Enfants : 28 € ; réduc.*

– **Palmenhaus** (serre aux palmiers) **:** *tlj 9h-17h30 (16h30 oct-avr). Entrée : env 6 € ; réduc.* Superbes serres rassemblant plus de 4 000 variétés de plantes, et pas uniquement des palmiers !

– ***Marionettentheater*** *(théâtre de marionnettes)* **:** *résas au ☎ 817-32-47. • marionettentheater.at • En principe, spectacle en sem vers 19h et w-e l'ap-m et le soir. Billetterie : 11h-17h. Prix entre 13 € et 39 €, selon spectacle.* Spectacle de marionnettes sur *La Flûte enchantée* de Mozart, notamment. Différentes représentations pour adultes et enfants.

– ***Kaiserliche Wagenburg*** *(musée impérial des Carrosses)* **:** *☎ 525-24-40-31. • kaiserliche-wagenburg.at • De mi-mars à nov, tlj 9h-17h ; de déc à mi-mars, tlj 10h-16h. Entrée : 9,50 € ; réduc ; gratuit moins de 19 ans. Audioguide (en français) : 2 €.*

LA VISITE AU CHÂTEAU...

Le « Grand Tour »

Le château de Schönbrunn : si le baroque domine à l'extérieur, le rococo s'affirme plutôt dans l'ornementation intérieure. Remarquer les pavés en bois pour amortir le bruit des chevaux.

– Les sacs à dos et sacs volumineux vont obligatoirement en consigne.

– Très utile : l'audioguide individuel en français en début de parcours : il dira tout sur les lieux (voir plus haut « Schönbrunn, mode d'emploi »). Préférence pour le circuit de 40 pièces (Grand Tour), celui des 22 premières salles (Imperial Tour) étant un peu court.

Quel que soit le tour choisi, on traverse l'***antichambre de François-Joseph*** et la ***salle de billard*** (n° 2) ; la ***salle en noyer*** (n° 3) ; le ***bureau de François-Joseph*** (n° 4) ; la ***chambre à coucher de François-Joseph*** (n° 5), où il mourut en 1916 après 68 ans de règne, sur un simple lit de camp en fer ; la ***chambre à coucher de François-Joseph et de Sissi*** (n° 9), en fait peu utilisée par les 2 époux, Élisabeth fuyant des mois et parfois des années la Cour, et par la même occasion son mari ; le ***salon de Marie-Antoinette*** (n° 11) qui, du temps d'Élisabeth, servait de salle à manger familiale ; la ***chambre des enfants*** (n° 12) ; les ***salles de Rosa*** (nos 17, 18 et 19), du nom du peintre italien annonciateur du réalisme qui réalisa ces paysages ; et enfin la ***petite*** et la ***grande galerie*** (nos 21 et 22).

La suite du Grand Tour permet de découvrir le ***salon bleu chinois,*** qui vit la fin d'un empire (nº 28), la ***chambre en vieux laque*** (nº 29) d'une Marie-Thérèse portant le deuil d'un époux bien aimé, la ***salle Napoléon*** (nº 30), un rien morbide, avec les souvenirs se rattachant à l'Aiglon, la ***salle des millions*** (nº 32), avec les miniatures indiennes, la ***salle des Gobelins*** (nº 33), le ***bureau de François-Charles*** (nº 38) et enfin la ***salle de chasse*** (nº 40). Ouf !

Le parc du château

Ce grand jardin à la française de 200 ha, ancien territoire de chasse de l'empereur Maximilien II, fut ouvert au public pratiquement dès sa création. Vastes parterres de fleurs menant à la fontaine de Neptune (de 1780) au pied de la colline de la Gloriette. De part et d'autre, splendides bosquets avec allées en diagonale, parsemées de statues. À gauche (le dos au château), la fontaine des Naïades. À quelques pas, la ***Belle Fontaine,*** à l'origine du nom du château *(Schönbrunn).* Au bout de l'allée, la cascade de l'Obélisque. Dans l'allée parallèle au château (à mi-chemin de l'obélisque et de la fontaine de Neptune), on découvre une « Ruine romaine », pastiche datant de la fin du XVIIIe s.

La Gloriette : long portique de style classique, monument commémoratif d'une bataille remportée sur l'armée prussienne de Frédéric le Grand. Édifiée en 1775, elle offre bien sûr une vue intéressante sur le château et le parc. C'était un refuge apprécié de Sissi. Compter 15 mn pour y monter (bancs pour se poser en chemin !).

La grande serre aux palmiers *(Palmenhaus)* **:** à l'opposé de l'obélisque, au même niveau, s'élève la plus grande serre d'Europe. Architecture de fer et de verre vraiment impressionnante et fort élégante.

UNE JOURNÉE À SCHÖNBRUNN

La visite se poursuit avec 2 incontournables et quelques attractions dont on trouve le détail sur le site ou dans la brochure. Outre la course-poursuite dans le labyrinthe et la démonstration de préparation de strudel aux pommes, vous n'échapperez pas à la visite du zoo, un des plus intéressants d'Europe, si ce n'est un des plus beaux. Mais n'hésitez pas à faire un détour par le musée des Carrosses, pour poursuivre votre voyage dans le temps.

Le musée des Carrosses

Kaiserliche Wagenburg : un musée assez exceptionnel. Quelque 180 véhicules en tout, en comptant les traîneaux et les automobiles. Visite avec l'audioguide en français. On commence par le carrosse impérial construit pour Charles VI, le père de Marie-Thérèse, véritable trône avec des roues (4 t en bois doré). Pas de siège pour le cocher, car il était impensable d'être plus haut que l'empereur. Ce musée présente aussi la plus grande collection au monde de véhicules de... Napoléon : on peut admirer le carrosse du couronnement de Napoléon Ier le jour où il se déclara roi d'Italie, et, plus attendrissant, le petit carrosse doré de l'Aiglon. On passe d'une voiture « de sport » de François Ier à une « saucisse » aménagée pour le prince-chasseur pour porter à la marche (elle possède une chaise pivotante !), d'un landau ouvert pour un couronnement à un corbillard noir rarement sorti (de Sissi à Zita). Magnifique véhicule de voyage, notamment, une « dormeuse » avec toilettes et bagages au-dessus.

VIENNE

Le zoo de Schönbrunn

Tiergarten : il a été déjà couronné 3 fois meilleur zoo d'Europe, et ce serait le plus ancien du monde encore en activité. Fondé en 1752, il a conservé en son centre le pavillon d'apparat où les empereurs venaient observer leurs animaux préférés et où vous pourrez vous-même déjeuner. C'est le rendez-vous préféré des familles, on y vient avec les petits pour voir... les petits. Chaque naissance de panda, d'éléphant, de bébé girafe prend ici allure d'événement. Grâce à ce baby-boom, le jardin zoologique enregistre des chiffres incroyables : plus de 2 millions de visiteurs ces dernières années. Plus de 8 000 animaux y vivent, de la fourmi coupe-feuille à l'éléphant d'Afrique, dans des conditions de confort qui s'améliorent d'année en année. Depuis 2014, les ours polaires bénéficient d'un vaste enclos, où une ingénieuse installation permet de les observer nageant sous l'eau... Impressionnant ! Plusieurs snacks disséminés sur le site, afin de vous remettre de vos émotions.

LE PANDA EST UN COSSARD

Il appartient à la famille des ours et était donc autrefois carnivore. À la période glaciaire, beaucoup d'animaux disparurent, et il dut se mettre à grignoter du bambou, très peu énergétique. Il passe un temps fou à se nourrir. Le soir, il est fatigué et n'a que trop rarement le courage d'honorer sa compagne. Pour ne rien améliorer, la femelle panda n'est fertile que 1 ou 2 jours par an. Un zoo chinois semble avoir trouvé la solution : le panda mâle a droit à 15 mn de film porno pour pandas chaque jour !

À proximité

Klimt Villa *(plan d'ensemble) : Feldmühlgasse 11 (Wien 13). ☎ 876-11-25. • klimtvilla.at • Ⓜ Unter St. Veit (U4). Tlj 10h-18h. Fermé début janv. Entrée : 10 € ; réduc.* Au sein d'un jardin bien entretenu se tient le dernier atelier de Klimt, le seul qui ait survécu et celui dans lequel il travailla durant les dernières années de sa vie (1911-1918). Grâce aux écrits détaillés d'Egon Schiele et aux photos d'époque retrouvées, la villa-atelier a pu retrouver autant que possible ses plans originaux. Reproduction des meubles dessinés par Hoffmann. On peut ainsi se faire une petite idée du cadre de vie et de travail de l'artiste.

Hermesvilla *(villa Hermès ; hors plan d'ensemble par le sud-ouest) : Lainzer Tiergarten 13 (Wien 13). ☎ 804-13-24. • wienmuseum.at • Trams nos 60 ou 62, puis bus no 60B, arrêt Lainzer Tor. Entrée par la Hermesstr. ; à l'ouest du château de Schönbrunn. Mars-1er nov, mar-dim 10h-18h ; horaires réduits hors saison. Entrée : 7 € ; réduc ; gratuit moins de 19 ans et pour ts le 1er dim du mois.* Ancienne réserve de chasse ouverte au public à l'avènement de la République, le *Lainzer Tiergarten* est une autre des promenades estivales favorites des Viennois. Dans un ultime effort pour séduire sa femme Sissi, François-Joseph fit bâtir au milieu du parc un élégant pavillon de pierre et de brique (1882). Il abrite désormais des expositions temporaires. Le rez-de-chaussée est occupé par un café proposant des pâtisseries à prix raisonnables. Le petit train qui parcourt l'immense parc est un peu cher.

À VOIR ENCORE, SI VOUS AVEZ LE TEMPS

À L'OUEST DE LA VILLE (plan d'ensemble)

Kirche am Steinhof *(église Saint-Léopold ; hors plan d'ensemble par l'ouest) : Baumgartner Höhe 1 (Wien 14). Ⓜ Ottakring (U3), puis bus no 48A. Visite*

libre sam 16h-17h, dim 12h-16h : 5 €. Visite guidée en allemand sam à 15h et dim à 16h : 8 € ; réduc ; gratuit moins de 15 ans. Messe dim à 9h30 et 10h30 j. fériés.
Pour les fans d'***Otto Wagner,*** afin de terminer en beauté leur périple viennois. Dans le quartier de Penzing, à 40 mn du centre. Face à l'arrêt du bus, pénétrer à l'intérieur du parc du *Psychiatrisches Zentrum* (centre psychiatrique). À ne pas manquer si vous avez un peu de temps le samedi après-midi.
Une des œuvres majeures d'Otto Wagner (1905). Bâtie en forme de croix latine surmontée d'un dôme, ce fut au départ l'église de l'asile d'aliénés. Porche monumental articulé sur 4 colonnes avec des anges. Décor intérieur présentant des réminiscences byzantines. Otto Wagner a demandé à ***Koloman Moser*** de concevoir les vitraux et les mosaïques derrière le magnifique maître-autel en cuivre doré. Quant aux bancs, ils sont dépourvus d'arêtes vives afin que les malades agités ne se blessent pas.
– En traversant le parc, au retour, pour reprendre le bus, arrêt devant le monument élevé à la mémoire des enfants qui servirent ici de cobayes pendant la guerre. Si une trentaine de pavillons sert encore à l'hôpital, le reste a été vendu comme résidence. Difficile de trouver plus chic et plus calme à quelques dizaines de minutes du centre !

Ernst Fuchs Museum – Otto Wagner Villa *(hors plan d'ensemble par l'ouest) : Hüttelbergstr. 26 (Wien 14). ☎ 914-85-75. • ernstfuchsmuseum.at • Ⓜ Hütteldorf (terminus U4), puis bus nos 52A ou 52B (arrêt Campingplatz Wien I). Mar-dim 10h-16h. Entrée 11 € ; réduc. Visite guidée sur demande, mail à • info@ernstfuchsmuseum.at • : 2,50 €.*
Superbe visite aux portes de la capitale, à la lisière de la forêt viennoise. Édifice *Jugendstil* remarquable, la villa Wagner abrite aujourd'hui le Ernst Fuchs Museum. Construite par Otto Wagner comme résidence de campagne, elle est inspirée des villas de Palladio : façade à colonnes, doubles escaliers, symétrie classique... Mais l'architecte lui applique une foisonnante décoration Art nouveau avec statues, frises ou élégantes grilles en fer forgé. Quelques années après sa construction, Wagner choisit de la revendre et de se construire une villa plus modeste juste à côté *(visible depuis la route mais ne se visite pas).*
Après la guerre, la villa est en ruine. Elle est alors acquise par ***Ernst Fuchs,*** artiste inclassable proche de Hundertwasser. Il la rénove dans un style hybride, entre Sécession et surréalisme, et y installe son atelier. Ses œuvres garnissent aujourd'hui les murs de la villa : amateur d'atmosphères fantastiques, il se définit comme un « chroniqueur des mondes inconnus ». Difficile parfois de distinguer décor d'origine et réaménagements très nombreux de Fuchs.
On commence la visite par la spectaculaire pièce principale, ouverte sur l'extérieur et les fesses rebondies d'une statue. De part et d'autre des fenêtres, marbres *Jugendstil*. À droite, le salon oriental conserve une fabuleuse ***verrière*** d'origine, dessinée par ***Adolf Boehm*** et fabriquée par ***Tiffany.*** Elle représente la forêt viennoise, toute proche. On découvre également une petite salle à manger meublée de curieux fauteuils et différents salons, superbement aménagés et décorés. À l'étage, coup d'œil aux bains romains, dont les mosaïques animalières ont été réalisées par ***Koloman Moser...***

CÔTÉ DANUBE *(plan et plan d'ensemble)*

Rares sont les métropoles à disposer d'autant d'espaces verts. Toute l'année, les parcs se prêtent au jogging, de jour (presque) comme de nuit. N'attendez pas le soir pour découvrir le Prater, au-delà de son parc d'attractions (voir plus haut), plus que « randonnable » avec ses 6 millions de mètres carrés de prairies, de forêts et d'étangs, ou l'île du Danube et ses 21 km de plages de sable, de galets ou de verdure.

Donaupark *(plan d'ensemble)* **:** un parc de loisirs, un lac artificiel et la très visible ***Donauturm,*** tour de 252 m *(tlj 10h-minuit ; dernier départ à 23h30 ; tarif : 14,50 €, réduc).* On peut également aller au café-resto, qui offre un beau panorama à 170 m de haut.

À côté, jeter un œil sur ***UNO-City*** : *Wagramer Str., Donaupark (Wien 22). ☎ 260-60-33-28. • unvienna.org • Ⓜ Kaisermühlen/VIC (U1). Visite guidée en allemand et en anglais pour les addicts (munis d'une pièce d'identité) lun-ven à 11h, 14h et 15h30 (plus 12h30 juil-août). Tarif : 13 € ; réduc. Se renseigner à l'office de tourisme.* Vaste complexe architectural abritant les organisations internationales de l'ONU, l'Agence internationale pour l'énergie atomique, l'Unido, etc. Autour d'un édifice circulaire, 4 tours faciles à repérer en forme de « Y ».

– Un peu plus loin, sur les bords du Danube, la gigantesque ***DC Tower I,*** conçue par ***Dominique Perrault,*** architecte de la BNF à Paris. On peut monter jusqu'à son 57e étage pour prendre un verre (cher).

AU SUD-EST DE LA VILLE *(plan d'ensemble)*

Sankt Marxer Friedhof *(cimetière Saint-Marc ; plan d'ensemble)* **:** *Leberstr. 6 (Wien 3). Train S7 jusqu'à la station Sankt-Marx. Autre solution : Ⓣ Sankt Marx (no 71). Avr-sept, tlj 6h30-18h30 ; oct-mars, tlj 6h30-20h.*
Le *Sankt Marx* se révèle un des plus adorables champs de repos que l'on connaisse. Composé de taillis touffus, bosquets divers noyant les vieilles pierres tombales dans un océan de verdure. Pas de goélands, mais tous les oisillons des bois et de la campagne. Petites allées silencieuses, paisibles ; hors du monde dès que l'on quitte l'allée centrale. De là, le mémorial au souvenir de ***Mozart*** (rien de bien spectaculaire) est situé juste avant la grande croix en pierre, dans une allée latérale sur votre gauche. Si le génie ne repose pas dessous, en revanche, il n'est pas loin. Le petit-fils d'un ami de Mozart se rappela avoir été amené là dans son enfance par son père et témoigna quand des recherches furent entreprises pour retrouver la sépulture, en fait une fosse commune. Il paraît que le jour des funérailles, à la cathédrale Saint-Étienne, il faisait un temps exécrable. Aucun des amis de Mozart ne suivit le corbillard. Il partit seul, le 6 décembre 1791. Il avait tout juste 35 ans.

Gasometer Music City *(gazomètres de Simmering ; plan d'ensemble)* **:** *Guglgasse, Eyzinggasse, Döblerhofstr. (Wien 11). • gasometer.at • Ⓜ Gasometer (U3).*
Le début du XXIe s vit l'achèvement d'un des plus gros programmes d'urbanisme depuis la fin de la guerre. Les anciens gazomètres de *Simmering,* laissés à l'abandon depuis près de 20 ans, firent l'objet d'une réhabilitation de grande ampleur. Construits au tournant du XXe s alors que le gaz de charbon constituait une énergie bon marché pour le chauffage urbain, ils furent totalement transformés par des architectes de renom, comme le Français ***Jean Nouvel.*** Ces grands édifices de brique, de plus de 70 m de haut, abritent une gigantesque galerie commerciale, des bureaux, des salles de cinéma et au-dessus quelques appartements très courus. L'ensemble est impressionnant, tant par ses dimensions que par les audacieuses façades de verre et de béton. Un remarquable exemple de reconversion d'un patrimoine industriel unique en Europe.

Zentralfriedhof *(cimetière central ; hors plan d'ensemble par le sud-est)* **:** *Simmeringer Hauptstr. 234 (Wien 11). ☎ 534-69-28405. • friedhoefewien.at • Trams nos 6 ou 71 de la pl. Schwarzenberg jusqu'au terminus. Pour voir les tombes des musiciens célèbres, ne pas aller jusqu'au terminus, mais s'arrêter à Zentralfriedhof Tür 2 (porte 2). Prendre l'allée centrale, c'est au milieu, à gauche.*

TERMINUS, TOUT LE MONDE DESCEND !

Pour se rendre au cimetière central, les Viennois empruntent depuis longtemps le tramway 71. D'où l'expression « il a pris le 71 », qui ne signifie pas que la personne en question fait une petite virée en transports en commun, mais qu'elle est... décédée.

Nov-fév, tlj 8h-17h ; mars et oct, tlj 7h-18h ; avr-sept, tlj 7h-19h (20h jeu mai-août). Pratique, un guide multimédia se loue auprès du portier, à l'entrée principale (env 7 €). C'est le principal cimetière de Vienne, inauguré en 1874. Il est si grand (250 ha : le 2e cimetière d'Europe par sa superficie) que les 3 dernières stations du tram le desservent. Quasiment tous les personnages célèbres y reposent, dont les plus prestigieux musiciens. Lieu de tournage aussi puisque le film *Le Troisième Homme* (voir la rubrique « Cinéma. Sur les traces du *Troisième Homme* » dans le chapitre « Hommes, culture, environnement ») y commence et s'y achève. Lieu de promenade des familles insouciantes aussi, dont les centaines d'enfants jouent parmi les pelouses, prairies et bosquets. Le guide multimédia propose, en 42 étapes, de vous faire visiter à sa façon la nécropole viennoise et donne des renseignements aussi bien sur la faune ou la flore que sur son histoire.

À ne pas manquer

– Le Walhalla de la bourgeoisie viennoise : dans les grandes arcades, peu après l'entrée principale. Ce sont de pompeux mausolées où la famille, l'épouse éplorée, les pleureuses de service sont statufiées au pied du patriarche, bien sûr très altier, ancien banquier ou capitaine d'industrie...

– *Les tombes d'honneur :* au bout de l'allée centrale prolongeant l'entrée principale, sur la gauche, avant d'arriver à l'église Saint-Charles-Borromée *(Zum Heiligen Karl Borromäus)*, il y a un panneau « Musiker ». C'est là que sont enterrés ***Beethoven, Brahms, Gluck, Schubert, Strauss*** père et fils, ***von Suppé,*** les peintres ***Alt, Makart, Amerling,*** l'acteur ***Curd Jürgens...*** Les grands musiciens sont presque tous regroupés autour du cénotaphe de Mozart (enterré au cimetière Sankt Marx).

NE PARLEZ PAS DE MAHLER !

Ne cherchez pas la tombe de Gustav Mahler, enterré au cimetière de Grinzing (au nord de Vienne), ni celle de Freud (mort en exil à Londres et incinéré), ni celle de Stefan Zweig (mort au Brésil). Quant à Theodor Herzl, autre Viennois célèbre, il est enterré à Jérusalem, sur le mont qui porte son nom.

Hors du bosquet des musiciens, sur la gauche de la crypte présidentielle, avant l'église, un cube en pierre marque l'endroit où repose *Arnold Schönberg*, inventeur de la musique sérielle.

– *Le vieux cimetière juif :* accès par la porte 1 *(Tor 1),* au tout début du *Zentralfriedhof.* À environ 1 km à pied de l'entrée principale (ou reprendre le tram). L'*Israelitische Abteilung* occupe la partie nord-est du cimetière, soit un bon tiers de sa surface totale. De longues allées ombragées et vides ainsi que des sentiers quadrillent cet immense secteur peuplé de milliers de tombes. Beaucoup sont abandonnées aux herbes folles, aux plantes sauvages et aux ronces.

La nature envahissante a repris ses droits avec ses ribambelles d'oiseaux, ses chats errants, ses lapins et ses écureuils. La plupart des tombes datent d'avant la 2de Guerre mondiale, avant la Shoah (l'Holocauste). On voit d'ailleurs très peu d'étoiles de David, contrairement aux tombes juives d'après 1948 (date de la création de l'État d'Israël).

Pour trouver la tombe de l'écrivain ***Arthur Schnitzler,*** entrer par la *Tor 1* (près du grand boulevard *Simmeringer Hauptstraße*), puis tourner à droite, traverser une sorte d'hémicycle couvert de gazon. Marcher jusqu'au point de départ de l'allée du milieu, marquée d'un panneau noir sur lequel il est écrit ***Gruppe 5h.*** À côté, il y a un plan usé du secteur juif du cimetière. La tombe de *Schnitzler* est la 3e à droite après ce plan défraîchi.

Enfin, les amateurs d'architecture jetteront un œil sur le crématorium, de l'autre côté de la *Simmeringer Hauptstraße.* Construction originale de 1922.

Bestattungsmuseum *(musée des Pompes funèbres ; hors plan d'ensemble) :* *dans l'enceinte du Cimetière central (Zentralfriedhof), au sud-est de la ville. Simmeringer Hauptstr. 254 (Wien 10). ☎ 760-67. ● bestattungsmuseum.at ●* Au sous-sol d'une chapelle ardente, on est accueilli par 2 mannequins habillés en croque-morts et éclairés par une lumière bleue... Le ton est donné, la visite peut commencer, frissons assurés. Une bande-son diffuse les musiques les plus utilisées lors des cérémonies funéraires, l'*Ave Maria* de Schubert étant un must du genre ! Puis, à grand renfort de vidéos et de diaporamas, on découvre le couteau pour transpercer le cœur du défunt (radical en cas de doute !), les tentures qu'on accrochait sur les maisons jusqu'en 1945 (suivant le rang social du défunt !), les vêtements et bijoux de deuil, les cercueils et les corbillards en tout genre, les urnes funéraires, etc. Pour se détendre un peu dans cet univers lugubre, un drôle de signal d'alarme pour les gens qui avaient peur d'être enterrés vivants, ou encore cet étui à cigarettes métallique, cadeau publicitaire d'une entreprise de pompes funèbres, sur lequel on peut lire « la cigarette libère des emplois ».

AU NORD-OUEST DE LA VILLE *(plan d'ensemble)*

Entre 1918 et 1934, Vienne fut rouge, entendez par là, dirigée par une social-démocratie, quelque peu différente de celles qu'on trouvait ailleurs en Europe. Elle était tout à la fois réformiste et radicale. Réformiste, puisqu'elle voulait arriver au pouvoir par la voie électorale en s'appuyant d'abord sur le rapport de force entre Vienne (y emportant 2/3 des voix) et le pays profond (plutôt à droite et conservateur) ; radicale, parce que cela ne l'empêchait pas de mettre en place toutes les conditions nécessaires pour vivre mieux, dans des domaines comme l'éducation, la santé, le logement.
Une politique hardie dans le domaine social, scolaire et culturel fut mise en place. C'est en matière de logement que ce dynamisme prit un côté spectaculaire : loyers très modérés, protection des locataires, construction de logements sociaux. En effet, avant 1920, la situation du logement était dramatique à Vienne. Près des 3 quarts de la population s'entassaient dans des appartements sans aucun confort. Entre 1920 et 1933, 60 000 logements furent construits pouvant héberger 220 000 personnes.
La construction de la plupart des grands ensembles, appelés *Höfe,* fut confiée à de célèbres architectes aux idées avant-gardistes : fonctionnels, esthétiques avec un maximum d'espaces verts, privilégiant le confort des locataires.
Ces ensembles prendront des noms faisant référence au mouvement ouvrier, à ses leaders ou penseurs, célébrant les démocrates célèbres et autres humanistes. Voir dans la rubrique « Les villages vignerons. Heiligenstadt » plus loin le ***Karl-Marx-Hof*** *(plan Les villages vignerons, N11)* : *Heiligenstädter Str. 82-92 (Wien 19).* Ⓜ *Heiligenstadt (U4).*

Autre exemple intéressant d'urbanisme ouvrier, construit en 1925, au nord-ouest du centre : ***Professor-Jodl-Hof*** *(cour du Professeur-Jodl ; plan d'ensemble ; intersection des Guneschgasse, Sommergasse et Döblinger Gürtel, au nord de la Franz-Josefs-Bahnhof ;* Ⓣ *Spittelau – Wien 19).* Noter les pittoresques petites tours, de forme presque cubique, qui ornent les façades.

Müllverbrennungsanlage Spittelau *(incinérateur de Spittelau ; plan d'ensemble)* **:** *Spittelauer Lände 45 (Wien 9). Juste à la sortie du métro Spittelau.* Pour les inconditionnels de ***Hundertwasser,*** aller jeter un coup d'œil à cet incinérateur relooké par l'artiste, repérable à sa grande cheminée de faïence bleue et situé en bordure du Donaukanal.

Et, pour les passionnés d'urbanisme ouvrier, toujours :
– Au nord de l'Augarten *(plan, D-E1),* le quartier de *Brigittenau* propose le ***Winarsky Hof*** *(Stromstr. 36)* et l'***Otto-Haas-Hof*** *(plan d'ensemble ; Winarskystraße 16-20).* Les amateurs d'architecture urbaine apprécieront le jeu des moulures horizontales qui, sur les façades du 1er, adoucissent l'aspect sévère de l'ensemble. En revanche, l'Otto-Haas-Hof, son petit voisin, est typique du style dépouillé et épuré d'***Adolf Loos,*** l'un des architectes de cet ensemble.
– Détour intéressant par le ***Karl-Seitz-Hof*** : *entre Jedleseer Str. 66-94, Voltagasse et Dunantgasse (Wien 21). Pas loin d'Am Spitz. Pour s'y rendre, bus n° 33B.* Élégante façade principale en hémicycle, avec un grand portail donnant accès à la rue intérieure. Beaucoup d'espaces verts, tour d'horloge principale, jolies entrées d'immeubles ornées de céramiques.

UN PEU PLUS LOIN... LES VILLAGES VIGNERONS

• Plan *p. 152-153*

La grande banlieue viennoise a englobé dans son développement urbain les *anciens villages viticoles des alentours*. Du coup, Vienne est la seule métropole au monde profitant d'une vaste production viticole intra-muros. 570 ha dans les années 1960, 700 aujourd'hui. Une plaisanterie aux yeux des historiens, qui diraient qu'on consommait 6 fois plus de vin au Moyen Âge qu'aujourd'hui : dans les tavernes des villages, vers la fin du XVIe s, il se buvait en moyenne 120 l de vin par an et par habitant (si l'on se fie aux statistiques de l'époque !). Après, terroir et consommation vont diminuer : en 1815, les Viennois ne sifflaient plus que 87 l de vin par habitant. Suite au congrès de Vienne, évidemment, les choses ne devaient plus jamais être comme avant. 200 ans plus tard, on en est à célébrer le vin au verre, mais les contenances ici restent encore raisonnables. De quoi étancher la soif...
Aujourd'hui, Vienne s'enorgueillit de posséder un petit terroir qui ne manque pas d'ambition, promu par un groupe de vignerons qui, sous l'emblème « *Wien Wein* » (facile, mais fallait le trouver !), cartonnent un max. Ici, parler d'assemblage ne vous fera pas montrer du doigt par les puristes : le « *gemischter satz* », c'est « comme un Meursault sans le bois », pour reprendre, en v.f., le mot de Fritz Wieninger, vigneron vedette de la Vienne d'aujourd'hui. Une Vienne qui n'entend boire plus que des vins viennois dans les bars à vins de la ville, mais surtout dans les tavernes des faubourgs qui connaissent un succès plus que jamais mérité.

De vigne en verre

Par décret impérial, les vignerons de *Grinzing, Neustift* ou *Heiligenstadt* ont reçu dès le XVIIIe s l'autorisation d'écouler leurs propres crus. Depuis, par assimilation, le terme *Heuriger,* qui désigne le vin de l'année, s'est étendu aux guinguettes et tavernes qui le servent jusqu'à la Saint-Martin (le 11 novembre). Au contraire des restaurants qui peuvent servir le vin qu'ils ont acheté n'importe où, les *Heurigen* dépendent uniquement de leur production pour leur ouverture...
Ce sont sans conteste de véritables lieux de culture populaire où, dès la fin de l'après-midi, les Viennois viennent s'attabler en famille ou entre amis pour siroter un petit blanc accompagné de charcuterie, de fromage et de salades tout en se laissant bercer par l'inénarrable *Schrammelmusik* jouée par un quatuor à cordes et accordéon. Pour bon nombre de ces lieux, c'est malheureusement aussi devenu l'étape obligée des circuits organisés qui y déversent chaque soir la cargaison de plusieurs cars. Le répertoire musical se transforme alors en melting-pot de la variété internationale ! Heureusement, il en reste beaucoup d'autres, fréquentés surtout par des Viennois qui aiment rester entre eux et qui se mettent parfois à entonner *a cappella* de vieilles chansons nostalgiques où il est question de la douceur de vivre

LANTERNE JAUNE, MAISON PAS CLOSE !

C'est à la branche de pin accrochée à l'entrée que l'on reconnaît les Heurigen. *Et la lanterne allumée indique que la maison est ouverte ! Eh oui, faut oser pousser la porte. Les serveuses en robe traditionnelle au décolleté généreux ou les garçons en* Lederhosen *vous servent immédiatement le vin, mais il est de coutume d'aller soi-même chercher sa nourriture au buffet.*

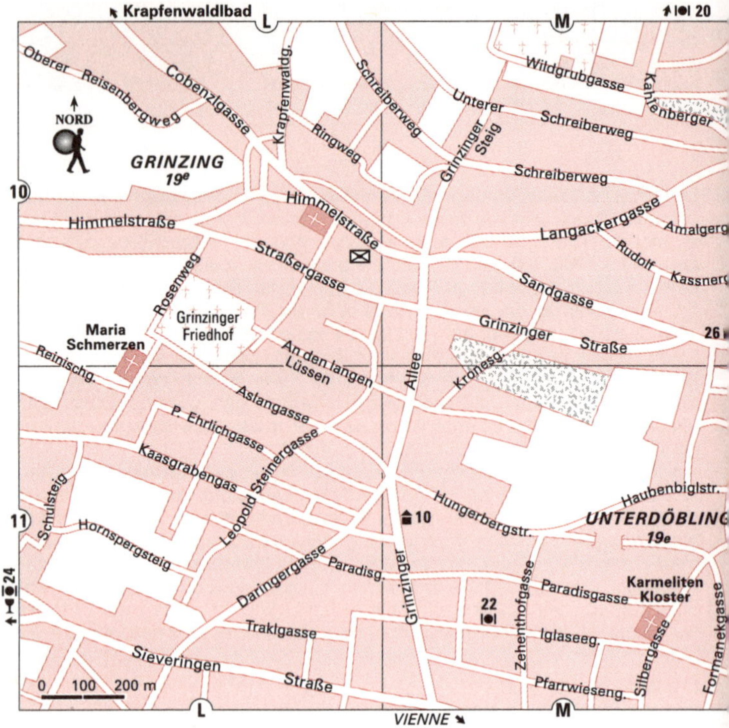

	Où dormir ?		Où manger ?
			Où boire un verre ?
	10 Hotel Müllner (M11)		**20** Heuriger Sirbu (hors plan par M10)

viennoise et des plaisirs du vin. Y aller le matin ou l'après-midi ne présente aucun intérêt, c'est à la nuit tombante qu'il faut s'y rendre.

– IMPORTANT : il est rare que les *Heurigen* acceptent le paiement par carte (on paie les plats à la caisse, après les avoir choisis, en indiquant les portions). Si vous vous laissez tenter par les plats chauds, ne vous étonnez pas si l'addition grimpe vite, allant parfois au-delà de 20 € par personne. Sans parler des vins, qui sont réglés généralement directement au serveur ou à la serveuse en fin de soirée.

GRINZING *(19e arr.)*

Un ancien village de vignerons, désormais englobé dans le 19e arrondissement. Malgré une forte fréquentation touristique, il a cependant conservé tout son charme, avec ses maisons anciennes (du XVIe et du XVIIIe s), toutes pimpantes et croulant sous la vigne vierge.

➢ Pour y aller, inutile de louer une voiture ou de prendre un taxi. Le tram no 38 s'y rend souvent depuis la *Schottentor* (prendre sinon le métro ligne U4 et aller

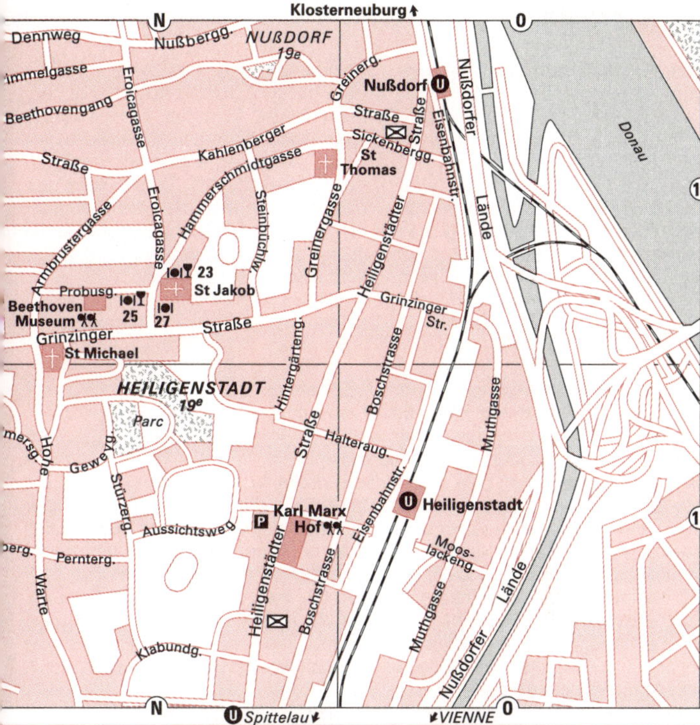

LES VILLAGES VIGNERONS

22 Hengl-Haselbrunner (M11)	**25** Werner Welser (N10)
23 Mayer am Pfarrplatz (N10)	**26** Weingut Feuerwehr Wagner (M10)
24 Weinhof Zimmermann (hors plan par L11)	**27** Pfarrwirt (N10)

jusqu'au terminus, *Heiligenstadt,* puis bus n° 38A). Il y a une expression populaire : « Prendre le dernier 38 ! », qui signifie rentrer chez soi après une soirée bien arrosée. Petit détail : comme toujours, minuit reste l'heure de fermeture, mais si vous voulez dîner, n'attendez pas la nuit noire !

Où dormir ?

Hotel Müllner *(plan Les villages vignerons, M11,* ***10****) : Grinzinger Allee 30. ☎ 320-84-530. À 20 mn du centre-ville par le* Ⓣ *n° 38 et à 5 mn de Grinzing par ce même tram (terminus Grinzing). Doubles autour de 100-120 €.* Aux portes de la capitale, un hôtel un peu vieillot mais entouré d'un jardin ombragé et fleuri. Chambres propres avec vue sur les arbres (éviter celle donnant sur la rue, particulièrement bruyante), à la déco un peu passée mais très spacieuses. Bon restaurant italien attenant, idéal pour dîner après une longue journée de visite.

Où manger ?

IOI ***Hengl-Haselbrunner*** *(plan Les villages vignerons, M11,* ***22****) : Iglaseegasse 10. ☎ 320-33-30. Accès : Ⓣ nº 38 (à 10 mn du centre de Grinzing et à 5 mn d'Unterdöbling). Tlj sauf j. fériés 15h30-23h (cuisine et buffet 22h).* Un peu à l'écart de l'animation de Grinzing, l'adresse que les nostalgiques de Vienne évoquent à leur retour, c'est tout dire. Vins intéressants, les blancs comme les rouges, et excellente cuisine, ce qui n'est pas toujours le cas, faut l'avouer. Au buffet, si vous voulez vous lancer sans peur d'écorcher les noms, demandez des *Schinkenfleckerl,* des *Topfenknödel* ou laissez-vous guider par votre instinct. Le mardi (sauf été), des concerts sont organisés. Jardin intime, salles chaleureuses, atmosphère authentique, tout simplement.

À voir à Grinzing et dans les environs

🚶🚶 Voir dans le ***centre ancien*** l'église et son pittoresque clocher à bulbe, et arpenter les délicieuses *Sandgasse, Himmelstraße* et *Cobenzlgasse* (très jolie cour au nº 9).
Proche de Vienne, Grinzing était un des lieux de promenade favoris de Schubert, au cours de sa brève existence. Juste après l'église du village, à gauche en montant la rue principale, au nº 1/25 de la *Himmelstraße,* le visage du musicien a été sculpté sur un panneau du mur extérieur de façade d'une belle maison couleur jaune. Plus loin, une vieille auberge de 1530, la ***Weingut Heuriger Reinprecht,*** expose dans son porche d'entrée une collection importante de tire-bouchons. Aucun lien à priori avec Schubert, si ce n'est que le compositeur, éternel promeneur solitaire, aimait aussi fréquenter avec ses amis les *Heurigen* de Grinzing, où il appréciait la chaleur humaine et la simplicité des gens.
Dans les années 1930, avant son exil à Londres, ***Sigmund Freud,*** déjà mondialement connu, aimait venir se reposer dans une maison de Grinzing en compagnie de sa femme et de ses enfants.
Au cimetière de Grinzing se trouve la tombe de ***Gustav Mahler*** (1860-1911), enterré à 2 pas de sa fille (groupe 6, allées 6 et 7). Sur la pierre tombale, aucune inscription, seulement son nom. « Ceux qui me cherchent savent qui j'étais, les autres n'ont pas besoin de le savoir. »

🚶 Autour de Grinzing, sur le versant proche de la Wienerwald, s'étendent d'autres villages vignerons, ***Sievering, Neustift*** et ***Nußdorf,*** moins touristiques mais sans le charme de Grinzing.
Balade sympa aussi au village de ***Josefsdorf*** (au nord de Grinzing). Belle vue sur Vienne depuis le *Kahlenberg* (pour y aller, bus nº 38A, voir notre randonnée ci-dessous). À côté, ***Leopoldsberg*** avec une belle église du XVIIe s baroquisée. De là, un panorama encore plus prodigieux. Par beau temps, le regard peut porter jusqu'à la Slovaquie.
➢ Pour s'y rendre, bus nº 38A barré qui fait l'A/R entre les 2 monts.

🚶🚶🚶 ***Randonnée vigneronne depuis le Kahlenberg :*** à la belle saison, une fantastique randonnée vous attend au milieu des vignes. Départ depuis le grand parking du Kahlenberg *(accessible par le bus nº 38A).* Dépassez l'église baroque de Saint-Joseph, laissez les hôtels-restaurants panoramiques sur la gauche et descendez la route vers les vignobles (suivre panonceau *Nussdorf*). Un peu plus bas, un petit escalier sur la gauche dévale au milieu des vignobles. En chemin, faites halte chez divers producteurs, qui ont tous installé des *Heurigen* champêtres dans leurs vignes. On y sert les vins locaux, bien entendu (riesling, *grüner veltiner, gemischte satz*) mais aussi quelques tartines, des pâtisseries, voire des petits plats. Ils offrent tous des vues magnifiques sur la plaine danubienne et Vienne. À retenir, la superbe terrasse panoramique de ***Weingut Wailand,*** le riesling de chez ***Mayer am Nußdorf*** à déguster sur des chaises longues et le *gemischter satz* de ***Wieninger,*** LA star de l'appellation. Quand votre balade est terminée (boire ou randonner, il faut choisir !), redescendez vers le village de *Heiligenstadt* par la *Kahlenbergstraße* et accordez-vous un bon dîner dans l'un des *Heurigen* du village.

HEILIGENSTADT *(19e arr.)*

➢ Pour y aller, emprunter la ligne U2 jusqu'à *Schottenring,* puis la ligne U4 jusqu'à la station de *Heilingenstadt,* en face du *Karl-Marx-Hof.* Ensuite, prendre le bus n° 38A qui fait la navette entre les 2 villages. Si vous souhaitez prendre un taxi au retour (mais les bus et métros circulent assez tard), on en trouve à la station près de l'église et de l'arrêt du tram n° 38. Également le terminus de notre randonnée vigneronne décrite plus haut.

Où manger ? Où boire un verre dans un *Heuriger* ?

De bon marché à prix moyens

|●| 🍷 ***Mayer am Pfarrplatz*** *(plan Les villages vignerons, N10,* ***23****)* **:** *Pfarrplatz 2.* ☎ *370-12-87.* Ⓜ *Heiligenstadt (U4). Tlj 16h (12h w-e et j. fériés)-minuit. Repas 10-20 €. Musique tlj à 19h.* Étonnant de trouver cette place charmante avec une très vieille auberge. Elle eut comme habitué ce cher Ludwig. Il n'avait pas tort, l'accueil comme la petite cour aux murs jaunes croulant sous la treille se révèlent irrésistibles. Il y séjourna même l'été 1817 et composa quelques morceaux de la *Neuvième.* Sinon, le vin souvent primé est gouleyant à souhait et la nourriture savoureuse (salades, *Wiener Schnitzel,* jarret grillé, saucisses maison, jambon, fromage, etc.). Intérieur champêtre, bois de cerf aux murs. Le soir, un musicien se déplace entre les convives.

|●| ***Weingut Feuerwehr Wagner*** *(plan Les villages vignerons, M10,* ***26****)* **:** *Grinzinger Str. 53.* ☎ *320-24-42. Tlj 16h-minuit (12h l'été). Plats 7-19 €.* La bonne adresse qui saura vous accueillir quand les autres refusent du monde, car la place ne manque pas dans le jardin. Le plus dur, comme toujours, c'est de vous faire comprendre au moment de passer commande, car il y a du choix. Bon, même si on vous sert autre chose que ce dont vous aviez envie, laissez-vous faire ! Grande aire de jeux pour les enfants.

|●| ***Pfarrwirt*** *(plan Les villages vignerons, N10,* ***27****)* **:** *Pfarrplatz 5.* ☎ *370-73-73. Tlj 12h-minuit. Plats 13-22 €.* Une fois n'est pas coutume, cet établissement n'est pas un *Heuriger* mais plutôt un resto au cadre soigné : vaste véranda, planchers qui craquent, gravures de Vienne et portraits de François-Joseph, tout y est. Délicieux jardin couvert de lierre et vénérables marronniers qui ont dû connaître le grand Beethoven. Cuisine de tradition autrichienne avec quelques touches plus inventives. Service enjoué dans la bonne tradition de la Vienne impériale. Vins des domaines du propriétaire, *Hans Schmid (Kärntner Str. 6).*

|●| ***Heuriger Sirbu*** *(hors plan Les villages vignerons par M10,* ***20****)* **:** *Kahlenberger Str. 210.* ☎ *320-59-28. La route qui y mène suit la crête d'une colline dominant le vignoble de Grinzing et la ville de Vienne. Assez difficile à trouver, mais plus rien ne résiste au GPS. D'avr à mi-oct, lun-sam 16h (12h sam)-23h. Buffets 16-29 €.* L'un des seuls *Heurigen* « en dur » installé au milieu des vignes. Bonne atmosphère, même si les serveuses ne sont pas réputées pour leur sourire. Terrasse arborée au pied de l'église baroque de *Leopoldsberg* offrant une vue plongeante sur le Danube, tout au bout. Ce cadre exceptionnel est bondé dès le retour des beaux jours, mieux vaut donc réserver.

|●| 🍷 ***Werner Welser*** *(plan Les villages vignerons, N10,* ***25****)* **:** *Probusgasse 12.* ☎ *318-97-97. Tlj 15h30-minuit. Plats 7-14 €.* Autre vieille auberge typique avec sa cour, ses salles chaleureuses, son atmosphère authentique et ses vins blancs qu'on boit sous la tonnelle, pour se mettre en appétit, avant d'attaquer le buffet. Crudités, charcuterie,

saucisses, rôti de porc et strudel sur fond musical lui aussi savoureux. On a connu accueil plus chaleureux.

Weinhof Zimmermann *(hors plan Les villages vignerons par L11,* ***24****)* **:** *Mitterwurzergasse 20. ☎ 440-12-07. De mi-mars à nov, tlj sauf lun 15h-minuit (13h-22h le dim). Repas 15-25 €.* Autre sympathique *Heuriger.* Beaucoup de monde s'entasse en été dans ce dédale de cours et de jardins, mais le lieu n'a pas encore perdu son âme. Service aléatoire.

À voir

Beethoven Museum *(musée Beethoven ; plan Les villages vignerons, N10)* **:** *Probusgasse 6. ☎ 370-54-08. • wienmuseum.at/en/locations/beethoven-museum • Ⓜ Heiligenstadt (U4). Mar-dim 10h-13h et 14h-18h. Fermé lun. Entrée : 7 €. Gratuit 1er dim du mois.* Une des maisons de campagne du compositeur (il en légua 6 à ses héritiers), transformée en véritable musée. Il ravira les inconditionnels du grand Ludwig grâce au pouvoir évocateur des lieux et à la richesse des objets et documents exposés. 6 pièces thématiques retracent son parcours exceptionnel et explorent différents aspects de sa personnalité et de son art. Intéressant *Testament de Heiligenstadt,* où le génial musicien, dans une longue lettre pathétique à ses frères, déplore la surdité dont il est frappé et n'envisage ni plus ni moins que le suicide. Il survécut encore 25 ans et, pour communiquer avec ses proches, utilisa des carnets de conversation que l'on peut voir dans une vitrine. Quelques jolis tableaux des environs de Vienne complètent la visite.

Karl-Marx-Hof *(plan Les Villages vignerons, N11)* **:** *Heiligenstädter Str. 82-92. Ⓜ Heiligenstadt (U4). Ⓣ 12.-Februar-Platz (D).*
Voici le plus célèbre ensemble prolétarien de la ville, symbole de la Vienne rouge. Près de 1 000 m de long et 1 300 logements.
Coincé entre route et chemin de fer, il fut réalisé en 1927 par l'architecte ***Karl Ehn,*** un des plus célèbres disciples d'*Otto Wagner.* Il réussit néanmoins à édifier là un bel ensemble cohérent et harmonieux. Avec, bien sûr, le maximum d'équipements collectifs : aires de jeux, espaces verts, 2 établissements de bains, une clinique dentaire, un dispensaire, une bibliothèque, etc. 3 grandes cours intérieures (*Hof* signifie « cour », en allemand !) et, au milieu, une place immense avec un superbe immeuble en fond. Avec ses teintes ocre et rouge, le design géométrique de la façade (réminiscences d'Art déco), ses sculptures monumentales, ses larges passages en voûte, on dirait presque un décor de théâtre. D'ailleurs, on pense que les architectes de l'époque, plus ou moins consciemment, voulaient mettre en scène (au sens presque littéral) les ouvriers, véritables acteurs de l'histoire. Devant, une statue d'un jeune semeur (d'idées subversives ?), à mi-chemin du style néoclassique et du réalisme socialiste.
Bastion de la résistance aux fascistes au moment de la guerre civile de 1934, le *Karl-Marx-Hof* fut surnommé la *Forteresse rouge.* Le gouvernement du chancelier *Dollfuß* fit tirer au canon, autant pour détruire ce symbole ouvrier que pour liquider les rouges. Puis il fut débaptisé, et les loyers doublèrent. Des cartes postales furent éditées avec les immeubles éventrés, ultime hommage inconscient à la politique des sociaux-démocrates. En 1977, le *Karl-Marx-Hof* fut déclaré Monument historique. Il figure aujourd'hui sur les circuits touristiques comme œuvre d'Art déco. Seulement ! Quelle injuste ironie de l'Histoire...
À propos, dernier clin d'œil nostalgique et sentimental sur les acquis de la Vienne rouge : les jardins ouvriers le long de la voie de chemin de fer vers la station de métro. Des bouts de campagne, propres, ordonnés, avec des cabanes pimpantes ou des petits chalets.

DE LA FORÊT VIENNOISE À LA FRONTIÈRE SLOVAQUE

• Pour la carte de la forêt viennoise,
se reporter au plan détachable en fin de guide.

Il est possible de profiter d'un séjour à Vienne pour jouer les prolongations, en prenant une journée ou 2 pour pousser jusqu'à Mayerling et la forêt viennoise chère à tous les nostalgiques de Strauss (c'est le titre d'une de ses valses les plus connues) : de Vienne aux Alpes s'étend une vaste forêt parsemée de jolis villages et de sites touristiques intéressants. Et pour rejoindre la Slovaquie, suivent quelques sites sur le trajet.

KLOSTERNEUBURG

Au cœur des vignobles, à 13 km au nord de Vienne par la *Höhenstraße* à partir du *Gürtel.* Une douce façon d'arriver ou de quitter Vienne. Un village qui est resté dans son jus (de raisin, évidemment !) et qui recèle des trésors cachés : des *Heurigen* authentiques, qui n'ouvrent leurs portes que certains soirs, en revanche. Heureusement, on peut plus facilement visiter la célèbre *abbaye* chère à l'empereur des Français.

À voir

Stift Klosterneuburg *(abbaye de Klosterneuburg ; hors plan d'ensemble par le nord) : Stiftsplatz 1. ☎ (02243) 411-0. • stift-klosterneuburg.at • À 10 mn en voiture depuis les limites de la ville par la B14. Grand parking avec 4h de stationnement gratuit ; apporter votre ticket de parking à la réception des visiteurs pour validation. En transports en commun : Ⓜ Heiligenstadt (U4), puis trajet en train (7 min) ligne Heilingenstadt – Klosterneuburg-Kierling (fréquence : ttes les 15 mn). Mai-oct, tlj 9h-18h (10h-16h reste de l'année). Visite guidée de l'abbatiale en allemand ; en anglais, w-e et j. fériés à 14h. Entrée générale : 13 € (tour sacré, impérial, salle des chais, salle du trésor, jardin et musée). Audioguide. Monastère seul : 9 € ; réduc.*
Fondée par des chanoines augustins réguliers au XIIe s, à l'initiative du *margrave de Babenberg,* dynastie fondatrice du pays, l'abbaye a toujours été l'un des principaux centres intellectuels de la Marche d'Autriche. Elle résista aux Turcs lors des 2 sièges de Vienne en 1529 et 1683. En 1730, par la volonté de *Charles VI de Habsbourg,* père de Marie-Thérèse, elle fut transformée en un ensemble baroque inspiré par l'Escurial de Madrid. Elle devait s'organiser sur la base de plans babyloniens de *Donato Felice d'Allio,* autour de 4 cours que devaient ceinturer pas moins de 9 coupoles. On se contenta de 2 coupoles (portant la couronne du Saint Empire) et d'une seule cour, et à la mort de l'empereur les travaux furent interrompus.

– ***L'abbatiale :*** l'église romane à 3 nefs fut transformée à plusieurs reprises puis « baroquisée » à haute dose par ***Giovanni Battista Carlone,*** ce qui n'empêche pas une certaine harmonie : fresques de la voûte de *Georg Greiner,* et de ***Rottmayr*** pour celles du chœur ; autels latéraux ornés de belles sculptures, maître-autel, abat-voix de la chaire et magnifiques stalles aux blasons des Habsbourg de *Matthias Steinl.* Les grandes orgues du XVIIe s étaient, paraît-il, très appréciées d'*Anton Bruckner.*
Un escalier mène à la ***chapelle Saint-Léopold*** (le fameux Babenberg cité plus haut, canonisé en 1485 et devenu le saint patron de l'Autriche), ancienne salle capitulaire où, derrière une grille, est exposé le *retable de Verdun* (1181), un des chefs-d'œuvre de l'art roman mosan attribué à ***Nicolas de Verdun*** (auteur également de la châsse des Rois mages de Cologne et de la châsse de la cathédrale de Tournai). Le magnifique travail d'orfèvrerie, confinant à la perfection absolue, est constitué de 51 plaques (45 à l'origine) de métal doré sur lesquelles sont gravés et émaillés des épisodes de la Bible.
On raconte qu'en 1330, après un incendie éteint en aspergeant le retable de vin, il fut transformé en triptyque pour exposer les scènes de l'Ancien Testament au-dessus et en dessous de celles du Nouveau Testament en y adjoignant les 6 plaques supplémentaires. 4 scènes peintes au verso sont exposées au musée de l'abbaye. Au sommet du retable, les reliques de ***saint Léopold*** sont enfermées dans une petite châsse. Remarquer, à gauche, les vitraux lumineux du XIVe s, et dans l'ancienne salle de la fontaine du cloître de style gothique primitif mâtiné d'influences bourguignonnes, un monumental candélabre de bronze à 7 branches fabriqué à Vérone au XIIe s.
– En sortant par le portail de l'église, on tourne à droite vers le ***Leopoldihof,*** agréable cour à la fontaine cernée de bâtiments gothiques et Renaissance joliment ciselés.
– En face, le ***Binderstadl,*** la tonnellerie, partie du cellier abbatial, contient un tonneau de 56 000 l de 1704, qui sert de toboggan lors des réjouissances de la fête du 15 novembre.
– Pour visiter le ***musée,*** prendre à droite à l'entrée des bâtiments abbatiaux et gravir le grand escalier menant aux appartements impériaux et à la grandiose salle de marbre. Les dimensions de cette salle un peu nue donnent une idée de ce qu'aurait pu devenir l'ensemble si les projets de Charles VI avaient été réalisés. Un petit texte explicatif en français introduit chacune des pièces.
Quelques œuvres de 1er plan du Moyen Âge à la Renaissance sont exposées au 2e étage, tel un *Christ au tombeau* en bois sculpté au réalisme troublant (voir les cicatrices de clous aux mains et aux pieds), une collection de petits bronzes du XVIe s à caractère mythologique, les bois peints de *Rueland Frueauf le Jeune,* représentatifs de l'école danubienne du XVIe s, un *retable de sainte Ursule* – œuvre d'un anonyme de 1464 –, l'*arbre généalogique des Babenberg* et les volets du verso du retable de Verdun cités plus haut.
Le 3e étage abrite des ivoires sculptés, des jeux d'échecs ainsi que des œuvres représentant l'abbaye aux XVIIIe et XIXe s. La bibliothèque abritant plus de 170 000 volumes ne se visite hélas pas.

MÖDLING

À 15 km au sud de Vienne. Petite cité de villégiature qu'apprécièrent *Schubert, Egon Schiele, Richard Wagner* et bien d'autres. Son centre piéton est petit mais très mignon. Voir l'hôtel de ville Renaissance (avec étage à arcades) sur la *Schrannenplatz.* Sur la *Hauptplatz,* belles demeures Renaissance aussi et une colonne de la peste de 1713. Église paroissiale *Saint-Othmar* du

XVᵉ s. Curieux ossuaire roman à côté, affublé d'un clocher à bulbe. Riches vitraux. Depuis le parvis, jolie vue sur les environs. Dans le centre, la charmante *Spitalkirche* du XVᵉ s fut remaniée au XIXᵉ s (l'intérieur présente moins d'intérêt que la façade gothique). Musée de la ville, qui plaira aux géologues amateurs de fossiles. À 2 km, jeter un œil sur le *Burg Liechtenstein,* berceau d'une famille qu'on ne présente plus.

➢ ***Pour y aller :*** de Vienne, trains ttes les 10 mn de *Wien Meidling* (10-20 mn de trajet). En voiture, autoroute A2.

Adresse utile

Office de tourisme : *Kaiserin-Elisabeth-Str. 2. ☎ (02236) 400-125. • moedling.at • En contrebas de la Schrannenplatz. Lun-ven 9h-17h.*

Où manger ?

Mödlinger Kobenzl : *Jubliäumspark 2. (0660) 143-14-53. Mer-dim 11h-20h ; dernier service à 21h en sem et à 17h dim. Menu à prix doux le midi en sem ; carte env 20 €.* Adresse à environ 10 mn de marche de l'office de tourisme, de quoi se mettre en appétit. Contourner l'église et monter quelques marches. Prendre le chemin à gauche, qui se transforme en escalier. Le resto est tout en haut, sur une plate-forme qui domine la région. On aperçoit même Vienne au loin. Et on apprécie d'être au calme, loin de toute agitation urbaine, au milieu d'un jardin avec une aire de jeux pour les enfants. Cuisine traditionnelle très correcte. Vin assez cher mais possibilité de prendre juste un verre. Repas à l'extérieur en été, à l'ombre des tilleuls.

DANS LES ENVIRONS DE MÖDLING

HINTERBRÜHL

Entre Mödling et Heiligenkreuz, par la route nº 11. Ce petit village perdu dans la Wienerwald attire de nombreux touristes grâce à une ***grotte*** exceptionnelle renfermant le plus grand lac souterrain d'Europe (grand certes, mais pas d'une beauté inoubliable...). Température intérieure : 9 °C (on peut louer une écharpe). *• seegrotte.at • Avr-oct, tlj 9h-17h ; nov-mars, lun-ven 9h-15h, w-e 9h-15h30. Plusieurs visites/j. dont certaines en anglais. Tarif : 12 € ; réduc.*

L'ABBAYE DE HEILIGENKREUZ

Depuis Vienne, accès par l'autoroute A21 et depuis Mödling par la route nº 11. ☎ (02258) 87-03. • stift-heiligenkreuz.org • Visites guidées obligatoires pour le monastère, en allemand seulement, tlj à 10h, 11h, 14h, 15h et 16h (à partir de 11h dim). Entrée : 9,50 € ; réduc. Accès à l'abbatiale gratuit et libre. Abbaye fondée au XIIᵉ s par les cisterciens, en partie détruite par les Turcs en 1683. Superbe cloître aux 300 colonnes de marbre, marquant bien la transition du roman au gothique, avec une nef principale romane, un chœur de type église-halle en gothique rayonnant flanqué de stalles baroques. Tableau d'autel d'***Altomonte*** et ***Rottmayr.*** Tombeaux des Babenberg. Église des XIIᵉ et XIIIᵉ s, mélange de styles roman et gothique. Orgue grandiose. Une communauté de cisterciens continue à y vivre selon la règle de saint Benoît : *Ora et labora* (« Prie et travaille »). C'est dans le cimetière communal que se trouve la tombe de ***Marie Vetsera*** (voir ci-après l'histoire de Mayerling).

MAYERLING

Un nom connu des romantiques du monde entier, mais une visite qui vous laissera sur votre faim. C'est dans cette localité que, le 30 janvier 1889, ***Rodolphe,*** fils de l'empereur François-Joseph et de Sissi, se suicida, après avoir tué sa maîtresse, la baronne ***Marie Vetsera.*** 2 jours avant, son père lui avait signifié le refus du pape d'annuler son mariage raté avec *Stéphanie de Belgique* et sa propre opposition à un divorce. C'en était peut-être trop pour Rodolphe, déjà en conflit avec son père à cause de son soutien aux nationalistes hongrois. C'était vraiment une famille à scoumoune.
La version d'un meurtre a été avancée en 1983 par ***Zita,*** veuve du dernier empereur ***Charles Ier.*** Selon elle, Rodolphe aurait été assassiné à cause de son refus de participer à un complot qui visait à détrôner son père, François-Joseph, et à le remplacer à Vienne par l'archiduc *Jean de Habsbourg-Toscane* et à Budapest par *Rodolphe.* Il aurait été informé de certains éléments relatifs au complot et assassiné afin que les conjurés ne soient pas inquiétés. Zita n'a fourni aucune piste pour identifier ces instigateurs. La thèse exclut donc l'idée souvent évoquée d'un assassinat commandité par François-Joseph lui-même. ***François-Joseph*** est le seul de la famille à mourir tranquillement dans son lit... Une demi-douzaine de cinéastes s'intéressa à cette tragique histoire.
De Heiligenkreuz, suivre la route nº 11 ; Mayerling est à 2 km. Quand on arrive par là, l'entrée de l'ancien pavillon de chasse est tout de suite à droite. Aujourd'hui, il n'y a vraiment plus grand-chose à voir à Mayerling. En effet, la chambre où l'on découvrit les corps fut démolie, et une église de style néogothique construite à son emplacement. On peut quand même y voir quelques souvenirs liés à cet épisode. *Avr-nov, tlj 9h-17h30 ; nov-mars, mar et ven 10h30-13h, w-e 9h-17h. Entrée : 7 € ; réduc.*

BADEN

À 26 km au sud de Vienne. Célèbre station thermale. Depuis les Romains, elle attire des curistes venus soigner leurs rhumatismes grâce aux sources chaudes (4 millions de litres par jour !) ou grâce aux bains de boue d'eau sulfureuse. *Napoléon* et *Marie-Louise* y firent escale (ce qui n'a pas sauvé leur couple, certes !). La « bande des Trois » (Mozart, Beethoven et Schubert) y séjourna bien souvent, suivie peu après des princes de l'opérette, *Strauss, Lanner, Zeller...* dans le sillage, bien évidemment, de la cour impériale. Juste à côté du casino, à l'élégance très « crème fouettée », joli parc fleuri abritant des cafés et une gloriette où sont encore donnés des concerts l'après-midi en été. L'architecture *Biedermeier* domine, et la fréquentation des thermes par une clientèle un peu... amortie donne à la cité un charme un tantinet suranné. Prendre le temps de flâner autour du *Rathaus* (l'incontournable hôtel de ville) pour jeter un œil sur la maison qu'occupa *Beethoven* de 1822 à 1824 *(Rathausgasse 10 ; ☎ (02252) 86-800-630).*
➢ ***Pour y aller :*** de Vienne, plusieurs trains/h depuis Wien Meidling. En voiture, autoroute A2.

i *Tourist Information :* *Brusattiplatz 3. ☎ (02252) 86-800-600. • tourismus.baden.at • Mai-sept, lun-sam 9h-18h, dim 9h-15h ; le reste de l'année, seulement en sem 9h-17h ; fermé le w-e.* Carte de la région gratuite (disponible même quand l'office est fermé). Brochure sur les pensions.

DANS LES ENVIRONS DE BADEN

GUMPOLDSKIRCHEN

Petit village fameux pour son vin blanc. Nombreuses guinguettes. Hôtel de ville du XVIe s. Pittoresques maisons basses de vignerons. Fin juin et fin août, fêtes du vin réputées.

LAXENBURG

À 17 km de Vienne par l'autoroute A2, à mi-chemin de Baden et Schwechat, bourgade au sud de Vienne plus connue pour héberger un aéroport international à sa périphérie. C'est à Laxenburg qu'il faut s'arrêter, en remontant sur Vienne, pour clore sur une note champêtre cette balade sur les pas de Sissi & fils. Laxenburg est célèbre pour avoir été le lieu de villégiature d'été de la cour impériale. Rodolphe y naquit en 1858. Grand parc où s'élève l'***Altes Schloss*** *(petit droit d'entrée pdt la journée).* Très apprécié des Viennois qui viennent régulièrement y faire leur footing ou du roller le soir venu. Sur une petite île au fond du parc, le *Franzensburg,* mignon pastiche de château du Moyen Âge *(possibilité de le visiter : ☎ (02236) 712-26 ; tlj 9h30-19h ; entrée : 11 €, réduc).* Beaux plafonds et intéressant mobilier. En hiver, le lac se transforme en une immense patinoire, pour le plaisir de tous. Quelques tables pour pique-niquer, aire de jeux pour les enfants. Ce lieu est une chasse gardée où il n'est pas rare de rencontrer des vaches, et bien d'autres animaux comme des biches avec un peu de chance. Une agréable promenade bucolique dans un grand parc boisé.

➢ ***Pour aller vers la frontière slovaque :*** reprendre la route de Vienne ou du moins celle de l'aéroport, et suivre la direction de Bratislava.

ROHRAU

Schloss Rohrau : *au sud de Petronell. On s'y rend en voiture par l'autoroute A 4, sortie Fischamend, puis route nationale B 9, sortie Petronell-Carnuntum. ☎ (02164) 22-53-16. • schloss-rohrau.at • Pâques-Toussaint, mar-dim 10h-17h. Entrée : 12 € ; réduc.* Demeure au style Renaissance, jadis entourée de douves, des ***comtes de Harrach,*** une des grandes familles de l'Ancien Régime dont un membre fut vice-roi de Naples. Grandiose collection privée de peintures en provenance de Madrid, Naples, Rome et des Pays-Bas des XVIIe et XVIIIe s, comptant des œuvres de *Giordano, Solimena, Ribera, Van Dyck, Teniers, Ruisdael, Bruegel père et fils,* et un chef-d'œuvre : *Le Concert* du « maître des bustes féminins » (un expert en la matière sans doute).

Haydn Geburtshaus *(maison natale de Haydn)* **:** *Obere Hauptstr. 25. ☎ (02164) 22-68. • haydngeburtshaus.at • Avr-oct, mar-dim 10h-17h. Entrée : 5 € ; réduc.* Une maison de 1728 aménagée en petit musée avec souvenirs et partitions originales. Beau mobilier de bois peint. Des concerts y sont organisés.

CARNUNTUM

Situé dans la vallée du Danube à l'est de Vienne vers la frontière slovaque et Bratislava, on s'y rend en voiture par l'autoroute A4, sortie *Fischamend,* puis route nationale B9, sortie *Petronell-Carnuntum.* En train, départ de *Wien*

Mitte ou de Wien Nord (environ 1h). Sur le territoire de cette commune, des fouilles archéologiques ont permis de mettre au jour le site de Carnuntum, ancienne capitale romaine de la Pannonie.

Adresse utile

Office de tourisme : _Hauptstr. 3. ☎ (02163) 35-55-10. • donau.com • Lun-ven 9h-16h30 (14h30 ven) ; w-e, antenne ouv dans le parc._ Accueil en français.

Où camper ?

Campingplatz Tennishalle Wirtshaus : _Bruckerstr. 28. ☎ (02163) 29-89. • tennishalle-petronell.at • De mai à mi-sept. Resto tlj 7h-21h. Compter 22 € pour 2 avec tente et voiture._ Jolie pelouse bien verte à côté d'un complexe sportif (tennis, badminton, sauna) et grill. Bien situé pour visiter cette région Danube-Morava, dont le style des maisons annonce déjà l'Europe centrale.

À voir

Archäologischer Park Carnuntum _(parc archéologique de Carnuntum)_ **:** _☎ (02163) 33-77-0. • carnuntum.at • De mi-mars à mi-nov, tlj 9h-17h. Entrée : 12 € ; réduc._ Nombreuses activités didactiques pour les enfants. La ville de Carnuntum était la garnison la plus importante sur la route de l'ambre. Elle compta jusqu'à 50 000 habitants au IIIe s. **Marc-Aurèle** y rédigea ses _Pensées_ (longtemps avant Pascal). Les invasions des Huns (puis des autres...) mirent un terme à cette belle prospérité. On en trouve des traces indéniables en découvrant les soubassements des maisons et des magasins qui dévoilent des systèmes de canalisations et de chauffage assez élaborés, reliés aux vastes thermes. À 100 m à l'ouest du village, on peut voir les ruines d'un amphithéâtre d'une capacité de 13 000 spectateurs. Piétons et cyclistes peuvent se balader en empruntant un sentier de 18,5 km, « via Carnuntum ».

SUR LES TRACES DE SPARTACUS

Une découverte archéologique sensationnelle a été annoncée en 2011 : rien moins que les fondations d'une école de gladiateurs vieille de 1 900 ans et comparable à celle du Colisée à Rome, avec un amphithéâtre et une petite arène de 20 m de diamètre. Selon le directeur du site, un cimetière de gladiateurs devrait se trouver à proximité. L'espérance de vie des gladiateurs dépassait rarement les 4 ou 5 combats.

Heidentor _(porte des païens)_ **:** _situé à env 2 km de Petronell par la sortie ouest, bien indiqué (visible de la route)._ Symbole de la région, vestige d'un arc de triomphe du IVe s apr. J.-C. dédié à l'empereur Constance II. Son nom vient du Moyen Âge, où il fut considéré comme l'œuvre de non-chrétiens.

AU NORD DE CARNUNTUM

SCHLOSS HOF

Suivre la B9 en direction de Hainburg et prendre la B49 jusqu'à Schlosshof (ne pas confondre le nom du village et celui du château, qui s'écrit en 2 mots).

● schlosshof.at ● De mi-mars à nov, tlj 10h-18h (dernier billet à 17h) ; de déc à mi-mars, tlj 10h-16h. Entrée : 15 € ; réduc ; gratuit moins de 6 ans.

Un bien beau château édifié en 1726 par le ***Prince Eugène.*** Il fut ensuite transformé et aménagé par l'impératrice Marie-Thérèse, qui y organisa de somptueuses fêtes qui éblouirent toute l'Europe, pour reprendre la formule consacrée de la gazette de l'époque. Plus de 200 personnes y logeaient (comprenez qu'il y avait 180 domestiques pour s'occuper des invités du moment). Il resta vide jusqu'en 1898, date à laquelle il fut donné à l'armée autrichienne, et les décennies suivantes ne lui firent pas de cadeau. C'est l'armée russe qui l'occupa de 1945 à 1955, et la restauration ne commença que dans les années 1980. Aujourd'hui, évidemment, pour qui le découvre sans être prévenu, il a un petit côté château de la Belle au bois dormant.

Face à la vallée de la Morava (*March* en allemand) et avec au loin les 1ers contreforts des petites Carpates en Slovaquie, le château est entouré de jardins à la française avec terrasses, fontaines, sculptures et grilles ouvragées. L'intérieur baroque, restauré, abrite dans ses magnifiques salles de fêtes aux stucs délicats de fort intéressantes expos temporaires. À remarquer également, la chapelle privée dont le plafond est orné d'une fresque de ***Carlone,*** seule pièce restée dans le jus de l'époque.

Bon, soyons sincères : pas la peine de faire le voyage exprès, sauf si vous avez envie de passer un dimanche à la campagne (un bus part de la *Schwedenplatz* à Vienne autour de 9h), au milieu des familles slovaques (on est en fait à 5 mn des faubourgs de Bratislava). S'il fait beau, on visite les jardins, on grignote en terrasse, on va voir les animaux (il y a même des chameaux offerts à l'ancien président autrichien, qui a trouvé là un moyen de s'en débarrasser). Et si vous devez reprendre l'avion à Bratislava (moins cher qu'à Vienne, on vous donne le tuyau) ou continuer le voyage en Slovaquie, vous êtes vraiment tout près.

HOMMES, CULTURE, ENVIRONNEMENT

ART DE VIVRE

Vienne distille un art de vivre unique qui, de Saint-Étienne aux faubourgs viticoles, de Schönbrunn au Donaukanal, nous a vraiment séduits. Mêlez-vous à la foule pour fêter, toutes générations et classes confondues, l'arrivée du vin nouveau dans un ***Heuriger,*** maison vigneronne qui cultive le sens de la fête et des traditions. Arpentez, dans le centre historique, autour des gares, des stations de métro, les allées des stands où grillent non-stop ces fameuses saucisses qu'habitants du quartier, employés en cravate, habitués de l'Opéra ou touristes affamés se partagent à toute heure...
Ce n'est pas par hasard si cet art de vivre domine. Il est favorisé par un urbanisme qui respecte la mixité sociale, sans mépris pour les populations ouvrières. Un petit jardin fleurit toujours entre 2 HLM, et ces dernières affichent en grosses lettres leurs nom et date de naissance.
Ville d'espaces verts, avec des chiffres qui laissent rêveur : 120 m^2 de verdure par habitant à Vienne, alors que les Parisiens se contentent d'à peine 14 m^2 !
Ville rêvée pour les piétons et les cyclistes grâce à un remarquable réseau de transports urbains et un tissu efficace de voies cyclables. Les voitures sont présentes sans être envahissantes, les chauffeurs devant toujours patienter derrière les calèches !
Les familles se retrouvent volontiers dans les restaurants, notamment en été quand ils s'installent en terrasse, ou mieux encore dans leurs jardins aux allures de guinguette, au cœur de la ville. Bien sûr, la jeunesse n'échappe pas à un certain vague à l'âme, comme ailleurs. Mais il fait quand même sacrément bon être jeune à Vienne, avec un choix incroyable d'activités, de bars et de lieux alternatifs où l'argent n'est pas nécessairement le seul droit d'entrée...
Vienne ville sûre, tout le monde vous le confirmera, même si sa quiétude s'est révélée troublée par le problème des réfugiés des ex-pays de l'Est ou par celui de la drogue.
Quant aux préoccupations écologiques, elles sont omniprésentes. Il suffit de voir l'impressionnant alignement des poubelles annonçant chacune leur spécialité : déchets traditionnels, verre, métaux, plastiques, etc. Et ne jetez pas un mégot ni un papier dans la rue ! Outre le fait de passer pour un mal-élevé, vous risquez une amende.

BALS

Que la fête commence ! Dans la capitale de la valse, le passage par une école de danse, même bref, constitue une étape éducative conseillée à tout adolescent. On en sort avec un diplôme (!), fin prêt à fréquenter les 450 bals donnés à Vienne annuellement.
La saison débute le 15 novembre avec le bal de la Croix-Rouge, et se termine à la fin du carnaval, ou *Fasching,* au lendemain du Mardi gras. Globalement, ils sont organisés d'octobre à avril et le calendrier des bals est disponible à l'office de tourisme ou sur le site • *ballkalender.com* • Chaque corps de métier, association ou quartier y participe, les cafetiers *(Ball der Wiener Kaffeesieder),* les fleuristes *(Blumenball)* et l'association pour un mode de vie intégratif *(Ball der Sargfabrik),* les juristes *(Juristenball)* ou les médecins *(Wiener Ärzteball)* présentent à cette occasion leurs filles à marier. Pensez à réserver une table (et à faire des économies) longtemps, longtemps à l'avance. En général, 3 ou 4 orchestres jouent

simultanément dans plusieurs salles différentes pour satisfaire tous les goûts : restez sobre pour être opérationnel !
Mais on est loin des grands bals de l'Orchestre philharmonique de Vienne et de l'Opéra : là, tout n'est que mondanités, luxe et ostentation. Difficile de s'y introduire quand on n'est pas du sérail. Vous pouvez toujours acheter votre ticket pour le poulailler, et apercevoir le président de la République soupant dans l'ancienne loge impériale avec quelques VIP. Pour les nostalgiques des films de Sissi et de l'empire, on ne peut rêver mieux.
Mais Vienne offre d'autres possibilités pour danser (à la mi-février). Si vous n'avez pas eu de places au tirage au sort (eh oui, ça marche comme ça, succès oblige !) pour le bal de l'Opéra *(Opernball)*, pourquoi ne pas réserver pour le bal des Roses *(Rosenball)*, qui a lieu le même jour, animé par la communauté gay ? Seule la polonaise d'ouverture rappelle la tradition. Pour le reste, place au disco et à l'électro. Et le lendemain au Konzerthaus, c'est au tour de l'informel et sucré bal du Bonbon de faire guincher !

BOISSONS

Les Autrichiens ont la réputation d'être parmi les plus grands buveurs du monde. Et les Viennois ne nuisent pas à leur réputation ! Les vignobles produisent des vins très agréables, quoique peu de crus soient destinés à la conservation. Dans les restos ou les bars, les vins sont plutôt chers mais ils peuvent être servis au verre.
Vienne est une destination courue par tous les amateurs de ces vins rouges ou blancs que l'on boit sous la treille, dans un *Heuriger* (voir « Cuisine. Où se restaurer tout en buvant un verre (ou 2) ? » plus loin). Ils méritent en tous cas une dégustation sérieuse (le bus, le tramway et le métro vous ramèneront ensuite jusqu'à l'hôtel, à condition que vous ne vous trompiez pas en route !).

ENTRE COUSINS GERMAINS, IL Y A DES NUANCES

Être aussi efficace que leurs voisins allemands, mais sans en avoir l'air et en cultivant un art de vivre méridional. Tel est le credo des Autrichiens. Ces différences sont particulièrement marquées en matière culinaire : si l'un est un buveur de bière, l'autre préférera nettement le vin.

Lorsque vous passerez une soirée dans un *Heuriger* (inutile d'arriver avant 18h), ne ratez pas le ***Most,*** genre de moût jaunâtre et opaque dont la teneur en alcool est encore faible. Ou le ***Sturm,*** plus avancé dans la fermentation et connu pour receler, comme son nom l'indique (« bourrasque »), quelques vertus décoiffantes. Vous pourrez par facilité commander un ***Gespritzter,*** vin blanc tout simplement coupé à 50 % avec de l'eau gazeuse. Très désaltérant. Les Viennois le consomment comme entrée en matière, lorsque s'amorce une longue soirée de beuverie conviviale !
Voici un récapitulatif des principales boissons que vous allez pouvoir rencontrer lors de votre séjour, selon la saison.
– ***Vins blancs :*** Grüner Veltliner (sec), Gemischter Satz (sec mais fruité), riesling et gewurztraminer (comme en Alsace), Müller-Thurgau (fleuri et fruité), Welschriesling (demi-sec) et Muskat Ottonel (fruité).
– ***Vins rouges :*** Blauer Portugieser (doux), Blaufränkisch, Blauer Zweigelt (plus puissant), St Laurent (souple), pinot noir (comme en France).
– ***Vin rosé :*** Schilcher (assez âpre mais fruité).
– ***Vins de dessert :*** Spätlese (doux), Eiswein (moelleux et sucré, provenant de vendanges tardives, à la 1re gelée).
– ***Glühwein (rouge ou blanc) :*** vin chaud aromatisé (clou de girofle, cannelle, écorce d'orange). Idéal en hiver, sur un marché de Noël, pour se réchauffer.

– ***Schnaps :*** eau-de-vie aux prunes, abricots, pommes, poires ou framboises. Ou tout à la fois : commandez alors un *Obstler.*
– ***Bières (blondes) :*** Gösser, Schwechater, Zipfer, Puntigamer (chaque marque propose aussi une variante sans alcool). La bière que les Viennois boivent en *Seidel* (0,35 l) ou en *Krügel* (0,5 l) est de très bonne qualité. Faites comme eux, régalez-vous, dans un parc, autour d'un tonneau, en l'accompagnant d'une saucisse, d'un peu de moutarde et d'un *Brötchen !*
– ***Et l'eau...*** Sachez enfin que les robinets prodiguent de la très bonne eau de montagne mais que si vous désirez de l'eau « minérale », les épiceries ne vous en vendront que gazeuse et toujours en bouteille de verre consignée. L'eau « plate » en bouteille porte les mots *ohne Gas* sur l'étiquette, ce qui signifie « sans gaz ». Au restaurant, demandez de la *Leitungswasser* (eau du robinet), de préférence en carafe *(Karaffe)* – sinon, on risque de ne vous en servir qu'un seul verre !

CAFÉS VIENNOIS

Il en va des cafés comme des concerts : tout le monde ici se côtoie au sein d'institutions qui ont fait pour certaines l'histoire (la petite comme la grande) de la ville. Lorsque, battus en 1683 au siège de Vienne, les Turcs s'enfuient, ils laissent des tonnes d'équipement, d'armes, de vivres. Notamment des petits grains vert foncé qu'on prend d'abord pour de la nourriture pour dromadaires. Avant que cela ne finisse dans le Danube, un jeune Polonais bien informé nommé ***Kolschitzky,*** qui espionnait par ailleurs les Turcs, s'avise qu'il s'agit en fait de café. Lui qui a passé quelques années chez eux connaît la torréfaction des grains et sait comment préparer un café... turc, évidemment. Pour ses bons et loyaux services, il obtient d'ouvrir le 1er établissement pour y servir le *Wiener Café.* Une belle histoire, trop belle pour être vraie. La preuve : des recherches plus récentes ont prouvé qu'un Arménien du nom de ***Johannes Diodato*** avait reçu, le 17 janvier 1685, le droit de « préparer sous forme de café le breuvage turc ». Le 1er cafetier, c'est lui !

« *Eine Melange, bitte !* »

Ainsi, un grand merci aux Ottomans pour avoir contribué à la naissance d'une extraordinaire institution : le café viennois. Il y en a eu jusqu'à 1 500 avant la 2de Guerre mondiale et il en reste encore la moitié aujourd'hui. Beaucoup ont disparu dans les bombardements, d'autres sous les coups des pelleteuses de la voracité immobilière (l'évolution des goûts ayant bon dos).
Les cafés ont été longtemps le centre de la vie politique, littéraire et culturelle. Dans la 1re moitié du XXe s, tous les écrivains, journalistes et politiciens les fréquentent assidûment. D'abord, il y fait chaud, alors que les grands appartements viennois sont difficiles à chauffer. On aime venir y jouer aux dames, aux échecs, au billard, mais encore plus y lire les journaux. Les gens prennent ainsi l'habitude de boire leur café d'une main et de tenir la hampe de bois verni du journal de l'autre. Le poète Peter Altenberg disait : « Être au café, c'est se retrouver chez soi, sans être à la maison ! » Aussi trouvait-il souvent des patrons qui acceptaient, après le départ du dernier client, qu'il dorme sur une moelleuse banquette.

ET UN CROISSANT AVEC LE CAFÉ, UN !

C'est à Vienne que fut lancé le café-croissant. Par dérision, les Viennois reprirent l'emblème de l'islam pour confectionner ce délicieux feuilleté (« viennoiserie »). En fait, un hommage rendu aux boulangers, qui avaient aussi contribué à l'échec du siège de 1683 en travaillant de nuit dans les fournils en sous-sol. Là, ils purent entendre l'ennemi ottoman en train de creuser des tunnels.

Classés au Patrimoine immatériel de l'Unesco

Une oasis de tranquillité hors des contraintes du temps, plus encore qu'un lieu de convivialité, tel apparaissait le café viennois traditionnel. Un habitué du *Griensteidl* écrivit : « C'est le meilleur endroit pour être seul en compagnie. » En effet, un client pouvait, et peut toujours d'ailleurs, s'y installer aussi longtemps qu'il le souhaite, sans prendre plus d'une consommation. Chaque habitué pouvait y recevoir son courrier, demander du papier pour écrire. Des tables y étaient dressées pour des parties de cartes ou d'échecs, et la répartition des sièges répondait à une stratégie délicate, conforme aux exigences de la hiérarchie sociale et, bien sûr, des affinités et des inimitiés de chacun.
Aujourd'hui, les cafés viennois sont courus par une clientèle jeune, d'étudiants, d'artistes, à laquelle se mêlent touristes, hommes et femmes d'affaires, jeunes parents... Les portables ont remplacé les blocs-notes. Ce qui n'a guère changé, pour beaucoup d'entre eux, c'est la classe et le métier des serveurs. Même l'Unesco s'y est laissé prendre puisque, depuis 2011, les cafés viennois sont inscrits sur la liste du Patrimoine culturel immatériel. Rien que ça !
Le café, quant à lui, est presque toujours servi sur un petit plateau en métal argenté, avec un verre d'eau fraîche.
Pour conclure, si le café viennois n'est plus l'endroit où se forge l'opinion publique, et la source privilégiée des journalistes, il reste un havre de tranquillité. Idéal pour rêver, écrire ses lettres ou travailler sur son ordinateur ! Normal, c'est souvent spacieux et confortable. Certains cafés très traditionnels, ni huppés ni snobs, ressemblent même à de beaux salons ou à des salles à manger bourgeoises cossues. Ici, pas de machines à sous, pas de tensions (on y boit peu d'alcool).

Petit lexique pour amoureux du café

Il existe différentes variantes de ce breuvage, et donc des termes différents pour le nommer. Les ignorer pour commander à tout bout de champ un « café » vous ferait passer pour un touriste inculte (ou un Allemand, à la rigueur). Si vous sentez que le serveur fait partie de la vieille école, donnez-lui du *Herr Ober,* et un pourboire en conséquence, pour lui montrer que vous savez vivre ! Voici, pour vous aider, une liste qui vous permettra de bien paraître en société.
- ***Kleiner Schwarzer/Mocca :*** le petit noir classique.
- ***Großer Schwarzer/Mocca :*** idem mais en grand.
- ***Kleiner/Großer Brauner :*** le petit ou grand « brun », en fait une tasse de *Mocca* servie avec un petit pot de lait. C'est ce que l'on vous apportera si vous vous obstinez à commander un « café » !
- ***Verlängerter :*** version allégée du *kleiner/großer Mocca* ou *Brauner,* allongé avec de l'eau chaude.
- ***Kapuziner :*** beaucoup de café, un soupçon de lait et une goutte de crème.
- ***Melange :*** comparable au crème français. Le plus consommé. Et le plus facile à prononcer aussi !
- ***Einspänner :*** littéralement « fiacre ». C'était la boisson traditionnelle des cochers qui voulaient se réchauffer entre 2 courses. Café noir servi dans un verre avec une bonne portion de crème Chantilly. Ce qu'on appelle le café viennois (ou liégeois) chez nous.
- ***Kaisermelange :*** « mélange impérial ». Café noir avec un jaune d'œuf battu mélangé à du cognac. Apparu lors de la 1re Guerre mondiale lorsque le lait était rationné et qu'il fallait lui trouver un substitut. Tonique. N'existe cependant pas dans tous les établissements.
- ***Maria Theresia :*** café noir avec une liqueur à l'orange.
- ***Eiskaffee :*** café noir avec de la glace à la vanille et de la crème fouettée, servi dans un verre. À consommer par temps de chaleur.
- ***Fiaker :*** le très classique café long avec du rhum et de la chantilly, servi chaud.

CINÉMA

Côté réalisateurs...

Avant que leurs noms ne soient associés à la grande épopée de Hollywood, de nombreux cinéastes firent partie de ces hordes d'émigrants européens partis vers les rêves du Nouveau Monde ou chassés brutalement par le nazisme.
Prenez ***Josef von Sternberg.*** En 1901, à l'âge de 7 ans, il émigre avec ses parents à New York. *Les Damnés de l'océan* (1928) sera un 1er pas vers la reconnaissance. En 1929, Sternberg est appelé en Allemagne, où il tourne *L'Ange bleu* avec une jeune actrice qui deviendra vite sa muse, Marlene Dietrich : un coup de maître pour le cinéaste réaliste. Leur collaboration se poursuit outre-Atlantique, ponctuée de chefs-d'œuvre, tels que *L'Impératrice rouge* (1934) ou *La Femme et le Pantin* (1935).
Quant à ***Erich von Stroheim,*** si ses études à l'Académie militaire de Vienne le destinaient à une vie en uniforme, c'était sans compter l'ardeur du militaire qui, en 1909, part se frotter au rêve américain ! Devenu on ne sait comment metteur en scène, il signe *Folie de femmes* (1922) et *Queen Kelly* (1928), mais Hollywood le boude. Contraint de gagner sa vie, il endosse à nouveau son vieil habit d'officier, mais en tant qu'acteur cette fois-ci.
Les années 1930 sont celles de tous les exils : ***Fritz Lang,*** le grand maître de l'expressionnisme allemand ; ***Joe May,*** considéré comme l'un des pionniers du cinéma allemand ; ***Max Reinhardt,*** qui réalise des films d'anthologie tels que *La Rivière sans retour* ou *Carmen Jones* (1954) ; ***Fred Zinnemann,*** qui peut se targuer d'avoir appris aux Américains l'art et la manière de faire de bons westerns avec *Le train sifflera trois fois* (1952) !
Aujourd'hui, les cinéastes n'ont heureusement plus besoin de quitter leur douce patrie. Bien que né à Munich (en 1942), ***Michael Haneke*** a passé la plus grande partie de son enfance dans la banlieue sud de Vienne. Après des études à l'université, il devient critique de cinéma, puis metteur en scène. Il ne passe au cinéma qu'en 1989 avec *Le Septième Continent.* Ses films sont froids (voire glaçants), parfois lents et souvent violents (mentalement et physiquement). Citons *La Pianiste* (2000) ou *Caché* (2005), ainsi que *Le Ruban blanc* (2009) et *Amour* (2012), tous 2 Palme d'or à Cannes. En 2017, il signe *Happy End* avec Isabelle Huppert, Jean-Louis Trintignant et Matthieu Kassovitz.
Jessica Hausner a fait ses débuts auprès de Haneke. Scripte sur le dérangeant *Funny Games,* elle passe rapidement à la réalisation avec *Lovely Rita* (2002), *Hôtel* (2005) ou *Amour fou* (2014), des films aux personnages solitaires et isolés. Elle se déclare fan de Luis Buñel et de... Conchita Wurst.
Né en 1952, ***Ulrich Seidl*** a d'abord étudié le cinéma à la Wiener Filmakademie. Très polémique, il est souvent critiqué pour ses films ambigus, traitant la plupart du temps du sexe et de la médiocrité humaine. Après des documentaires empreints de pessimisme, il se lance avec succès dans la fiction avec *Dog Days* (2002) ou encore avec la trilogie *Paradis : Amour* (2012), *Paradis : Foi* (2012) et *Paradis : Espoir* (2013).

... et côté acteurs

– ***Oskar Werner*** *(1922-1984)* **:** il est l'acteur incontesté du Burgtheater de Vienne dans les années 1940, où il joue les grandes pièces du répertoire classique, avant de connaître l'affection du public français avec le film *Jules et Jim* de Truffaut. Le timbre de sa voix, douce et absente, fait de lui un être hors du temps, presque surnaturel. Ses prestations scéniques sont restées gravées dans la mémoire des Autrichiens.
– ***Romy Schneider*** *(1938-1982)* **:** native de Vienne, elle débute très jeune dans des films (très) romanesques, chaperonnée par sa mère Magda Schneider, actrice

elle aussi. Sissi, qu'elle incarne avec une tendre ingénuité, la sacre nouvelle impératrice du 7e art. Remercions ici solennellement Alain Delon d'avoir incité cet oiseau rare à venir s'installer en France. La suite, tout le monde la connaît. Pour la redécouvrir, sublimée comme jamais, courez voir *L'Enfer* d'Henri-Georges Clouzot ou, mieux encore, *La Piscine,* devenu un film culte.

ROMY ET LE (IIIe) REICH

Magda Schneider, mère de Romy, était aussi actrice et amie de Martin Bormann, conseiller de Hitler. On vit donc Romy au nid d'aigle de Berchtesgaden (elle n'habitait d'ailleurs qu'à 20 km). Mais elle n'avait que 3 ans ! Plus tard, pour montrer son rejet des thèses nazies, elle choisira 2 prénoms hébraïques pour ses enfants : David et Sarah.

– ***Helmut Berger*** *(né en 1944) :* lorsque Gala, la femme de Dalí, présente Helmut Berger à *Luchino Visconti,* c'est le coup de foudre. Blond, beau, décadent, Berger correspond exactement à la figure héroïque qui habite l'imaginaire du cinéaste italien : *Les Damnés, Ludwig II de Bavière, Violence et Passion* scelleront des amours passionnées entre les 2 artistes. En 2014, il incarne un Yves Saint Laurent âgé, dans le film de Bertrand Bonello.

– ***Klaus-Maria Brandauer*** *(né en 1943) :* le Depardieu viennois. Acteur de théâtre au sein de la troupe du Burgtheater et acteur de cinéma, mais aussi metteur en scène à ses heures, il s'illustre dans le film *Mephisto* du Hongrois István Szabó, qui lui vaudra le prix d'interprétation à Cannes en 1981. On l'a revu dans *Colonel Redl* du même Szabo, interprétant le rôle d'un officier parvenu, d'origine ruthène, sacrifié sur l'autel de la *realpolitik* des rivalités nationales au sein de l'Empire. Il incarne successivement Danton, Rembrandt ou Jules César, et bien sûr le baron Blixen dans *Out of Africa,* aux côtés de Meryl Streep.

– ***Christoph Waltz*** *(né en 1956) :* on ne présente plus le génialissime colonel nazi d'*Inglourious Basterds* (Quentin Tarantino, 2009), pour lequel il obtient l'oscar, le Golden Globe et le Bafta du meilleur acteur, ainsi que le prix d'interprétation masculine à Cannes. Pas mal pour un 1er film international ! Depuis, sa carrière est lancée : *The Green Hornet* (Gondry, 2011), *Carnage* (Polanski, 2011), *Django Unchained* (Tarantino, 2013), *Big Eyes* (Tim Burton, 2014) et *The French Dispatch* (Wes Anderson, 2020).

– Citons encore, tous nés à Vienne, ***Gustav Diessl, Mady Christians, Willi Forst, Oskar Homolka, Maria Schell*** ou encore ***Barbara Valentin.***

Quelques films

– ***Liebelei*** (Max Ophüls, 1932). La fille unique d'un modeste violoniste du Burgtheater de Vienne s'éprend d'un jeune lieutenant de la Garde impériale. Un beau mélodrame, considéré comme le 1er grand film de Max Ophüls.

– ***Le Troisième Homme*** (Carol Reed, 1949). Voir plus bas « Sur les traces du *Troisième Homme* ». Un air de cithare célébrissime.

– ***Sissi*** (Ernst Marischka, 1955-1957). Une trilogie composée de *Sissi, Sissi impératrice* et *Sissi face à son destin.* Pas de très grands films, mais une grande actrice, Romy Schneider, dans la peau d'un grand personnage, l'impératrice Sissi. C'est kitsch et sirupeux, mais on pardonne tout à Romy ! Enfin, presque...

– ***Welcome in Vienna*** (Alex Corti, 1982-1986). Là encore, une trilogie, mais incomparable. On y suit la trajectoire d'un adolescent juif, Ferry Tobler, dans sa fuite de Vienne, au lendemain de la Nuit de cristal de 1938 (1er volet). Il arrive à New York, où il va rapidement déchanter (2e volet), avant de rejoindre sa ville natale, une fois la guerre achevée (3e volet). Une superbe fresque humaine inspirée de la vie de Georg Stefan Troller (le coscénariste).

– ***Amadeus*** (Miloš Forman, 1984). Adapté de la pièce éponyme de Peter Shaffer. Mozart, incarné avec brio par Tom Hulce, arrive à Vienne. Sa réputation effraie ses

rivaux, Antonio Salieri le 1er, qui va tenter de l'évincer tout en l'approchant pour mieux l'appréhender. César du meilleur film étranger, oscar du meilleur film et du meilleur acteur en 1985 (40 prix en tout !).
– ***La Pianiste*** (Michael Haneke, 2001). Adapté du livre éponyme d'Elfriede Jelinek. Erika (Isabelle Huppert) enseigne le piano au Conservatoire de Vienne, vit avec sa mère (Annie Girardot) et pratique régulièrement le voyeurisme. Arrive Walter (Benoît Magimel), un jeune élève qui tombe rapidement amoureux d'elle et avec lequel elle va entretenir une relation aussi attendue que perverse. Grand prix du Jury à Cannes.
– ***Dog Days*** (Ulrich Seidl, 2002). Le récit de 6 personnages se croisant dans une banlieue viennoise caniculaire et étouffante. L'occasion de dresser un portrait cauchemardesque du genre humain, d'autant plus violent qu'il est réaliste et ordinaire. Grand prix à la Mostra de Venise.
– ***Le Braqueur*** (Benjamin Heisenberg, 2010). Johann est un marathonien couronné de succès. Mais cela ne lui suffit pas, il braque également des banques. Sans cesse en mouvement, il vole puis s'enfuit, non pas à bord d'une voiture mais en courant à travers les rues de Vienne. Un film qui ne manque pas de souffle !
– ***Une seconde femme*** (Umut Dağ, 2012). Plongée dans la communauté turque de Vienne, Fatma vit avec son mari, Mustafa, et leurs enfants. Leur vie va changer quand arrive la belle Ayse, une jeune femme choisie en Turquie pour épouser son fils. Fatma décide alors d'en faire la 2e femme de son mari et sa complice.
– ***Nouveau souffle*** (Karl Markovics, 2012). 18 ans, Roman a purgé la moitié de sa peine. Pour être libéré sur parole, il accepte de travailler à la morgue de Vienne. Un jour, il découvre le corps d'une femme qui porte le même nom que lui. Il se lance alors à la recherche de sa mère, une femme qu'il n'a jamais connue. Un beau film, réaliste et sobre.
– ***La Femme au tableau*** (Simon Curtis, 2015). Hélène Mirren incarne une septuagénaire américaine décidée à récupérer un tableau de Klimt, volé à sa famille juive par les nazis et exposé à Vienne comme patrimoine national autrichien. Une histoire vraie !
– On peut aussi signaler 2 films tournés en partie à Vienne, en 2011. Le 1er ***(A Dangerous Method)*** ravira les fans de Vigo Mortensen, qui joue Freud aux côtés de Michael Fassbender (alias Jung). Le 2d ***(360)*** est une (très) libre adaptation de *La Ronde,* d'Arthur Schnitzler, avec Jude Law et Anthony Hopkins.

Sur les traces du *Troisième Homme*

Le film ***Le Troisième Homme*** n'a rien perdu de son pouvoir de fascination. Comment ne pas réserver une place spéciale à l'un des chefs-d'œuvre du cinéma mondial qui obtint le grand prix du Festival de Cannes en 1949 ? Une histoire à suspense sur le thème de l'amitié et de la trahison. Parfaitement écrit et réalisé, il fut tourné en noir et blanc en décor naturel à Vienne. Quelques scènes seulement furent mises en boîte dans un studio londonien, comme la scène dans la cabine de la roue du Prater.
En 1945, Vienne est une cité dévastée, divisée, comme Berlin, en secteurs placés sous la responsabilité respective des 4 grandes puissances victorieuses : les États-Unis, la France, la Grande-Bretagne et l'URSS. Le cœur de la ville est administré par chaque puissance à tour de rôle pendant 1 mois. Pour assurer la sécurité, des patrouilles de 4 hommes (un soldat par pays) parcourent jour et nuit ce lugubre décor de vieille cité européenne en ruines. Plat, gris et boueux, le Danube coule le long de la zone russe. Au-dessus du Prater écrasé, envahi d'herbes folles, la grande roue tournoie sinistrement.
Dans cette ville où les trafiquants du marché noir font fortune, Holly Martins, un romancier américain de 2de zone, part sur les traces de ***Harry Lime,*** son ami d'enfance. Celui-ci est accusé par la police de s'être livré à un trafic de pénicilline frelatée ayant entraîné la folie ou provoqué la mort de nombreux enfants.
Suite à l'écran. La traque viennoise s'achèvera par une inoubliable course nocturne dans les égouts de Vienne, l'une des scènes les plus prenantes du film. Dans *Le Troisième Homme,* obsédé par les contrastes entre le noir et le blanc, le clair et

l'obscur, le cinéaste londonien ***Carol Reed*** (1906-1976) tourna beaucoup la nuit, opposant sans cesse les ombres et les lumières. Cela donna au film sa touche unique, cette « inquiétante étrangeté ».

Générique

Le film fut produit par ***Alexander Korda*** (un Hongrois naturalisé britannique), patron tout-puissant de la célèbre *London Film Productions.* Celui-ci voulait faire un film sur l'occupation quadripartite de Vienne après la 2de Guerre mondiale, et demanda à l'écrivain britannique ***Graham Greene*** d'écrire le scénario. Il commença par écrire une histoire sous forme de roman (voir la rubrique « Livres de route » dans le chapitre « Vienne utile »), puis il s'attaqua au scénario. Mais l'auteur l'avoue d'entrée dans la préface : « *Le Troisième Homme* fut écrit non pas pour être lu, mais pour être vu. » Quant à la musique... Pas d'orchestre symphonique, aucun violon ni tambour, comme c'était courant à l'époque dans les grands films, mais une simple mélodie, lancinante et répétitive, jouée à la cithare par le merveilleux Viennois ***Anton Karas.*** Un air inoubliable !

Lieux de tournage

Pour les cinéphiles, nous citons, tout au long du guide, les lieux visibles, tangibles, qui existent toujours aujourd'hui et qu'on peut retrouver au fil d'une simple balade à pied. Il est préférable d'avoir vu et revu le film avant le voyage. Cela pour mieux apprécier cette promenade dans les pas du *Troisième Homme.* Avis aux retardataires, sachez qu'il passe encore toutes les semaines au ***Burgkino*** (voir la rubrique « Culture, cinéma » dans le chapitre « Vienne utile »). L'association ***Dritte-Mann-Tour*** organise des balades sur les pas du *Troisième Homme* (voir la rubrique « Visites guidées » dans le chapitre « Vienne utile »).

CONCERTS CLASSIQUES ET OPÉRAS À PRIX DOUX

Au XVIIIe s, Vienne était à la musique classique ce que Hollywood était au cinéma du XXe : un creuset unique pour les créateurs et un foyer de production artistique sans commune mesure avec les autres villes européennes.
Même si l'âge d'or de ***Mozart, Schubert, Beethoven et Mahler*** appartient définitivement au passé, la ville semble être toujours entraînée dans une farandole musicale incessante. Il suffit de consulter le programme des concerts pour le mesurer. Séjourner à Vienne sans assister au moins une fois à un concert de musique classique ou à un opéra serait vraiment dommage. Les Viennois qui aiment la musique vont au concert plusieurs fois dans l'année, voire dans le mois. Plusieurs raisons à cela : d'abord la qualité et la variété des orchestres, ensuite le prix des billets. Bon, d'accord, le plus dur est de trouver des places (achetez en ligne si vous ne voulez pas faire la queue ou tomber sur des salles déjà archipleines).
Bref, à Vienne, pour quelques dizaines d'euros, n'importe qui peut jouir des meilleures prestations dans des décors somptueux (voir les infos pratiques pour faire son choix, et s'organiser dans la rubrique « Écouter un concert ou assister à un opéra : où, quand, comment ? » du chapitre « Vienne utile »).

CUISINE

Attention : tout comme les couverts, au restaurant, le pain est facturé en plus des plats commandés, proportionnellement à sa consommation. Cela dit, vous apprendrez très vite à vous en passer, sauf si vous vous arrêtez dans un *Biergarten* ou sur un stand de saucisses au marché pour grignoter sur le pouce. Le reste du temps, avec les pommes de terre et les fameux *Knödel,* demander du pain serait un poil de trop.

Plats traditionnels

La cuisine autrichienne – très bien représentée à Vienne – est largement méconnue et trop souvent comparée à sa voisine allemande. Erreur ! En réalité, au temps de l'Empire austro-hongrois, une famille autrichienne aisée se devait d'avoir à son service une cuisinière de Bohême ou de Hongrie : elles étaient les meilleures ! Au cours des siècles, le pays s'est ainsi enrichi des habitudes culinaires de ses voisins, jusqu'à offrir une bonne synthèse de toutes les cuisines d'Europe centrale. Un peu de cuisine des Alpes, une bonne dose de Moravie et d'Italie du Nord, une rasade de Croatie et de Galicie, une prise de yiddish, de bavarois, de styrien et de slovène, laisser mijoter... C'est une cuisine un peu lourde toutefois car riche en crème fraîche, farine, panure et lard. Si vous restez une semaine, vous aurez l'occasion de goûter à l'essentiel des spécialités.

UNE CUISINE SANS FRONTIÈRES !

La cuisine viennoise s'est, en fait, inspirée des recettes de l'ancien empire : l'escalope viennoise vient de Milan, comme les gnocchis, le paprika et le goulasch de Hongrie, le strudel d'Orient... Bon, on n'oublie pas le très populaire Tafelspitz, *viande bouillie qui est ici un plat de roi, ou du moins d'empereur, car François-Joseph l'adorait !*

À la lecture des plats qui suivent, certains s'inquiéteront peut-être pour la prononciation, d'autres pour leur régime. Dans le 1er cas, pas de soucis, vous trouverez généralement quelqu'un pour vous aider à décrypter la carte... ou un serveur patient. Pour ce qui est des calories, il faut reconnaître que dégoter quelque chose d'un peu diététique dans un resto de campagne peut être une mission plus délicate ! En revanche, la cuisine s'allège dans les grandes villes, notamment à Vienne, où les produits locaux et de saison, bio de préférence, sont de plus en plus souvent mis à l'honneur. Dernière tendance, on trouve de plus en plus de propositions végétariennes sur les menus, y compris dans les *Wirtshaus* les plus traditionnelles.

– ***Knödel :*** sorte de petite quenelle de pommes de terre, de mie de pain ou de semoule pouvant accompagner tous les plats. Parfois farcie. Souvent servie en entrée dans les menus. In-con-tour-na-ble et capable du meilleur comme du pire.

– ***Grießnockerl, Frittaten ou Leberknödel Suppe :*** soupe aux boulettes de semoule, aux lamelles de crêpe salée ou aux *Knödel* de foie. La seule et vraie entrée autrichienne.

– ***Schweinebraten*** (ou *Schweinsbraten*) ***:*** rôti de porc à l'ail et au cumin, avec des *Knödel* et de la choucroute. Délicieux !

– ***Tafelspitz :*** filet de bœuf bouilli à l'eau, à la manière du pot-au-feu, servi avec une sauce au raifort ou à la ciboulette.

– ***Rindsroulade :*** escalope de bœuf roulée et farcie de lard et de cornichons.

– ***Wiener Schnitzel :*** le plat préféré des Viennois, paraît-il. La plus connue des escalopes panées (veau exclusivement pour bénéficier de l'appellation) se doit d'être servie avec pommes de terre persillées et sauce aux airelles. Aujourd'hui, nombre de restos mettent du porc à la place du veau, par mesure d'économie, et la salade de pommes de terre, avec une tranche de citron, est l'accompagnement le plus courant.

– ***Rindsgulasch :*** bœuf braisé aux oignons et au paprika. Excellent quand il est bien préparé. On le trouve partout, et c'est un nom facile à mémoriser quand on panique face à une carte proposée en v.o. uniquement.

– ***Backhendl :*** poulet pané, accompagné souvent de salade verte. Pour changer des escalopes panées : il n'est aucun poisson, aucune viande, aucun légume qui ici n'ait été recouvert un jour de cette enveloppe dorée, ondulée et croustillante, faite de farine, d'œuf et de chapelure.

– ***Stelze :*** jarret de porc grillé. Une des spécialités des fêtes et des brasseries, à arroser avec de la bonne bière locale.

– ***Geselchtes :*** porc fumé avec de la choucroute.

– ***Bauernschmaus :*** le « délice de l'agriculteur », composé d'une tranche de *Schweinebraten* et de *Geselchtes* avec des saucisses grillées sur un lit de choucroute. Copieux.
– ***Beuschel :*** ragoût d'abats dans une sauce aigre à la crème fraîche. Faut aimer...
– ***Krenfleisch :*** porcelet cuit avec sa couenne, assaisonné de raifort râpé. Attention, c'est fort.
– ***Wild :*** mot qui signifie « gibier » (chevreuil, cerf, lièvre, canard sauvage) et que vous retrouvez à la carte, pour des plats proposés souvent avec une compote d'airelles. Servi en automne.
– ***Eierschwammerln :*** il ne s'agit pas vraiment d'une spécialité autrichienne mais, en juin-juillet, vous les trouverez au menu de tous les restos (ou presque). Il s'agit de girolles servies sautées ou avec de la crème fraîche et accompagnées de *Knödel.* Succulent !

Cuisine ethnique, cuisine bio, brunch sur les marchés... la Vienne nouvelle est arrivée

On vous a fait peur avec tous ces plats ? Allez, respirez ! À Vienne comme ailleurs, les habitudes culinaires ont énormément évolué ces dernières années. La cuisine s'allège, la consommation de viande diminue, les restos bio fleurissent et les Viennois se rendent volontiers au marché pour faire leurs courses.
Aux emplettes s'associe souvent une petite pause pour prendre un petit déj ou un brunch. Le ***Naschmarkt,*** avec son mélange détonant de stands *Jugendstil* et de bistrots design, n'a plus rien de confidentiel. Quant au marché de l'*Yppenplatz,* dans le quartier d'*Ottakring,* ou au *Karmelitermarkt,* dans l'ancien quartier juif de la Leopoldstadt, les petits bars et restos sympas ne manquent pas non plus, attirant les amateurs de bio et les locavores. Plus question de manger autre chose que des légumes du potager viennois, des viandes ou des produits du Burgenland. Même le miel vient désormais des innombrables ruches implantées sur les toits les plus improbables...

Gâteaux et desserts traditionnels

Un repas viennois ne saurait être complet sans un dessert chaud. Celui-ci peut se prendre dans l'après-midi, après quelques heures de marche. Ils sont généralement préparés à la commande. Goûtez-y même s'ils vous paraissent inhabituels, nous nous en portons garants ! Et puis il y a toutes les tartes aux fruits et autres délices sucrés pour le goûter (mais ne regardez pas votre montre car ici, on peut en manger à toute heure !).
– ***Sachertorte :*** célébrissime gâteau viennois composé de chocolat moelleux avec une fine couche de confiture d'abricots au milieu.
– ***Apfelstrudel :*** est-ce bien utile de présenter ce feuilleté aux pommes, aux raisins secs et à la cannelle, dont la réputation a largement dépassé les frontières ? On le sert en général chaud et nappé d'une crème fouettée. Une variante très populaire : le *Topfenstrudel,* fourré avec du fromage blanc (un peu lourd, donc !).
– ***Salzburger Nockerln :*** une spécialité de Salzbourg, comme son nom l'indique, mais servie partout en Autriche. Soufflé très crémeux dont la forme rappelle les montagnes salzbourgeoises !

LA ROLLS DES PÂTISSERIES

La Sachertorte est à Stefan Zweig ce que la madeleine est à Marcel Proust : la jeunesse disparue. C'est à Franz Sacher, un marmiton de 16 ans au service de Metternich, qu'on la doit. En 1832, le chancelier voulait épater ses invités lors d'un dîner. Le chef pâtissier étant malade, le gamin saisit sa chance et inventa cette génoise parfumée d'un mélange d'épices, fourrée d'une couche de confiture d'abricots, couverte de chocolat, servie avec une légère crème fouettée. Une réussite jamais démentie !

– ***Kaiserschmarrn*** **:** une grosse crêpe aux œufs montés en neige, sucrée et découpée en lamelles, servie avec une compote ou des fruits au sirop. Le dessert préféré de François-Joseph, d'où son nom.
– ***Marillen/Zwetschgen Knödel*** **:** abricot (ou prune) enrobé d'une pâte et roulé dans de la chapelure. Servi avec du sucre et du beurre fondu.
– ***Germknödel*** **:** pâte à la levure avec de la confiture de prunes et saupoudrée de grains de pavot moulus. Le grand dessert bohémien.
– ***Palatschinken*** **:** la crêpe locale avec confiture, fromage blanc ou chocolat. Plus épaisse toutefois que sa cousine française.

Où se restaurer tout en buvant un verre (ou 2) ?

En dehors des établissements classiques, souvent chers et à l'atmosphère compassée, les lieux de restauration typiquement autrichiens ne manquent pas.
– ***Heuriger*** *(au pluriel, Heurigen)* **:** désigne à la fois le vin nouveau et l'endroit où l'on peut le déguster, à la belle saison. Cette guinguette familiale, garnie de tables et de bancs, vient de l'époque où les petits viticulteurs des alentours de Vienne avaient obtenu l'autorisation d'aménager leur habitation en local de vente. Les Autrichiens adorent y venir, seuls ou en famille, siroter le vin apporté par une serveuse en *Dirndl,* le costume traditionnel. On y mange aussi de la charcuterie ou des fromages. Il faut aller se servir soi-même au buffet (une règle établie pour éviter de concurrencer les restaurants traditionnels !). Goûtez aux *Aufstriche,* ces pâtes à tartiner variées (aux œufs, au fromage, au thon, à l'avocat, etc.) qu'on étale en couche épaisse sur du pain noir. Nous vous recommandons particulièrement le *Liptauer,* à base de fromage blanc et de paprika. D'aucuns apporteront leur propre pique-nique, c'est permis ! Le *Heuriger* est alors une formidable étape si vous entreprenez une randonnée. Évitez enfin les établissements trop grands, toujours très touristiques, ou allez-y de préférence au printemps, on y lézarde volontiers au soleil dans la cour ou dans le jardin. Un dernier conseil : ne commandez jamais de bière, ce n'est pas vraiment l'endroit !
– ***Gasthaus et Gasthof*** **:** la taverne autrichienne telle qu'on l'imagine, chaleureuse, conviviale. Pour en trouver, si vous êtes parti jouer les trekkeurs urbains autour du Ring, pas de problème : demandez autour de vous, chaque Viennois a « sa » *Gasthaus* (ne dites pas « restaurant », on pensera que vous cherchez une table gastronomique !). Toujours très fréquentée, en général pas trop chère, la *Gasthaus* exhale ses bonnes odeurs de soupes ou de *Schweinebraten* dès le seuil. On y sert de la *Hausmannskost,* autrement dit de la bonne cuisine maison. Les cartes sont aussi fournies que les portions sont copieuses. Alors, faites comme les Viennois : commandez une soupe pour patienter, et un plat du jour avec une salade. Et gardez le sucré pour l'après-midi ! Le soir, seuls les anciens continuent de manger comme 4 (soupe, salade ou accompagnement, plat, dessert) : n'ayez aucune honte à commander un plat unique, et consistant. La *Gasthof* fait davantage auberge campagnarde et peut mettre à votre disposition quelques chambres à coucher.

RIVALITÉS FROMAGÈRES AU CONGRÈS DE VIENNE

Durant l'interminable congrès de Vienne (1815), on ne se contenta pas de redécouper l'Europe postnapoléonienne. Lors du banquet de clôture, une dégustation de 52 fromages régionaux représentant les différents pays en présence opposa en finale le bleu de Bavière, défendu par Metternich, au brie de Meaux, vanté par Talleyrand. C'est le brie qui en sortit vainqueur et fut proclamé « Prince des fromages et 1er des desserts ».

– ***Beisl*** **:** le bistrot universel, avec une petite carte et un plat du jour. Souvent, le midi, vous allez pouvoir déjeuner léger. Simple et bon marché. Les jeunes Viennois

se sont mis à substituer le terme de *Beisl* à ceux de « bar » et de « pub », jugés trop anglo-saxons. C'est un lieu de sortie et de rencontre. Casse-croûte plus ou moins élaboré et ambiance musicale au menu.
– ***Würstelstand :*** la plus simple des solutions, évidemment, mais pratique lorsqu'on visite. Et bon. Ces stands de saucisses grillées ou chauffées à l'eau se trouvent à peu près partout avec, en général, un bon choix. Une attention spéciale pour le *Leberkäse,* qui n'a rien d'un pâté de foie ni d'un fromage, malgré son nom. En fait, c'est un pain de viande découpé en tranches que l'on mange en sandwich ou coupé en petits dés (ne faites pas la moue, c'est succulent). Pour les saucisses, vous avez le choix, montrez du doigt celle qui vous plaît le plus, précisez juste l'accompagnement. En règle générale, dans ces stands, les saucisses sont servies avec du pain et de la moutarde, ou du ketchup. Même en hiver, enlevez vos moufles fourrées et pincez délicatement la saucisse avec vos doigts, c'est d'usage ! Sinon, il vous reste la possibilité d'aller dans certaines charcuteries où sont aménagés des petits coins dégustation.

CURIEUX, NON ?

– Toute personne ayant décroché un titre universitaire a droit à être saluée d'un « ***Herr Doktor*** », qu'on ait rédigé une thèse en mathématique, en sociologie ou en histoire de la musique chez les Bantous... Les femmes ont droit à « ***Frau Doktorin*** » et les titres avec toutes leurs abréviations remplissent aisément une carte de visite. L'Autriche n'est plus qu'un petit pays au milieu de l'Europe, mais ses habitants peuvent encore porter des titres aussi longs que les anciennes moustaches impériales.
– Le Viennois est un « pessimiste souriant ». Orphelins d'un empire, mélancoliques à l'excès, les Viennois souffrent de toute évidence d'une pathologie singulière : la « dépression joyeuse ». Principal symptôme : l'autodénigrement, mêlé d'euphorie. Lorsqu'un malheur survient dans le monde, leur 1er réflexe est d'envisager que les choses vont s'aggraver et de toujours prévoir le pire...
– Le gardien des traditions viennoises est l'***Ober*** (le garçon de café). Il y a des choses « qui se font » et d'autres « qui ne se font pas ». Ne jamais l'appeler par un *s'il vous plaît !* ou un *bitte* intempestifs. C'est déplacé et contraire à l'esprit des lieux. Il vaut mieux faire un petit signe discret. Selon le rituel immuable, le café servi sur un plateau argenté, afin de ne pas abîmer le marbre des tables, est toujours accompagné d'un verre d'eau (souvenir turc). L'*Ober* expérimenté n'est pas aimable, ne sourit presque jamais et ne respecte que les habitués. Une attitude déconcertante pour les visiteurs. Au café, les clients ne sont pas rois, ils sont simplement tolérés.
– On a coutume de dire que Vienne ne se trouve pas au sud-est de l'Allemagne, mais bien au nord-ouest des Balkans... Le *goulasch* l'emporte sur la saucisse, et le vin sur la bière. La plupart de ses habitants possèdent des ascendants venant de Hongrie, de Serbie, de Croatie. Quant à l'annuaire téléphonique, il pullule de noms tchèques.
– Dans la bonne société viennoise, le baisemain, cet héritage de la cour impériale, est encore largement pratiqué. Mais attention à ne pas commettre d'impair : on ne baise la main d'une dame que lorsqu'elle est mariée (*Frau* et non *Fraulein*) et non gantée ; on ne baise pas une main qu'on ne vous tend pas et on ne fait qu'effleurer cette main en s'inclinant légèrement et en évitant d'y poser les lèvres.

GÉOGRAPHIE ET ORIENTATION

Située à l'extrême est de l'Autriche, voilà une capitale très ***excentrée*** par rapport au reste du pays, plus proche de la Hongrie, de la République tchèque ou de la Slovaquie que de la Suisse ou de l'Italie. D'ailleurs, Bratislava, capitale slovaque, n'est qu'à

65 km ! En ville, de grands panneaux bleus indiquent la direction de Prague, à 311 km. Il est presque aussi aisé d'aller de Vienne à Budapest que de Vienne à Salzbourg. Bref, on est bel et bien au cœur de cette zone que l'on nomma la *Mitteleuropa.*

Couvertes de prés et de bois, blanches en hiver, vertes et éclatantes en été, les collines de la ***Wienerwald*** (« forêt viennoise » en v.f.) marquent en fait la fin des Alpes. De ce balcon en forêt, unique accident du relief autour de cette ville plate, on embrasse Vienne d'un seul coup d'œil. L'agglomération viennoise, qui compte 23 arrondissements, s'étend sur une surface 4 fois plus grande que Paris intra-muros, mais elle est moins peuplée.

Vienne semble être traversée par un fleuve. Mais non, il s'agit d'un canal, le ***Donaukanal,*** qui décrit une grande courbe de plusieurs kilomètres, quittant le cours principal du fleuve à l'entrée de l'agglomération, le rejoignant dès sa sortie. C'est un ancien bras du fleuve actuellement canalisé. En réalité, le fameux Danube (plus jaune-gris que bleu) passe tranquillement au nord d'une ville qui l'a longtemps dédaigné, le remarquant à peine. Fleuve romantique et wagnérien par excellence en amont, dans la Wachau notamment, le voilà à Vienne plus austro-hongrois que nature, et il devient magyar à mesure qu'il se dirige vers la plaine hongroise toute proche.

– La ville s'organise autour du *Bezirk 1,* le 1er arrondissement, le ***centre historique*** *(Innere Stadt).* Beaucoup des monuments à visiter (musées, églises, palais...) y sont rassemblés, ça tombe bien. Il s'agit de l'endroit le plus fréquenté par les touristes. La découverte de ce secteur, presque exclusivement piéton, peut se faire entièrement à pied.

– Le ***Ring*** est une succession de grands boulevards qui ceinturent la vieille ville depuis plus de 150 ans, tel un anneau bourdonnant de vie et de circulation. Plantés d'arbres, ombragés, ouverts aux tramways et aux voitures, ces boulevards portent des noms qui se terminent tous par « ring » : Schottenring, Burgring, Opernring, Schubertring, etc. C'est un point de repère important dans la topographie de la ville : en empruntant les lignes nos 1 et 2 du tram, on peut en voir l'essentiel, par étapes ou non.

– La 2e ceinture de boulevards, plus connue sous le nom de ***Gürtel*** (qui se traduit par « ceinture »), se trouve 2 km plus loin, au-delà du Ring. Il s'agit là encore de boulevards qui se suivent sur des kilomètres et dont le nom se termine toujours par « Gürtel » : Lerchenfelder Gürtel, Mariahilfer Gürtel, Margaretengürtel, etc. Ils encerclent réellement la ville une 2e fois. Le métro aérien y passe. 2 importantes gares ferroviaires les balisent : la Westbahnhof (gare de l'Ouest) et la Hauptbahnhof (la nouvelle gare principale).

– ***Entre les Ring et les Gürtel,*** plusieurs arrondissements se suivent, du 3e jusqu'au 9e. C'est là que se concentre aujourd'hui l'essentiel de la vie viennoise avec ses grandes artères commerciales (Mariahilfer Straße), ses quartiers branchés (autour de la Wienzeile) et sa faune underground (dont le *Wuk* sur la Währinger Straße constitue le lieu de rassemblement favori). La meilleure façon d'y circuler : à pied, en tram, en bus ou à bicyclette.

– ***Au-delà des Gürtel*** s'étend une Vienne plus provinciale, plus aérée, avec d'immenses cimetières, des parcs fleuris au printemps, des espaces verts, des quartiers résidentiels. Les quartiers industriels s'étendent au sud et au sud-est de Vienne, entre la ville et l'aéroport notamment.

– Le ***château de Schönbrunn*** est situé à seulement 4 km à l'ouest du centre de Vienne, c'est souvent le 2d monument (après la Hofburg) que visitent ceux qui « font la ville » en quelques jours. On peut s'y rendre très rapidement (10 mn) en U-Bahn.

Comment lire une adresse ?

On peut déceler le numéro de l'arrondissement *(Bezirk)* d'une adresse rien qu'à la lecture de son code postal. Exemple : Pension Sissi, Postgasse 7, A-1010 Wien. Le numéro de l'arrondissement est formé par les 2e et 3e chiffres, soit 01, c'est donc dans le 1er arrondissement qu'est située cette célèbre pension. Si c'est 02, c'est donc le 2e arrondissement (bien, vous suivez...) et ainsi de suite.

Sur certaines brochures, des adresses sont parfois libellées de la façon suivante : Pension Leopold, 6 Brauergasse 21, etc. Le chiffre 6 brut de brut, sans être précédé du zéro et placé devant le nom de la rue, indique le numéro de l'arrondissement, et le 21 indique le numéro dans la rue (idem sur les plaques indiquant le nom des rues : le chiffre de l'arrondissement précède le nom)...
Autre piège : vous devez vous rendre chez un mystérieux correspondant qui détiendrait les mémoires secrets de Sissi (si !). Sur sa carte de visite, on trouve : A-1070 Wien, Nouvorichgasse 45/3/6. Il habite donc l'Autriche (le A), dans le 7e arrondissement de Vienne, au numéro 45. Le 3 après 45 indique l'entrée dans un bâtiment « à entrées multiples », et le 6 après le 3, le numéro de la porte de l'appartement. Encore un détail, mais qui a son importance : si vous découvrez que l'adresse qu'on vous indique est située Schubertstr., pas de panique, il s'agit bien de la rue Schubert – en abrégé, « Str. » remplaçant le mot *Straße.*

HISTOIRE

Des Romains aux Habsbourg

Sous le nom de *Vindobona,* les Romains font de cet ancien campement celte au bord du Danube un poste avancé de leur empire face aux Germains. Son site privilégié, dans une vallée fertile, allait amener l'installation d'un nœud de communications assurant – déjà – une liaison facile entre l'Orient et l'Occident, le Sud et le Nord. ***Marc Aurèle*** y meurt probablement en l'an 180, après avoir vaincu les Marcomans, descendus des monts de Bohême. Chemin de passage obligé de tous les Barbares durant 4 longs siècles, la région de Vienne se constitue pendant la période carolingienne en *Marche de l'Est (Ostmark).* Après la mort de Charlemagne, discordes et rivalités opposent ses petits-fils, et la « Marche » passe aux mains des Magyars en 880.

DU SANG SUR LE DRAPEAU

D'où viennent les couleurs du drapeau autrichien qui a remplacé celui de l'empire après 1918 ? Au XIIe s, lors d'une bataille contre les Maures, le duc de Babenberg arborait une tunique blanche tachée de sang. Lorsqu'il retira sa ceinture, une bande blanche apparut. Rouge, blanc, rouge !

Du Xe au XIIe s, Vienne est la petite capitale d'un duché de la famille franco-bavaroise des ***Babenberg*** (cadeau de l'empereur allemand Otton Ier, arrivé au pouvoir en 955), qui assure à la ville une longue période de paix et de prospérité. Apparaît alors officiellement le nom d'*Ostarrichi* (« pays de l'Est », qui deviendra ***Österreich,*** « Autriche » en v.f.). En 1156, les Babenberg reçoivent le titre de ducs et font de Vienne le centre du duché autrichien. Au début du XIIIe s, construction de la 1re enceinte de la ville.
Difficile de ne pas évoquer ici le « spectre » d'Ottokar (petit clin d'œil aux lecteurs de *Tintin* !). À la mort du dernier des Babenberg, Frédéric II, en 1246, le roi de Bohême, ***Przemysl Ottokar II,*** tente de s'emparer du duché, mais il se heurte à l'opposition d'une nouvelle dynastie appelée à mettre son empreinte sur tout le pays.

LA MALÉDICTION DES HABSBOURG

Les multiples mariages consanguins de la famille impériale qui régna longtemps sur l'Autriche et l'Espagne provoquèrent une dégénérescence et des malformations qui empoisonnèrent le sang d'une partie des familles régnantes européennes. Le menton en galoche et la mâchoire avancée (prognathisme) de Charles Quint se retrouva jusque dans les traits de l'empereur Pierre II du Brésil, 300 ans plus tard.

Débute alors (on est en 1278) le long règne des ***Habsbourg,*** famille noble originaire de Suisse. L'université de Vienne est fondée en 1365 par Rodolphe IV, qui fait aussi construire la version gothique de Saint-Étienne. En 1421, la communauté juive est chassée de la ville. Vienne devient en quelques années la capitale d'un territoire très convoité. Le roi de Hongrie ***Matthias Corvin Ier*** s'en empare en 1485. Après sa mort, en 1490, Maximilien Ier reprend le contrôle de la ville. En 1521, Charles Quint, son petit-fils qui règne sur l'empire depuis 1519, confie, par précaution, l'Autriche à son frère ***Ferdinand.*** La branche autrichienne des Habsbourg régnera sur l'Autriche et l'Europe centrale durant plus de 6 siècles, jusqu'en 1918.

Vienne, capitale du Saint Empire

Le XVIe s est décisif pour Vienne : elle connaît son lot d'épreuves. Exécution du maire opposé à l'autoritarisme des Habsbourg, nouveau statut de la ville, incendies, construction de nouveaux remparts... L'attaque turque en 1529 qui provoque de nombreuses destructions, mais troupes de ***Soliman*** minées par les pluies et les maladies doivent lever le siège après 19 jours. Vienne, à qui nul ne conteste plus le rang de capitale du Saint Empire, grandit spontanément. Les styles, comme les populations, se mêlent, le centre se couvre de beaux hôtels particuliers et, bien sûr, d'églises. C'est une ville alors très peuplée, qui offre aux yeux des visiteurs un dédale de rues tournantes, où les maisons collées les unes aux autres se protègent du froid comme des hommes.

En 1679, la ville est frappée à nouveau par la ***peste,*** puis doit subir, 4 ans plus tard, le dernier ***assaut turc.*** Le plus rude aussi : 200 000 Ottomans campent près des remparts sous le commandement du Grand Vizir ***Kara Mustafa.*** Après 2 mois de siège et sur le point de tomber, Vienne reçoit l'aide décisive des troupes polonaises de *Jean III Sobieski,* ralliées par le prince *Eugène de Savoie.* Cette défaite des Ottomans est le point de départ d'une campagne militaire de 16 ans permettant aux Habsbourg de reprendre les territoires de Hongrie et de Croatie. Cette victoire mettra définitivement fin à la menace ottomane en Europe centrale.

Le départ des Turcs en 1683 est aussi l'occasion d'un renouvellement et d'un embellissement de la capitale impériale. Tous les nobles veulent avoir à Vienne un palais témoignant de leur puissance et de leur goût, à l'image du château du Belvédère du ***prince Eugène de Savoie,*** commencé en 1713, modèle de grâce et d'élégance, monument de l'art baroque. Léopold rêve de faire de Schönbrunn un autre Versailles. Les Viennois aiment le baroque-rococo autant que le spectacle, l'un n'allant pas sans l'autre.

Le long règne (de 1740 à 1780) de ***Marie-Thérèse d'Autriche,*** fille de Charles VI, va combler leurs vœux. Elle est sans conteste la 1re grande figure féminine de l'histoire autrichienne et lance des réformes utiles et durables : l'instruction publique devient obligatoire, les universités sont soustraites à l'autorité ecclésiastique pour être des institutions nationales, la torture est abolie, etc. C'est aussi une époque de grand rayonnement musical, avec ***Gluck, Haydn*** et ***Mozart.***

A.E.I.O.U.

La devise des Habsbourg, à peine prétentieuse ! Soit, en latin, Austria est imperare orbi universo *(« Il appartient à l'Autriche de régner sur l'Univers »), et, en allemand,* Alles Erdreich ist Österreich untertan *(« Toute la terre est soumise à l'Autriche »). Rien que ça !*

À sa mort, en 1780, son fils ***Joseph II*** poursuit son œuvre tout en mettant en route des réformes qui feront d'une ville de 200 000 habitants ou presque la capitale de ce « Siècle des lumières », où la musique est reine.

Si, à la Cour du XVIIIe s autrichien, les préséances sont strictement respectées, en revanche il semble que la vie à Vienne, côté jardin ou dans la rue, bénéficie d'un climat particulier. On nous décrit un empereur circulant sans façons au milieu de ses sujets, la familiarité ne risquant jamais ici de dégénérer en irrespect. Heureux temps !

Napoléon, François-Joseph et les autres...

À partir de 1804 et du sacre de Napoléon, prospérité et sérénité sont menacées par les visées napoléoniennes : Vienne est occupée en 1805 et en 1809 par la Grande Armée. Entre ses 2 passages, François Ier préfère renoncer carrément à la couronne du Saint Empire romain germanique. Et même si une partie de la population a fini par s'habituer à la présence des Français, le mariage de la fille de l'empereur, ***Marie-Louise,*** avec « cet aventurier couronné », est considéré comme signe avant-coureur de « nouveaux malheurs », de futures campagnes. Une alliance voulue par le nouvel homme fort du régime, le chancelier ***Metternich,*** va entraîner le pays dans une ronde qui finira, en 1848, sur une note douce-amère.

De septembre 1814 à juin 1815, une fois l'empereur des Français exilé sur l'île d'Elbe, se déroule l'incroyable ***congrès de Vienne,*** chargé de restructurer l'Europe et de préparer une ère nouvelle après la tornade napoléonienne. Une subtile partie d'échecs sous couvert de mondanités, de parties fines, de fêtes en tout genre, va alimenter les chroniques européennes pour un bon bout de temps... De 1815 à 1848, Vienne connaît une nouvelle période prospère et paisible appelée communément « ***Biedermeier*** », nom inventé pour qualifier l'archétype du bon bourgeois moyen, amoureux de son confort, qui se retrouvait aussi bien dans la décoration cosy que dans les *schubertiades,* les bals, les cafés, les parties de campagne de l'époque. Il témoigne en général d'un repli vers un conservatisme rassurant.

POUVOIR DES CASSEROLES OU CASSEROLES DU POUVOIR !

En 1814, au congrès de Vienne, la France était affaiblie par la déroute de Napoléon. Grâce au célèbre cuisinier Carême et à sa splendide nièce Dorothée, Talleyrand organisa des dîners magnifiques et fort convoités. Très vite, la France retrouva son rang dans les négociations.

La ville s'industrialise aussi. Spéculation immobilière, circulation et prix en hausse mais denrées alimentaires en baisse créent un climat peu propice à la réconciliation des classes.

Certains s'enrichissent énormément, mais le climat social commence à se détériorer, jusqu'à la crise de 1848. Vienne n'échappe pas au mouvement des révolutions qui frappent cette année-là nombre de pays européens.

De 1848 à 1916, c'est le long règne de ***François-Joseph,*** qui en fait une véritable métropole avec 2 mouvements contradictoires : Vienne, ville de 500 000 habitants, gagne une stature internationale (grands travaux du Ring, construit sur le démantèlement des remparts, très riche vie intellectuelle et culturelle), tandis que l'empire (devenu « austro-hongrois » en 1867) s'effrite, puis se désagrège. Forte de son essor industriel, Vienne s'enorgueillit pourtant en 1873 d'une Exposition universelle retentissante. Un règne de 68 ans donc, qui verra la naissance d'un mythe (qui continue aujourd'hui de faire les belles heures de Vienne) : l'impératrice Sissi.

IL S'EN LAVA LES MAINS

En 1847, le Dr Semmelweis, un Hongrois exerçant à Vienne, comprit que la mortalité des femmes diminuait lors des accouchements si les médecins se lavaient les mains après une autopsie. Malheureusement, il ne put expliquer cette constatation (les microbes ne furent découverts par Pasteur qu'en 1878). Le bon docteur fut donc viré de l'hôpital... après avoir sauvé des centaines de vies.

Sissi, la véritable histoire (1837-1898)

Oublions vite ce que nous avons vu dans les films. Il est vrai toutefois qu'à 15 ans elle fait la rencontre de l'homme que l'on disait destiné à sa sœur aînée (en fait, on lui laissait le choix, à l'héritier) : son cousin et empereur ***François-Joseph.*** Mariée 1 an plus tard en 1854, Sissi la frondeuse apporte une bouffée d'air frais à cette cour de Vienne guindée et passéiste. Mais aussitôt, elle déroge à son rang contraignant d'impératrice pour laisser libre cours à sa vraie personnalité : soif de liberté (elle voyagera beaucoup à la fin de sa vie), culte narcissique de la beauté (qui n'était pas seulement un don naturel mais le résultat d'une discipline sévère !). Aimant chevaucher à bride abattue pour entretenir sa forme physique, l'impératrice amazone ambitionne aussi d'être une grande poétesse et laissera dans ses archives pas moins de 500 pages de poèmes manuscrits. Elle n'est pas seulement – comme ses détracteurs à la Cour le prétendent – une femme qu'un déracinement précoce aurait perturbée : l'aristocratie tchèque n'a jamais compris cette « fille » originaire des montagnes bavaroises. Républicaine de cœur, elle a aussi ce sentiment prémonitoire que la monarchie autrichienne, où elle tient pourtant une place éminente, est caduque et vouée à disparaître.

François-Joseph a rencontré en elle son antithèse absolue. Lui : militaire et fonctionnaire terre-à-terre, pisse-froid et scrupuleux. Elle : libérale et fantasque.

Sissi meurt à Genève à 61 ans, le 10 septembre 1898, assassinée par un anarchiste italien. Cette impératrice, peu populaire de son vivant, entre alors dans la légende. Son fils Rodolphe, qui a hérité d'elle un déséquilibre certain, se suicide à Mayerling en compagnie de sa maîtresse après avoir été soupçonné de conspirer contre son père. Avec lui, la légende a continué, sur grand écran, loin d'une réalité certainement assez pathétique...

Vienne 1900 : le creuset de la modernité

À son apogée, au tournant du XXe s, l'Empire austro-hongrois compte 50 millions d'habitants et couvre une grande partie de l'Europe centrale. François-Joseph règne sur ***12 nations*** et ***19 nationalités*** : de la Bohême à la Bosnie, de la Dalmatie à la Galicie, de Venise à la Silésie. Dans ce vaste conglomérat de peuples et d'ethnies, on trouve des Tchèques, des Moraves, des Polonais, des Galiciens, des Juifs, des Magyars, des Roumains, des Croates, des Ruthéniens, des Serbes, des Bosniaques, des Slovènes, et même des Italiens et des Ukrainiens. Aucune unité, pas de langue commune.

Mais à Vienne, le brassage s'effectue. On y parle l'allemand. La capitale se nourrit de ces nombreux apports culturels et devient une métropole cosmopolite et bouillonnante d'idées. L'Empire a atteint son apogée, mais déjà il sombre. L'intelligence, elle, s'emballe. Tandis que l'on valse sous les stucs rococo des palais, une bande de trouble-fête jette un pavé dans la mare des conventions. En fait, c'est une vraie bombe : elle s'appelle la modernité.

Ils revendiquent la liberté du créateur et du chercheur, conspuent la tradition, rejettent les pesanteurs, s'insurgent contre la frivolité, brisent les tabous. ***Freud*** explore les bas-fonds de l'âme humaine. Ses compatriotes angoissés lui racontent leurs rêves et névroses sur son divan. Il invente la psychanalyse. L'architecte ***Adolf Loos,*** influencé par l'architecture de Chicago, dépouille les façades. ***Klimt*** met à nu le corps des femmes ou les pare d'or et, comme Freud, fait la part belle à la libido. ***Schönberg*** invente la musique dodécaphonique. Vienne se bouche les oreilles. ***Mahler*** rajeunit la symphonie classique. En littérature, ***Schnitzler,*** lui aussi médecin devenu écrivain, ausculte la société viennoise comme une grande malade, ***Karl Kraus*** vilipende ses contemporains et critique sa ville dans des écrits incendiaires, ***Wittgenstein*** explore les limites du langage. Bientôt, ***Stefan Zweig*** sera l'écrivain de langue germanique le plus lu dans le monde.

Vienne fourmille de têtes pensantes et d'artistes, une profusion présente dans peu de capitales européennes à l'époque. Est-ce un hasard si l'on rencontre alors beaucoup d'intellectuels juifs parmi les initiateurs de ce formidable maelström d'idées ?

Dans ce creuset bouillonnant, les inventeurs du XXe s restent de grands sceptiques, des pessimistes actifs en somme. Le doute fait bon ménage avec le génie. Freud a beau ironiser : « Voilà 50 ans que je vis ici, mais quant aux idées nouvelles, je n'en ai jamais rencontré une seule ! » L'écrivain ***Robert Musil*** l'avait prédit : la ***Kakanie,*** nom donné d'après les initiales « K und K » (*kaiserlich und königlich,* soit « impérial et royal »), « était peut-être après tout un pays pour génies ; et peut-être est-ce aussi de cela qu'il a péri ».

Beaucoup de ces précurseurs du XXe s s'exilent ou se suicident. Certains assistent impuissants à l'extinction des Lumières par les nazis en 1938. « Ils étaient sans doute trop jeunes dans un monde trop vieux. »

La Sécession à Vienne

Dans cette Vienne fin de siècle qui découvre les travaux de Sigmund Freud, l'art aussi se met en quête d'explorer de nouvelles voies. En 1897, ***Joseph Maria Olbrich*** construit le palais de la Sécession et fonde le *Secessionstil* avec ***Gustav Klimt, Koloman Moser*** et ***Josef Hoffmann.*** Ce regroupement d'architectes et de plasticiens aspire à régénérer l'art en profondeur, en opposition au conformisme de la peinture académique du XIXe s. L'Art nouveau viennois – influencé par le symbolisme, le mouvement *Arts & Crafts* anglais et les motifs décoratifs gothiques – s'exprime aussi dans l'illustration en développant une typographie très caractéristique de cette époque. Des artistes comme ***Oskar Kokoschka, Egon Schiele*** et ***Otto Wagner*** rejoignent le mouvement. Klimt provoque le scandale avec ses peintures réalisées pour l'université de Vienne, mais obtient néanmoins une médaille d'or pour son *Allégorie de la Philosophie* lors de l'Exposition universelle de Paris, en 1900. Quant à Schiele, ses œuvres tourmentées et érotiques lui vaudront un petit séjour en prison...

En 1918, 4 grands noms de l'Art nouveau viennois disparaissent. Klimt meurt en janvier, Otto Wagner décède en avril, Koloman Moser en octobre, suivi de près par Egon Schiele qui est emporté par la grippe espagnole, à l'âge de 28 ans. La même année voit également la chute de la monarchie austro-hongroise. C'est la fin d'un monde.

LES ORS DE KLIMT

Ce fut à la suite d'un voyage à Ravenne, où il découvrit, ébloui, les mosaïques de Saint-Apollinaire, que Klimt introduisit la dorure dans sa peinture. Mais, si chez les Byzantins cette splendeur illustrait l'ascèse mystique, elle devint chez lui une invitation à de voluptueuses extases, bien moins religieuses.

Vienne la rouge

Les sociaux-démocrates arrivent au pouvoir : ils résolvent en grande partie la crise du logement endémique de la ville, mais ils ne peuvent trouver de réponse à la crise économique qui frappe l'Autriche (comme l'Allemagne). Émeutes populaires en 1927 (incendie du palais de justice), puis véritable ***guerre civile*** en février 1934 entre ouvriers viennois et milices fascistes du chancelier fédéral *Dollfuß.* Le drapeau noir flotte sur Vienne, la rouge.

Mort et renaissance d'une ville

En mars 1938, c'est l'***Anschluss,*** et Hitler proclame du balcon de la Hofburg l'annexion de l'Autriche à l'Allemagne. La *Heldenplatz* (place des Héros) est noire de monde. La communauté juive, forte de plus de 180 000 personnes, endure d'abominables persécutions. Un tiers de cette population sera exterminé dans les camps.

Fin 1944, Vienne est soumise à de terribles bombardements : 25 % des habitations sont entièrement détruites. La ***libération*** de Vienne par les Russes a lieu le 12 avril 1945. Puis, comme à Berlin, la ville est partagée en 4 secteurs d'occupation (russe, américain, anglais et français) avec, en son centre, un secteur international.

De 1945 à 1955, les Viennois connaissent une période difficile où ils doivent recourir à tous les expédients (trafics divers, marché noir) pour ne pas mourir de faim, tout en relevant lentement les ruines. C'est l'extraordinaire atmosphère recréée dans le film *Le Troisième Homme* de Carol Reed (se reporter plus haut à la rubrique « Cinéma. Sur les traces du *Troisième Homme* »).

Le 15 mai 1955, le traité d'État, signé au château du ***Belvédère,*** rétablit l'indépendance du pays, sans que des réparations soient exigées, puisque l'Autriche est reconnue victime de l'Anschluss et ne connaît pas de dénazification comme en Allemagne. La même année, la réouverture de l'Opéra marque le renouveau de la ville, mais il faudra attendre un peu pour passer aux choses sérieuses. Le 26 octobre, le Parlement vote une loi constitutionnelle conférant à l'Autriche le statut permanent de pays neutre. Toute alliance militaire lui est désormais interdite. Le 14 décembre, c'est l'adhésion à l'ONU. Soucieuse de retrouver son rang dans le concert des nations, Vienne s'emploie à devenir le ***siège des principales négociations internationales.***

Un quart de siècle plus tard, c'est chose faite : en 1979, Vienne est l'une des 4 villes-sièges de l'ONU, elle va pouvoir accueillir de grandes conférences mondiales, comme les réunions de l'OPEP et celles de désarmement (CSCE). Aujourd'hui, 16 000 diplomates travaillent dans les ambassades ou auprès des organisations internationales installées à Vienne. Parmi eux, on compterait de nombreux ***espions,*** officiellement 3es secrétaires ou autres conseillers. De son côté, l'ONU emploie à Vienne 5 000 personnes originaires de plus d'une centaine de pays. Depuis la chute du mur de Berlin, Vienne est devenue la capitale des agents spéciaux et du business mafieux. En témoignent les mystérieuses morts récurrentes d'étrangers proches du pouvoir dans leur pays d'origine. L'Autriche offre en effet des avantages incontestables à ses espions : secret bancaire, vente légale de passeport à toute personne investissant quelques centaines de milliers d'euros dans l'économie nationale (!), anonymat complet dans le système de communications (pas besoin de présenter de pièce d'identité pour souscrire un abonnement téléphonique ou Internet), etc. En 2010, le Mossad utilisa des portables autrichiens pour organiser l'assassinat d'un des fondateurs du Hamas...

VIENNE, NID D'ESPIONS

Immortalisée par Orson Welles fuyant par les égouts dans Le Troisième Homme, *Vienne, coincée entre l'Est et l'Ouest, est depuis 1945 le lieu où grenouillent les services secrets de tous bords. On y aurait dénombré quelque 2 500 espions travaillant pour 75 pays différents. D'où une longue liste de morts suspectes et d'échanges de prisonniers plus ou moins discrets...*

Vienne, les Viennois et les Autrichiens

C'est toute cette histoire complexe qu'il faut appréhender pour avoir une chance de comprendre Vienne aujourd'hui, sa place au cœur de l'Europe nouvelle, et même celle qu'elle occupe dans l'Autriche actuelle.

Nombre de Viennois entretiennent une curieuse relation avec leur ville. L'histoire viennoise est jalonnée d'exemples de personnages qui n'ont de cesse de la dénigrer ou de la railler, tels ***Thomas Bernhardt, Karl Kraus...*** Sigmund Freud ne confiait-il pas à son ami *Wilhelm Fließ* dans une lettre, en 1900, sa haine personnelle pour Vienne, ajoutant qu'il prenait des forces nouvelles dès qu'il posait le pied hors du sol de la ville ? Pourtant, il y est resté la plus grande partie de sa vie. Certes, le climat de l'époque n'était pas à l'euphorie, ainsi que le décrit remarquablement la série policière *Les Carnets de Max Liebermann* (voir la rubrique « Livres de route » dans le chapitre « Vienne utile »).

Quant aux autres Autrichiens, ceux du pays profond, ils ont toujours éprouvé une méfiance à l'égard de Vienne, îlot progressiste dans un océan conservateur. D'ailleurs, en 2000, les jeunes Viennois ont montré leur désapprobation face à une Autriche devenue « *haiderienne* » (et donc d'extrême-droite), en manifestant massivement dans les rues de la capitale. Et la pluie n'est peut-être pas la seule raison de la faible affluence de Viennois lors de la visite du pape, en 2007. Ce jour-là, ils se sont plus passionnés pour la naissance à Schönbrunn d'un bébé panda !

ÉLECTEURS EN CULOTTES COURTES

Avec le canton de Glaris en Suisse, l'Autriche présente en Europe la particularité d'accorder le droit de vote aux jeunes citoyens dès 16 ans. En revanche, ils doivent attendre leurs 18 ans pour être éligibles.

En 2020, Vienne rendra hommage à 3 de ses enfants : les architectes Josef Hoffmann et Adolf Loos, pour le 150e anniversaire de leur naissance et, non le moindre en importance, Ludwig van Beethoven pour les 250 ans de la sienne.

MÉDIAS

Votre TV en français : TV5MONDE, la 1re chaîne culturelle francophone mondiale

Avec ses 11 chaînes et ses 14 langues de sous-titrage, TV5MONDE s'adresse à 370 millions de foyers dans 198 pays par câble, satellite et sur IPTV et est présent dans plus de 3 millions de chambres d'hôtel. Vous y retrouverez de l'information, du cinéma, du divertissement, du sport, des documentaires...

Préparez votre séjour grâce aux services pratiques de son site voyage • *voyage.tv5monde.com* • et sur place, restez connecté avec les applications et le site • *tv5monde.com* • Demandez à votre hôtel le canal de diffusion de TV5MONDE et contactez • *tv5monde.com/contact* • pour toutes remarques.

PATRIMOINE

Baroque autrichien

Si le style baroque, tant en peinture et sculpture qu'en architecture, est issu de l'Italie de la fin de la Renaissance, nulle part ailleurs qu'en Autriche – et à Vienne – il n'a trouvé un terreau aussi fertile pour faire éclore autant d'œuvres et de bâtiments remarquables. La conjonction de 2 événements historiques y a largement contribué : d'une part, la ***Contre-Réforme,*** dopée par la fin de la guerre de Trente ans (1618-1648), provoque un afflux d'artistes catholiques, qui vont s'atteler, sous la férule des ***jésuites,*** à rénover les bâtiments religieux ; d'autre part, la fin du péril turc (1683) va générer, dans l'euphorie, un boom de la construction encouragé par des Habsbourg désireux de se poser en Europe comme ardents défenseurs de la foi. Le goût inné des Viennois pour l'apparat, les couleurs et la fête, fera que leurs artistes égaliseront – dépasseront même parfois – leurs inspirateurs italiens.

Le baroque se rencontre partout à Vienne : intérieurs d'églises croulant sous la profusion des dorures, façades d'abbayes aux couleurs chatoyantes, colonnes de peste et fontaines monumentales, palais fastueux aux décors de théâtre, façades bourgeoises en stucs délicats, fresques à la symphonie de couleurs somptueuses sous les voûtes, buffets d'orgues, grands tableaux d'églises aux sujets bibliques et mythologiques emphatiques, et armées de saints et d'anges entonnant de concert les louanges divines... la litanie est infinie.

Prolongement pour les uns, perversion pour les autres, le style rococo apporte un raffinement presque maniéré aux réalisations du baroque. Préférant la subtilité à la monumentalité, il se répand en détails savoureux : peintures en trompe l'œil, stucs délicats utilisant à profusion les motifs végétaux, faux marbres et bois sculptés imitant le bronze. Art du faux-semblant, de la théâtralité et de l'illusion d'optique par excellence !

L'émergence du style baroque coïncide avec l'avènement d'une nouvelle musique instrumentale, liturgique ou festive. Le ***concile de Trente,*** véritable machine de guerre de la Contre-Réforme, avait fixé dès la fin du XVIe s de nouvelles règles liturgiques pour soutenir la pompe des messes chantées en latin.

Pour servir de décor à ce besoin d'emphase, les églises romanes et gothiques sont intégralement rhabillées de neuf : clochers à bulbe, silhouettes pleines d'élégance, où l'irrégularité des contours, la débauche d'ornements, les contrastes colorés, les perspectives déroutantes ne sont plus des fautes de goût. Tout pour le mouvement ! Voilà le credo des artistes du baroque. Là où le gothique se contentait d'un élan vertical propre au sentiment mystique, là où la Renaissance avait imposé le sens des justes proportions chères à l'Antiquité, le baroque fait appel aux 5 sens pour toucher les cœurs et entraîner les âmes vers les félicités célestes. Le fidèle est convié au spectacle des saints sacrements et on lui en met plein la vue : façades conçues comme des portes triomphales, nefs garnies de chapelles latérales, corniches, balustrades et tribunes disposées comme des éléments de décors de théâtre où la lumière, virevoltant sur les dorures, se concentre sur le point focal du maître-autel dont la dynamique verticale aspire le regard vers la voûte, siège de la représentation picturale du Très-Haut.

La haute noblesse n'est pas en reste : à l'instar du prince ***Schwarzenberg,*** elle rénove les vieilles demeures médiévales ou se fait bâtir, en périphérie des villes, des palais faits sur mesure par les architectes italiens ou leurs élèves autrichiens, à l'instar du Belvédère ou de Schönbrunn, intégrant harmonieusement la profusion d'éléments décoratifs à la nature environnante.

On ne peut passer sous silence les noms de ces innombrables artistes qui ont contribué à faire éclore ce style national, surpassant la formation reçue des maîtres italiens. Ils furent épaulés par une armée d'artisans géniaux, stucateurs, ébénistes, peintres, sculpteurs, marbriers, anonymes souvent recrutés sur place, mais non sans mérite car participant à l'élan général de tout un peuple dans l'expression de l'exubérance et de la joie de vivre.

– ***Johann Bernhard Fischer von Erlach*** *(1656-1723)* **:** né à Graz. Élève du Bernin à Rome, il est le maître d'œuvre du palais de Schönbrunn. Il conçut également la Karlskirche de Vienne, que son fils acheva après sa mort. À lui revient le mérite d'avoir entrepris de faire fusionner tous les arts (architecture, peinture et sculpture) en conjuguant la théâtralité du baroque italien avec la pompe du style français, façonnant un véritable style autrichien.

– ***Johann Lukas von Hildebrandt*** *(1668-1745)* **:** né à Gênes, il fut le rival du précédent et réalisa pour le prince Eugène de Savoie le palais du Belvédère, l'église Saint-Pierre, le palais Kinsky et l'abbaye de Göttweig. Spécialiste des demeures de chasse et des palais de plaisance de la haute aristocratie autrichienne, il séduisit celle-ci par des réalisations d'une rigueur exemplaire, non dénuée de cette légèreté élégante prisée au XVIIIe s.

– ***Georg Raphael Donner*** *(1693-1741)* **:** sculpteur qui s'est largement inspiré de Michel-Ange. Réalisateur de groupes de figures pour de nombreuses églises, châteaux et places. Son œuvre la plus connue : la fontaine du Neuer Markt à Vienne.

Hôtels littéraires

« La force littéraire d'un immeuble est comparable, dans bien des cas, à celle d'un homme », a écrit le poète ***Mac Orlan.*** À Vienne, les hôtels appartiennent bel et bien à la carte romanesque de la ville et à sa géographie imaginaire au même titre que les demeures de musiciens. Palaces flamboyants de la fin du XIXe s ou pensions familiales sans prétention, ce sont des lieux provisoires et détachés du monde, où des écrivains de passage ont posé les yeux sur Vienne, observé, imaginé des histoires, refait le monde. Certains n'y passèrent qu'une ou plusieurs nuits. D'autres, subjugués par les lieux, séjournèrent plus longtemps et s'en inspirèrent dans leurs livres. Nous avons retrouvé les traces d'une poignée d'écrivains, célèbres pour la plupart, et tous grands voyageurs, oiseaux migrateurs de la littérature à la recherche d'un nid provisoire. Tout au long du guide, nous indiquons ceux de ces établissements qui ont résisté au poids des années.

PERSONNAGES

Nous ne citons pas ici les cinéastes et acteurs, que vous trouverez plus haut, dans la rubrique « Cinéma ».

– ***Thomas Bernhard*** *(1931-1989)* **:** écrivain autrichien le plus connu en France. *Heldenplatz,* pièce qui remémore le discours triomphal de Hitler sur la place du même nom à Vienne, en 1938, fit scandale au Burgtheater lorsqu'elle fut jouée à l'occasion du 50e anniversaire de l'Anschluss. Animé d'une haine farouche envers l'Autriche, cet écrivain qui se voulait « destructeur d'histoires plutôt que conteur » meurt en interdisant toute impression, représentation ou lecture publique de ses œuvres sur le sol autrichien. Il est aussi l'auteur de *Gel, Perturbation* et *Le Président.*

– ***Eugène de Savoie*** *(1663-1736)* **:** fils fort petit d'Olympia Mancini, nièce du cardinal Mazarin et ancienne maîtresse de Louis XIV, il se fait remarquer à l'adolescence par une vie de débauche. Humilié par la disgrâce de sa mère, compromise dans l'affaire des Poisons, il quitte à 20 ans la France qui lui a refusé un commandement, et jure de n'y revenir qu'à la tête d'une armée. Il entre en 1683 comme volontaire au service de l'empereur d'Autriche. Il débute dans l'armée comme commandant de cavalerie et devient vite feld-maréchal. Chargé en 1697 du commandement de l'armée impériale, il gagne la bataille décisive de Zenta contre les Turcs. Dès lors, la gloire et la fortune lui sont assurées, lui permettant de se faire construire le Belvédère supérieur à Vienne.

– ***Sigmund Freud*** *(1856-1939)* **:** le créateur de la psychanalyse vivait et travaillait au *19 Berggasse* (son appartement, devenu un musée, regroupe ses objets personnels), dans la Vienne de la Belle Époque et de l'entre-2-guerres. Une capitale qui n'a jamais daigné célébrer en lui le grand découvreur de l'inconscient, celui qui allait bouleverser l'approche psychique des méandres de la nature humaine. Son 1er ouvrage, *L'Interprétation des rêves,* paru en 1899, est passé totalement inaperçu. Par la suite, ses thèses sur l'hystérie n'ayant suscité que scandales et sarcasmes, Freud s'est vu contraint d'abandonner sa carrière de chercheur pour recourir aux gains d'une clientèle privée. Le titre de professeur ne lui sera accordé que tardivement. Il eut pourtant grand-peine à quitter l'Autriche nazifiée de 1938 pour émigrer à Londres.

– ***Theodor Herzl*** *(1860-1904)* **:** dépêché à Paris en 1891 par le journal viennois *Neue Freie Presse,* cet écrivain juif, né à Budapest, reçoit de plein fouet l'antisémitisme provoqué par l'affaire Dreyfus. Conscient de l'urgence qu'il y a à rassembler le peuple juif, il publie *L'État juif,* ouvrage fondateur du sionisme. Hésitant un moment sur la possibilité de localiser ce futur État en Ouganda (véridique !), il revient sur le choix de la Palestine.

– ***Josef Hoffmann*** *(1870-1956)* **:** soucieux autant de la façade que de l'intérieur des maisons, il fonde les *Wiener Werskstätte* (Ateliers viennois), où il dessine bijoux, tissus, vaisselle et surtout mobilier, donnant toujours priorité aux « belles » formes et à l'emploi de matériaux précieux. Répondant à l'offre d'une clientèle aisée, il bâtit quelques somptueuses demeures que l'on peut encore visiter à Vienne, telle la villa Primavesi, dans la Gloriettegasse. En 2020, on commémorera le 150e anniversaire de sa naissance.

– ***Friedensreich Hundertwasser*** *(1928-2000)* **:** l'enfant terrible des artistes viennois. Né Stowasser de son vrai nom et Friedrich de son prénom initial. Surréaliste, réaliste fantastique ou expressionniste magique ? Ce peintre inclassable et architecte hors normes, provocateur et politiquement iconoclaste, a su gagner l'estime des Viennois en leur offrant la *Hundertwasserhaus* (une surprenante HLM), qui étonne par ses couleurs vives et ses terrasses arborées. À la demande du maire de Vienne, il transforme ensuite l'incinérateur de *Spittelau/Alsergrund* en grande usine futuriste (!), avec cette même verve fantaisiste et naïve qui le caractérise. Écologiste des 1res heures, il affirmait œuvrer contre « la pollution optique de l'environnement ».

– ***Gustav Klimt*** *(1862-1918)* **:** le plus réputé de tous les peintres autrichiens. Cofondateur puis 1er président de la Sécession viennoise (forum du renouveau de l'art autrichien), il puise autant dans l'impressionnisme français que dans l'art japonais ou byzantin. Ses personnages – dont il ne représente en général que le visage et les mains – sont incrustés dans des motifs ornementaux agencés en mosaïque. Il vit avec ses chats et peint les femmes, nues ou parées d'or. Les bourgeoises « branchées » de l'époque se sont vite donné le mot pour servir de modèle au maître, d'où une galerie de portraits assez fournie.

– ***Oskar Kokoschka*** *(1886-1980)* **:** autre figure de l'expressionnisme autrichien, Kokoschka tente de comprendre la complexité du psychisme humain en peignant des êtres déchus. Après avoir collaboré aux Ateliers viennois de Hoffmann, il renonce à l'expressionnisme pour se tourner vers l'étude plus sereine des paysages qu'il découvre au gré de ses fréquents déplacements en Allemagne, en France, en Italie, en Suisse et en Angleterre, où il se réfugie en 1939 à la suite de la campagne nazie contre « l'art dégénéré ». On lui consacre une collection permanente au Belvédère.

– ***Adolph Loos*** *(1870-1933)* **:** élève d'Otto Wagner, c'est un adepte du minimalisme, pour qui « l'ornement est un crime ». Ne laissant agir que le matériau et les lignes, il choque ses concitoyens en édifiant sur la *Michaelerplatz* un immeuble commercial que les Viennois surnommeront « la Maison sans sourcils » à cause de la grande sobriété de sa façade. L'empereur François-Joseph, qui habitait en face, aurait condamné certaines de ses fenêtres pour ne pas avoir à la contempler. 2020 sera l'occasion de fêter les 150 ans de sa naissance.

– ***Alma Mahler*** *(1879-1964)* **:** elle grandit dans un milieu aisé à Vienne. Parmi les amis de son père, Gustav Klimt à qui elle aurait donné son « 1er baiser ». D'une grande beauté, musicienne et cultivée, elle fréquente d'éminents intellectuels viennois, dont *Freud,* le directeur de théâtre *Max Burckhard* et le compositeur *Alexander von Zemlinsky,* avant d'épouser *Gustav Mahler* en 1902, de 20 ans son aîné. Elle lui donne 2 enfants, mais leur relation tumultueuse et sa frustration d'avoir sacrifié ses propres ambitions artistiques la conduisent dans les bras d'un autre, le fondateur du Bauhaus, *Walter Gropius,* qu'elle épouse à la mort de Mahler en 1911. Pendant 2 ans, c'est au tour d'*Oskar Kokoschka* d'être son amant, mais, effrayée par la passion qu'elle suscite en lui, Alma quitte le peintre pour le romancier Franz Werfel et se trouve enceinte de celui-ci, à l'âge de 40 ans, alors qu'elle est toujours mariée à Gropius. Elle divorce et épouse *Franz Werfel* en 1929. En 1938, ils fuient l'Anschluss et se réfugient en France. Mais l'invasion et l'occupation de la France par les Allemands les contraignent à se réfugier près de Marseille. Après un long périple, ils s'installent en Californie. Après la mort de Werfel en 1945, Alma retourne à New York, où elle jouera un rôle culturel majeur jusqu'à sa mort.

– ***Gustav Mahler*** *(1860-1911)* **:** auteur de symphonies grandioses et magistralement orchestrées, il connut un long purgatoire jusqu'à ce que le grand public le redécouvre avec le film de Visconti *Mort à Venise.* Directeur de l'Opéra de Vienne de 1897 à 1907, il régentait son orchestre d'une baguette de fer, allant jusqu'à des violences physiques. Mais c'est grâce à cette opiniâtreté sans faille que Mahler a pu, en dépit de l'antisémitisme ambiant, imposer la modernité de ses compositions. On lui prête enfin ce mot catégorique, digne du personnage : « La tradition, c'est de la veulerie ! »

– ***Hans Makart*** *(1840-1884) :* influencé par les styles Renaissance et baroque, ce peintre, très prisé sur la scène viennoise à son époque (il était très chic d'avoir une pièce de sa maison en style Makart), fut catégoriquement dédaigné par la suite. Ses peintures, toujours surdimensionnées, reposent sur de grandes mises en scène théâtrales, comme cette *Entrée de Charles Quint à Anvers,* avec une abondance de couleurs et des formes humaines plantureuses. Makart aura été le peintre charnière entre l'académisme du XIXe s et le *Jugendstil.*

– ***Wolfgang Amadeus Mozart*** *(1756-1791) :* bien que né à Salzbourg, l'enfant prodige est incontestablement une figure viennoise. D'aucuns ont voulu souligner son comportement caractériel, d'autres sa misérable inhumation dans une fosse commune du cimetière Sankt Marx à Vienne ! Contentons-nous ici d'une seule image idyllique : le petit Wolfie faisant montre de ses acrobaties pianistiques à l'archiduchesse Marie-Thérèse, sous le regard sévère de son père Léopold, musicien lui aussi. L'enfant surdoué est impassible et concentré. Il ne commet aucune erreur. Il n'a que 6 ans. Le reste ? Il suffit de fermer les yeux et d'écouter.

– ***Robert Musil*** *(1880-1942) :* dans *L'Homme sans qualités,* son roman culte, Musil nous convie dans un pays imaginaire qu'il nomme Kakanie, mais que chacun identifiera au vieil empire déclinant ou à notre civilisation moderne, absurde et meurtrière. Docteur en philosophie et en sciences après avoir été élève à l'Académie militaire de Vienne, Musil s'enfuit en Suisse en 1938 – l'année maudite – où il passe les 4 dernières années de sa vie dans un dénuement matériel cruel.

– ***Egon Schiele*** *(1890-1918) :* inspiré par l'impressionnisme et influencé par Klimt, il exécute la majeure partie de son travail au crayon, à l'aquarelle et à la gouache, sur des fonds vides et monochromes. Figure majeure de l'expressionnisme autrichien, il connaît la célébrité en 1912 mais se retrouve illico derrière les barreaux pour ses dessins jugés immoraux. Ce séjour en prison ne fait que renforcer sa révolte, et ses sujets deviennent de plus en plus provocants et érotiques. Outre ses très nombreux autoportraits tourmentés, son œuvre est traversée de personnages décharnés, aux poses souvent énigmatiques, où pulsions d'amour et de mort sont toujours intimement liées. Il meurt à 28 ans, emporté par l'épidémie de grippe espagnole. Vous pourrez voir une partie de ses tableaux au Belvédère, au musée Leopold et au musée d'Histoire de la ville de Vienne.

UN ART LOUCHE

Sur certains de ses autoportraits, Schiele se représente avec un léger strabisme. Un clin d'œil ironique, si l'on peut dire, à ses détracteurs qui n'hésitaient pas à le railler par des jeux de mots faisant allusion à son nom de famille, le verbe schielen *signifiant « loucher » en allemand.*

– ***Arthur Schnitzler*** *(1862-1931) :* écrivain et médecin, ce contemporain de Freud savait mieux que quiconque disséquer l'âme viennoise qui, à la veille du démembrement de l'empire, laissait transparaître une étrange mélancolie funèbre derrière sa gaieté apparente. Dans une lettre, le grand psychanalyste lui demande : « Où avez-vous donc puisé ces connaissances secrètes que je me suis procurées après de pénibles recherches ? » Schnitzler a aussi rendu compte de l'irrésistible ascension de l'antisémitisme qu'il percevait comme le signe avant-coureur d'une dégénérescence des valeurs occidentales, incarnées dans l'Empire austro-hongrois en pleine déconfiture. À lire : *Vienne au crépuscule* et son *Journal.*

– ***Arnold Schönberg*** *(1874-1951)* **:** après s'être essayé à un style postwagnérien, Schönberg fait éclater les lois de la tonalité musicale, en vigueur depuis 300 ans, et libère l'espace de la composition : la musique dodécaphonique, fondée sur la gamme chromatique de 12 demi-tons, était née ! En 1908, il s'adonne parallèlement à la peinture, sous l'impulsion de Kandinsky. Juif, il doit s'exiler en Californie dès 1933, laissant dans son sillage des élèves aussi importants qu'Anton Webern ou Alban Berg, tous issus de l'école de Vienne, dont Schönberg avait été la figure centrale.

– ***Franz Schubert*** *(1797-1828)* **:** il fit partie de la célèbre chorale des « Petits Chanteurs de Vienne ». Adolescent, il commence à composer au moment où Beethoven atteint, lui, le sommet de son art. Génie de l'invention mélodique, Schubert est sans doute le compositeur le plus authentiquement autrichien : ses œuvres ne trahissent-elles pas une mélancolie toute viennoise ? Grand maître des lieder (poèmes chantés et accompagnés au piano), avec *La Truite* ou *Le Roi des aulnes,* qu'il a su imposer comme genre musical à part entière, le musicien romantique était célébré dans des soirées appelées « schubertiades ». Celles-ci sont reprises aujourd'hui, sous une forme modifiée, au château de Hohenems (près de Bregenz) et à Vienne.

– ***Johann Strauss fils*** *(1825-1899)* **:** le « roi de la valse » aurait repris sagement le flambeau de son père si celui-ci, également prénommé Johann et compositeur renommé, ne l'avait destiné à une carrière d'employé de banque ! Persévérant grâce à l'appui financier de sa mère, il fonda son propre orchestre à 19 ans et entra en concurrence sauvage avec son célèbre ascendant. À la mort de ce dernier, il devint directeur des bals de la Cour et signa les valses les plus célèbres *(Le Beau Danube bleu, La Valse de l'empereur)* ainsi que des opérettes *(La Chauve-Souris).* Ses frères Josef et Eduard, également compositeurs, n'eurent pas la même notoriété. La dynastie des Strauss incarna de belle manière l'âge d'or autrichien. Et depuis Johann, le monde entier pense que le Danube est bleu, ce qu'il n'est pas !

– ***Otto Wagner*** *(1841-1918)* **:** « Rien ne peut être beau si ce n'est pas en même temps utile. » C'est avec ce principe de l'art appliqué au quotidien (fonctionnalisme) que le grand architecte viennois délaisse l'historicisme officiel pour se lancer dans un projet architectural fou (qu'il ne mènera jamais à terme) visant à faire d'une rue populaire de Vienne, la Wienzeile, un pendant moderne à la très conformiste Ringstraße. Pionnier du *Jugendstil,* il est à l'origine de nombreux bâtiments viennois, dont les 2 immeubles d'habitation du Naschmarkt, la Caisse d'Épargne postale, les stations du 1er métropolitain et, plus excentrée, la stupéfiante église de l'hôpital psychiatrique de Steinhof. Tous font apparaître une rigueur géométrique qui le démarque de notre Art nouveau, féru de courbes, et un assemblage original de matériaux, comme le métal et la pierre.

– ***Conchita Wurst*** *(1988)* **:** après cette liste d'illustres personnages, on vous l'accorde, ce nom surgit comme dans le jeu de « cherchez l'intrus ». Cependant, Thomas Neuwirth, drag-queen barbue gagnante du concours de l'Eurovision en 2014, a conquis sa place aujourd'hui dans le paysage autrichien. D'ailleurs, en arrivant à l'aéroport de Vienne, c'est elle/il que vous verrez sur les affiches ! Au-delà de ce qui peut sembler anecdotique, elle/il symbolise un message de tolérance et de droit à la différence pas si anodin qu'il n'y paraît.

– ***Stefan Zweig*** *(1881-1942)* **:** lui aussi, dans un livre au titre évocateur, *Le Monde d'hier,* témoigne d'une Europe parvenue à l'heure de la fin. Auteur fécond, il est tour à tour romancier, historien, journaliste, et consigne dans son fameux *Journal,* tenu de 1912 à 1940, une somme d'informations édifiantes. Critique virulent du nationalisme, « la pestilence des pestilences », il assiste impuissant à la nazification de l'Autriche après l'assassinat du chancelier Dollfuß, et s'exile au Brésil, où il mène une existence de plus en plus dépouillée jusqu'à son suicide en 1942. Parmi ses ouvrages les plus célèbres : *Le Joueur d'échecs.*

SAVOIR-VIVRE ET COUTUMES

Même si le temps a passé et si les vérités d'hier font partie des caricatures d'aujourd'hui, les Autrichiens, et les Viennois en particulier, sont d'une nature plutôt disciplinée. Évitez donc, par exemple, de frauder dans les files d'attente ou de traverser n'importe comment.

– ***Repas :*** sachez profiter du petit déjeuner, compris dans le prix de la chambre. Copieux, varié (charcuterie, salades, fromages, confitures, fruits, petits pains...), il est un véritable repas à lui seul. Le midi, les Viennois déjeunent léger (un plat et c'est tout) et s'offrent plutôt une petite pause sucrée dans l'après-midi. Les gâteaux sont excellents, ce serait un sacrilège de ne pas y goûter. Le dîner, servi tôt (dès 18h !), se termine habituellement par un dessert chaud. Souvent, la cuisine des restos s'arrête vers 21h-21h30.

– ***Pourboire :*** même s'il est déjà compris, il est d'usage de laisser au moins 10 % de l'addition au resto (on annonce le montant exact du pourboire au serveur ***avant*** de régler la note finale). Idem pour les chauffeurs de taxi. Si vous réglez par carte de paiement, pensez à inscrire vous-même le montant du pourboire et vérifiez la somme finale avant de signer.

– ***Circulation :*** les piétons sont en général très respectueux du code de la route. Ne vous faites pas remarquer en traversant au rouge ou en dehors des passages protégés ! Attention, avec le système de trottoir partagé entre piétons et cyclistes, ces derniers n'hésiteront pas à vous rappeler à l'ordre, d'un coup de sonnette plus ou moins rageur, si vous mordez sur la bande jaune !

TRAVERSONS GAYMENT !

Les feux piétons représentant des couples gays reliés par un cœur, provisoirement installés pour le concours de l'Eurovision, ont remporté un tel succès que la Mairie de Vienne a finalement décidé de les laisser en place. Il se pourrait même que les 120 déjà existants fassent bizarrement des petits !

SITES INSCRITS AU PATRIMOINE MONDIAL DE L'UNESCO

UNESCO
Organisation des Nations Unies pour l'éducation, la science et la culture
En coopération avec le Centre du patrimoine mondial

Pour figurer sur la liste du Patrimoine mondial, les sites doivent avoir une valeur universelle exceptionnelle et satisfaire à au moins 1 des 10 critères de sélection. La protection, la gestion, l'authenticité et l'intégrité des biens sont également des considérations importantes.

Le patrimoine est l'héritage du passé dont nous profitons aujourd'hui et que nous transmettons aux générations à venir. Nos patrimoines culturel et naturel sont 2 sources irremplaçables de vie et d'inspiration. Ces sites appartiennent à tous les peuples du monde, sans tenir compte du territoire sur lequel ils sont situés. Pour plus d'informations : ● *whc.unesco.org* ●

Voici les sites traités dans ce guide :

– ***les palais et jardins de Schönbrunn*** (1996) ;

– ***le centre historique de Vienne*** (2001).

VIENNE ET LA MORT

Les Viennois ont longtemps possédé une fascination légendaire pour la mort. « La mort doit être viennoise », a dit *Alfred Polgar,* écrivain du début du XXe s. Mais Vienne n'est pas pour autant une ville triste. Une ville ambivalente plutôt. S'y confronteraient donc sans cesse les extrêmes : *Mozart* et *Franz Lehár,* le baroque et l'expressionnisme, l'architecture grandiloquente et prétentieuse du Ring et le style Sécession... Éternelle et ouverte opposition de l'existence et du paraître, de la vie et de la mort...

Jamais une société conservatrice ne produisit de littérature aussi contestataire, mais aucune n'accumula non plus autant d'écrivains qui se sont suicidés. Quelques exemples : *Ferdinand Raimund, Adalbert Stifter, Stefan Zweig, Georg Trakl, Ludwig Wittgenstein, Otto Weininger* (qui choisit pour mourir l'appartement où mourut Beethoven), *Carlo Michelstaedter, Josef Weinheber...* Et encore ne parlerons-nous pas de ceux qui sombrèrent dans la folie ou s'exilèrent ! *Horváth,* quant à lui, eut la mort la plus absurde : tué par la chute d'une branche d'arbre sur les Champs-Élysées ! Et que dire d'une cathédrale dont les sous-sols abritent les ossements de dizaines de milliers de Viennois que voisine, sur le *Graben,* la colonne de la peste qui commémore les 100 000 victimes de l'épidémie de 1679 !

les ROUTARDS sur la FRANCE 2020-2021

(dates de parution sur • ***routard.com*** •)

Découpage de la FRANCE par le ROUTARD

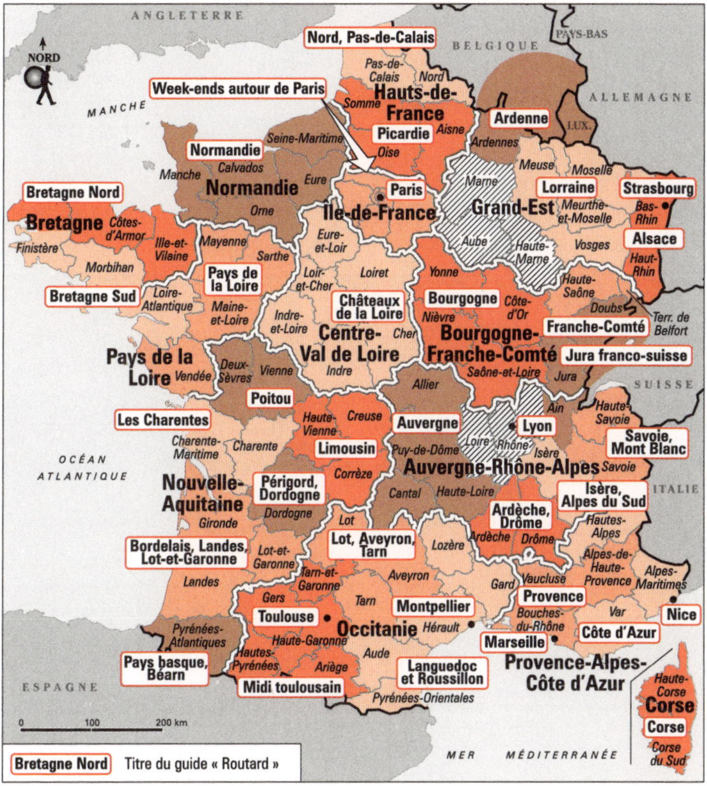

Autres guides sur la France

- Hébergements insolites en France
- Nos meilleurs campings en France
- Nos meilleures chambres d'hôtes en France

Autres guides sur Paris

- Paris
- Paris balades
- Paris exotique
- Restos et bistrots de Paris
- Le Routard des amoureux à Paris
- Week-ends autour de Paris

Le Routard à vélo

- EuroVelo6
- La Bourgogne du Sud à vélo
- La Loire à Vélo
- La Vélodyssée (Roscoff-Hendaye)
- Le Canal des 2 mers à vélo
- Paris Île-de-France à vélo
- ViaRhôna

les ROUTARDS sur l'ÉTRANGER 2020-2021

(dates de parution sur • ***routard.com*** •)

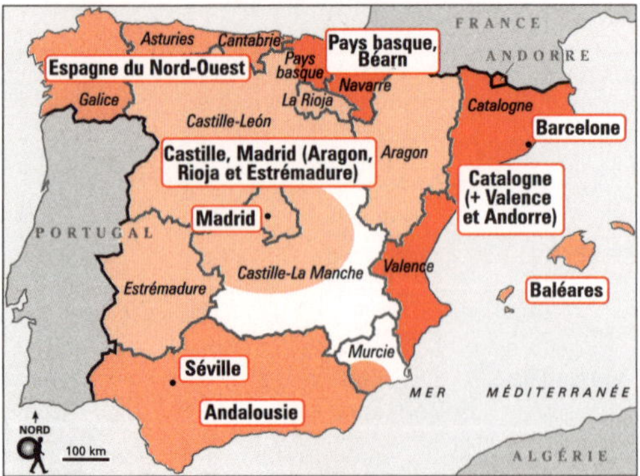

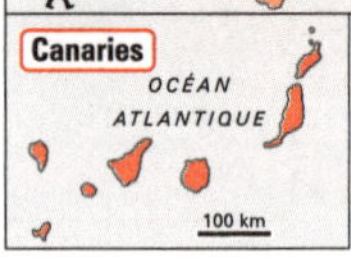

Découpage de l'ESPAGNE par le ROUTARD

Découpage de l'ITALIE par le ROUTARD

Autres pays européens

- Allemagne
- Angleterre, Pays de Galles
- Autriche
- Belgique
- Bulgarie
- Crète
- Croatie
- Danemark, Suède
- Écosse
- Finlande
- Grèce continentale
- Hongrie
- Îles grecques et Athènes
- Irlande
- Islande
- Madère
- Malte
- Norvège
- Pays baltes : Tallinn, Riga, Vilnius
- Pologne
- Portugal
- République tchèque, Slovaquie
- Roumanie
- Suisse

Villes européennes

- Amsterdam
- Berlin
- Bruxelles
- Budapest
- Copenhague
- Dublin
- Lisbonne
- Londres
- Moscou
- Naples
- Porto
- Prague
- Saint-Pétersbourg
- Stockholm
- Vienne

les ROUTARDS sur l'ÉTRANGER 2020-2021

(dates de parution sur • *routard.com* •)

Découpage des ÉTATS-UNIS par le ROUTARD

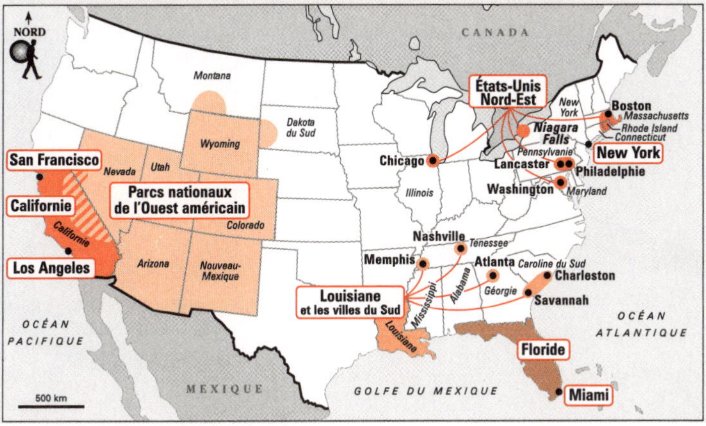

Autres pays d'Amérique

- Argentine
- Brésil
- Canada Ouest
- Chili et île de Pâques
- Colombie
- Costa Rica
- Équateur et les îles Galápagos
- Guatemala, Belize
- Mexique
- Montréal
- Pérou, Bolivie
- Québec et Ontario

Asie et Océanie

- Australie côte est + Red Centre
- Bali, Lombok
- Bangkok
- Birmanie (Myanmar)
- Cambodge, Laos
- Chine
- Hong Kong, Macao, Canton
- Inde du Nord
- Inde du Sud
- Israël et Palestine
- Istanbul
- Jordanie
- Malaisie, Singapour
- Népal
- Shanghai
- Sri Lanka (Ceylan)
- Thaïlande
- Tokyo, Kyoto et environs
- Turquie
- Vietnam

Afrique

- Afrique du Sud
- Égypte
- Kenya, Tanzanie et Zanzibar
- Maroc
- Marrakech
- Sénégal
- Tunisie

Îles Caraïbes et océan Indien

- Cuba
- Guadeloupe, Saint-Martin, Saint-Barth
- Île Maurice, Rodrigues
- Madagascar
- Martinique
- République dominicaine (Saint-Domingue)
- Réunion

Guides de conversation

- Allemand
- Anglais
- Arabe du Maghreb
- Arabe du Proche-Orient
- Chinois
- Croate
- Espagnol
- Grec
- Italien
- Japonais
- Portugais
- Russe
- G'palémo (conversation par l'image)

Livres-photos/Livres-cadeaux

- Voyages
- Voyages : États-Unis (nouveauté)
- Voyages : France (nouveauté)
- Voyages : Italie
- Road Trips (40 itinéraires sur les plus belles routes du monde)
- Nos 120 coins secrets en Europe
- Les 50 voyages à faire dans sa vie
- 1 200 coups de cœur dans le monde
- 1 200 coups de cœur en France
- Nos 52 week-ends dans les plus belles villes d'Europe
- Nos 52 week-ends coups de cœur en France
- Cahier de vacances du Routard

Nous tenons à remercier tout particulièrement Loup-Maëlle Besançon, Thierry Bessou, Gérard Bouchu, François Chauvin, Grégory Dalex, Fabrice Doumergue, Cédric Fischer, Carole Fouque, Nicolas George, Michelle Georget, David Giason, Claude Hervé-Bazin, Emmanuel Juste, Dimitri Lefèvre, Fabrice de Lestang, Romain Meynier, Éric Milet, Pierre Mitrano, Jean-Sébastien Petitdemange, Thomas Rivallain et Jean Tiffon pour leur collaboration régulière.

Brice Andlauer
Jean-Jacques Bordier-Chêne
Agnès Debiage
Coralie Delvigne
Jérôme Denoix
Tovi et Ahmet Diler
Clélie Dudon
Sophie Duval
Alain Fisch
Bérénice Glanger
Adrien et Clément Gloaguen
Sébastien Jauffret
Alexia Kaffès
Augustin Langlade
Jacques Lemoine
Aline Morand
Louis Nagot
Caroline Ollion
Martine Partrat
Odile Paugam et Didier Jehanno
Céline Ruaux
Prakit Saiporn
Nejma Tahri Hassani
Alice Tonasso
Caroline Vallano

Direction : Nathalie Bloch-Pujo
Direction éditoriale : Élise Ernest
Édition : Matthieu Devaux, Olga Krokhina, Gia-Quy Tran, Julie Dupré, Emmanuelle Michon, Pauline Janssens, Amélie Ramond, Margaux Lefebvre, Aurore Grandière, Astrid Richard, Lisa Pujol, Camille Lenglet et Anne Le Marois
Ont également collaboré : Muriel Lucas, Anne Le Bigot et Natacha Kotchetkova
Cartographie : Frédéric Clémençon et Aurélie Huot
Contrôle de gestion : Jérôme Boulingre et Yannis Villeneuve
Secrétariat : Catherine Maîtrepierre
Fabrication : Nathalie Lautout et Audrey Detournay
Relations presse : COM'PROD, Fred Papet. ☎ 01-70-69-04-69.
• *info@comprod.fr* •, Martine Levens (Belgique) et Maureen Browne (Suisse)
Direction marketing : Stéphanie Parisot, Élodie Darty et Charlotte Brou
Couverture : le-bureau-des-affaires-graphiques.com
Silhouette du Routard : Clément Gloaguen (d'après Solé)
Maquette intérieure : le-bureau-des-affaires-graphiques.com, Thibault Reumaux et npeg.fr
Direction partenariats : Jérôme Denoix
Contact Partenariats et régie publicitaire : Florence Brunel-Jars
• *fbrunel@hachette-livre.fr* •

INDEX GÉNÉRAL

INDEX GÉNÉRAL

INDEX GÉNÉRAL

LISTE DES CARTES ET PLANS

IMPORTANT : DERNIÈRE MINUTE

Sauf rare exception, le *Routard* bénéficie d'une parution annuelle à date fixe. Entre deux dates, des événements fortuits (formalités, taux de change, catastrophes naturelles, conditions d'accès aux sites, fermetures inopinées, etc.) peuvent intervenir et modifier vos projets de voyage. Pour éviter les déconvenues, nous vous recommandons de consulter la rubrique « Guide » par pays de notre site • ***routard.com*** • et plus particulièrement les dernières ***Actus voyageurs.***

Remarque importante aux hôteliers et restaurateurs

Les enquêteurs du *Routard* travaillent dans le plus strict anonymat. Aucune réduction, aucun avantage quelconque, aucune rétribution n'est jamais demandé en contrepartie. Face aux aigrefins, la loi autorise les hôteliers et restaurateurs à porter plainte.

Avis aux lecteurs

Le Routard, ce n'est pas comme le bon vin, il vieillit mal. On ne veut pas pousser à la consommation, mais évitez de partir avec une édition ancienne. Les modifications sont souvent importantes.
Les réductions accordées à nos lecteurs ne sont jamais demandées par nos rédacteurs afin de préserver leur indépendance. Les hôteliers et restaurateurs sont sollicités par une société de mailing, totalement indépendante de la rédaction, qui reste donc libre de ses choix. De même pour les autocollants et plaques émaillées.

Avec routard.com, choisissez, organisez, réservez et partagez vos voyages !

✓ Rejoignez la plus grande communauté francophone de voyageurs : **plusieurs millions d'internautes.**

✓ Échangez avec les routarnautes : forums, photos, avis d'hôtels.

✓ Retrouvez aussi toutes les informations actualisées pour choisir et préparer vos voyages : plus de 300 guides destinations, une centaine de dossiers pratiques et un magazine en ligne pour découvrir tous les secrets de votre destination.

✓ Enfin, comparez les offres pour organiser et réserver votre voyage au meilleur prix.

Les Routards *parlent aux* Routards

Faites-nous part de vos expériences, de vos découvertes, de vos tuyaux et de vos coups de cœur. Aidez-nous à remettre l'ouvrage à jour. Indiquez-nous les renseignements périmés. Faites profiter les autres de vos adresses nouvelles, combines géniales... On adresse un exemplaire gratuit de la prochaine édition à ceux qui nous envoient les meilleurs courriers, pour la qualité et la pertinence des informations.
Quelques conseils cependant :
– Envoyez-nous votre courrier le plus tôt possible afin que l'on puisse insérer vos tuyaux sur la prochaine édition.
– N'oubliez pas de préciser l'ouvrage que vous désirez recevoir, ainsi que votre adresse postale.
– Vérifiez que vos remarques concernent l'édition en cours et notez les pages du guide concernées par vos observations.
– Quand vous indiquez des hôtels ou des restaurants, pensez à signaler leur adresse précise et, pour les grandes villes, les moyens de transport pour y aller.
Si vous le pouvez, joignez la carte de visite de l'hôtel ou du resto décrit.
En tout état de cause, merci pour vos nombreux mails.

122, rue du Moulin-des-Prés, 75013 Paris

● *guide@routard.com* ● *routard.com* ●

Routard Assurance *2020*

Enrichie au fil des années par les retours des lecteurs, *Routard Assurance* est devenue une assurance voyage référence des globes-trotters. Tout est inclus : frais médicaux, assistance rapatriement, bagages, responsabilité civile... Avant votre départ, appelez *AVI* pour un conseil personnalisé. Besoin d'un médecin, d'un avis médical, d'une prise en charge dans un hôpital ? Téléchargez l'appli mobile *AVI international* pour garder le contact avec *AVI Assistance* et disposez de l'un des meilleurs réseaux médicaux à travers le monde. *AVI Assistance* est disponible 24h/24 pour une réponse en temps réel. De simples frais de santé en voyage ? Envoyez les factures à votre retour, *AVI* vous rembourse sous une semaine. *40, rue Washington, 75008 Paris.* ☎ *01-44-63-51-00.* ● *avi-international.com* ● Ⓜ *George-V.*

Édité par Hachette Livre (58, rue Jean-Bleuzen, CS 70007, 92178 Vanves Cedex, France)
Photocomposé par Jouve (rue de Monbary, 45140 Ormes, France)
Imprimé par Lego SPA Plant Lavis (via Galileo Galilei, 11, 38015, Lavis, Italie)
Achevé d'imprimer le 28 février 2020
Collection n° 13 - Édition n° 01
73/6585/7
I.S.B.N. 978-2-01-710097-3
Dépôt légal : février 2020

PAPIER À BASE DE FIBRES CERTIFIÉES